utb 5979

Eine Arbeitsgemeinschaft der Verlage

Brill | Schöningh – Fink · Paderborn
Brill | Vandenhoeck & Ruprecht · Göttingen – Böhlau · Wien · Köln
Verlag Barbara Budrich · Opladen · Toronto
facultas · Wien
Haupt Verlag · Bern
Verlag Julius Klinkhardt · Bad Heilbrunn
Mohr Siebeck · Tübingen
Narr Francke Attempto Verlag – expert verlag · Tübingen
Psychiatrie Verlag · Köln
Ernst Reinhardt Verlag · München
transcript Verlag · Bielefeld
Verlag Eugen Ulmer · Stuttgart
UVK Verlag · München
Waxmann · Münster · New York
wbv Publikation · Bielefeld
Wochenschau Verlag · Frankfurt am Main

Psychologie für Lehramtsstudierende

herausgegeben von Heike M. Buhl und
Katrin B. Klingsieck

Bärbel Kracke · Peter Noack

Entwicklung im Schulalter

unter Mitarbeit von
Belinda Berweger, Stefanie Czempiel, Julia Dietrich,
Katharina Eckstein, Franziska Greiner-Döchert, Silvio Kaak,
Nicole Kämpfe, Astrid Körner, Antonia Landgraf,
Dorit Weber-Liel und Stephanie Wolf

BRILL | SCHÖNINGH

Die Autor:innen:
Prof. Dr. Bärbel Kracke hat den Lehrstuhl Pädagogische Psychologie am Institut für Erziehungswissenschaft der FSU Jena inne. In ihren Forschungen untersucht sie Prozesse der Entwicklung und Sozialisation im Jugendalter. Dabei fokussiert sie vor allem Gelingensbedingungen für ein gemeinsames Lernen von Schüler:innen mit und ohne besonderen Unterstützungsbedarf sowie schulische und familiale Voraussetzungen für die berufliche Orientierung Jugendlicher.

Prof. Dr. Peter Noack leitet das Fachgebiet Pädagogische Psychologie am Institut für Psychologie der FSU Jena. Seine Forschungen richten sich auf Prozesse der Entwicklung und Sozialisation im Jugend- und frühen Erwachsenenalter. Im Zentrum seiner jüngeren Arbeiten steht vor allem die politische Sozialisation im Familien- und Schulkontext.

Umschlagabbildung:
https://stock.adobe.com/de/images/greeting-happy-children-in-full-growth-colored-silhouettes-group-of-preschool-or-school-kids-vector-illustration/507986611

Bücher, Online-Angebote oder elektronische Ausgaben sind erhältlich unter **www.utb.de**

Bibliografische Information Der Deutschen Nationalbibliothek

Die Deutsche Nationalbibliothek verzeichnet diese Publikation in der Deutschen Nationalbibliografie; detaillierte bibliografische Daten sind im Internet über https://www.dnb.de abrufbar.

www.brill.com

Printed in Germany.
Herstellung: Brill Deutschland GmbH, Paderborn
Einbandgestaltung: siegel konzeption | gestaltung

UTB-Band-Nr. 5979
ISBN 978-3-8252-5979-2
eISBN 978-3-8385-5979-7

Inhaltsverzeichnis

Vorwort der Herausgeberinnen

Lehrkräfte haben eine Vielzahl von Aufgaben. Unter anderem unterstützen sie Schülerinnen und Schüler beim Lernen, sie motivieren sie zu mehr Anstrengung, sie berücksichtigen die besonderen Fähigkeiten, das Vorwissen und den Entwicklungsstand der Lernenden, sie diagnostizieren ihren Lernfortschritt, sie kooperieren mit anderen Lehrkräften sowie Eltern – kurz, Lehrkräfte arbeiten mit und für Menschen. Daher ist die Psychologie, die Lehre vom Erleben und Verhalten der Menschen, ein zentraler Bestandteil im bildungswissenschaftlichen Teil des Lehramtsstudiums. Viele Elemente aus der Psychologie fließen beispielsweise auch in die Erziehungswissenschaften, die Didaktik und die Sozialpädagogik ein. Die Reihe „Psychologie für Lehramtsstudierende" bringt diese psychologischen Grundlagen professionellen Lehrerwissens und -handelns in mehreren Bänden auf den Punkt. Alle Bände werden von Expert:innen mit einem breiten Erfahrungshintergrund in der psychologischen Forschung und Praxis geschrieben, beziehen sich konsequent auf die Anwendung des psychologischen Wissens im Berufsalltag von Lehrkräften und regen dazu an, das eigene Denken und Handeln zu reflektieren. Zielgruppe der Buchreihe sind dabei Lehramtsstudierende sowie Referendar:innen und Lehrer:innen.

Alle Bände stehen für sich und können unabhängig von den anderen Bänden gelesen werden. Es wird jeweils praxisnah ein Schwerpunkt gesetzt, der für Studium und Beruf relevant ist. Die Bände sind so konzipiert, dass sie sowohl für die Verwendung in Lehrveranstaltungen als auch für das Selbststudium und die Prüfungsvorbereitung sowie als Nachschlagewerk im Berufsalltag geeignet sind. Dabei wird kein psychologisches Wissen vorausgesetzt, alle zentralen Begriffe werden eingeführt und erläutert. Durch Fallbeispiele und Reflexionsanlässe wird konsequent Praxisbezug hergestellt. Gleichzeitig wird durch die Erläuterungen von Theorien, Methoden, Befunden und ihrem Zusammenspiel in das psychologische Denken und Arbeiten eingeführt.

Bei dem vorliegenden Band „Entwicklung im Schulalter" handelt es sich um ein Herausgeberwerk im besten Sinne des Wortes: Alle Kapitel sind von Expert:innen geschrieben und zugleich unter der Herausgeberschaft von Bärbel Kracke und Peter Noack aufeinander abgestimmt. Inhaltlich adressiert der Text als Einführung in die Entwicklungspsychologie konsequent Lehramtsstudierende und in Schule tätige Personen. Dazu stehen sowohl das schulische Lernen als auch Schule als Entwicklungskontext für Kinder und Jugendliche im Mittelpunkt. Die besonderen Herausforderungen der Lebensphase für die Persönlichkeits- und Identitätsentwicklung, die psychische Gesundheit sowie die Berufsorientierung werden ebenso nachvollziehbar eingeführt und mit Blick auf Handlungsoptionen in der Schulpraxis diskutiert wie die höchst aktuellen Themen Digitalisierung und Diversität.

Vorwort der Autor:innen

Liebe Leser:innen,
gern sind wir der Anfrage nachgekommen, ein Lehrbuch der Entwicklungspsychologie für angehende Lehrkräfte zu verfassen. Wir halten diesen Gegenstand für einen wichtigen Aspekt dessen, was Lehrende künftig an Überlegungen und Wissen in ihre Tätigkeit mit und für Kinder und Jugendliche einbringen sollten. Nicht nur, weil viele Herausforderungen der Schule nur mit entwicklungspsychologischem Blick angemessen zu analysieren und verstehen sind, sondern auch angesichts der von der Gesellschaft übertragenen Aufgabe, Schulen und Lehrkräften anvertrauten jungen Menschen in ihrer Entwicklung auf dem Weg zum Erwachsenwerden zu fördern.

Uns selbst lag der Gedanke an ein solches Lehrbuch ohnehin nahe, da wir beide im Laufe einer ganzen Reihe von Jahren der Zusammenarbeit mit Prof. Manfred Hofer an dessen erziehungswissenschaftlichem Lehrstuhl in Mannheim erfahren konnten, dass es bei der psychologischen Beschäftigung mit jungen Menschen in der Schule nicht nur um das Kleinklein von Lernprozessen, Aspekte des Instruktionsverhaltens und der Informationsverarbeitung gehen sollte. Von Manfred Hofer und einem damaligen gemeinsamen Buchprojekt angeregt haben wir uns daher auch entschieden, den vorliegenden Band als Gemeinschaftswerk zusammen mit den Mitarbeiter:innen unserer beiden Abteilungen in Jena anzugehen. Erfreulicherweise waren alle, die wir mit dem Anliegen angesprochen haben, ohne Zögern bereit, daran mitzutun. Wir möchten uns für diese Bereitschaft, das Engagement, mit dem die Beiträge angegangen wurden, und den langen Atem, den alle auch über Durststrecken aufgebracht haben, ganz herzlich bei Belinda Berweger, Stefanie Czempiel, Julia Dietrich, Katharina Eckstein, Franziska Greiner-Döchert, Silvio Kaak, Nicole Kämpfe, Astrid Körner, Antonia Landgraf und Dorit Weber-Liel bedanken. Diese gemeinsame Arbeit hat nicht nur Spaß gemacht, vielmehr hat sie aus unserer Sicht diesem Band auch inhaltlich gutgetan, da auf diese Weise alle ihre je eigene Expertise, Erfahrungen und Perspektive haben einbringen können.

Zum Erfahrungshintergrund aller Beteiligten gehört die Tätigkeit in pädagogisch-psychologischen Abteilungen, wobei nicht wenige auch in der Ausbildung von künftigen Lehrkräften engagiert sind. Gerade dies war für uns überaus wichtig, da uns bei der Auswahl der behandelten Themen und deren Aufbereitung zentral war, diese Zielgruppe geeignet anzusprechen. Welchen Überlegungen wir dabei gefolgt sind und für welche Gestaltungselemente wir uns entschieden haben, wird in der folgenden Einleitung näher erläutert. Wir hoffen, dass uns das ausreichend gelungen ist und Sie als Leser:innen mit diesem Band gut und mit Gewinn arbeiten können.

Zum vorliegenden Ergebnis hat auch eine ungewöhnlich intensive redaktionelle Rückmeldeschleife beigetragen. Beide Herausgeberinnen der UTB-Reihe ‚Psychologie für Lehramtsstudierende' haben die Kapitelentwürfe eingehend durchgearbeitet und uns im Ergebnis eine Vielzahl von Korrekturvorschlägen, Nachfragen und Gedankenanstößen gegeben. Für ihre Bemühungen sind wir Prof. Heike Buhl und Prof. Katrin Klingsieck in hohem Maße dankbar.

Dank gebührt ebenfalls den Mitarbeiter:innen bei UTB, die uns mit viel Geduld begleitet haben, auf Anfragen stets umgehend reagierten und uns hilfreich zur Seite standen. Es würde uns freuen, wenn dieser Band am Ende auch ihren Vorstellungen entspricht und sich gut in die Buchreihe einpasst. Nicht zuletzt danken wir Falk Burkhardt für sein scharfes Auge und konstruktive Vorschläge bei der technischen Aufbereitung des Manuskripts.

Damit bleibt an dieser Stelle nur noch der Wunsch, dass wir mit diesem Buch Ihr Interesse für entwicklungspsychologische Fragen und Denkweisen wecken können und Sie aus der Lektüre einiges mitnehmen können, das sich für Ihren künftigen Arbeitsalltag als nützlich erweist.

Bärbel Kracke Peter Noack

1. Was, warum, wie – eine Einleitung

Peter Noack, Bärbel Kracke & Julia Dietrich

Fragt man angehende Lehrkräfte, was sie am meisten beunruhigt mit Blick auf die künftige Arbeit in der Schule, werden selten Zweifel an den eigenen Fachkenntnissen geäußert. Viele fühlen sich in Mathematik, Geographie und Biologie bzw. ihrem Studienfach recht sicher. Vielfach gehen die Inhalte im Studium sogar über das hinaus, was im Schulalltag von ihnen gefordert sein wird. Sorgen bereitet eher, wie sie diesen Stoff vermitteln können, wie sie mit den Kindern oder Jugendlichen in ihrer Klasse umgehen, wie sie diese fördern sollen. Was zu tun ist, wenn Probleme auftreten, Schüler:innen unmotiviert sind oder disziplinarisch auffallen, sowie grundsätzlich, weshalb Schüler:innen eigentlich so sind, wie sie sind, und wie es dazu gekommen ist. Damit sind entwicklungs- und pädagogisch-psychologische Fragen angesprochen, die Gegenstand dieses Buches sind.

Ziel des Buches ist es, Lesende einerseits mit Theorien und dem Forschungsstand zu etablierten Feldern der Entwicklungspsychologie vertraut zu machen, wie etwa der kognitiven, Selbstkonzept- und motivationalen Entwicklung. Andererseits sollen auch seltener betrachtete Bereiche, die mit Blick auf den Schulalltag und neu auftretende Phänomene bedeutsam sind, nicht zu kurz kommen. So sind jeweils eigene Kapitel etwa dem Hineinwachsen junger Menschen in eine zunehmend von Diversität geprägte Gemeinschaft und den Auseinandersetzungen mit der digitalen Welt gewidmet. Die Autor:innen hatten dabei immer den Alltag im Klassenzimmer im Auge und sind jedes Kapitel mit dem Bemühen angegangen, Informationen so auszusuchen und aufzubereiten, dass sie für angehende Lehrkräfte von Interesse und hilfreich sein können.

1.1 Aufbau der Kapitel

Die fachlichen Inhalte haben wir also mit Blick auf künftige berufliche Anforderungen gewählt, geordnet und dargestellt. Daraus resultiert eine Gliederung, die sich an den Aufgaben von Schule orientiert, Kinder und Jugendliche in ihrer Persönlichkeit zu fördern und sie auf ihr späteres Leben als Erwachsene so vorzubereiten, wie sie in den föderalen Schulgesetzen bestimmt sind. In den einzelnen Kapiteln wird jeweils erläutert, welche Verläufe der Entwicklung in relevanten Entwicklungsbereichen typischerweise im Grundschul- und Jugendalter zu beobachten sind, welche individuellen und sozialen Faktoren darauf Einfluss nehmen, also die relevanten Entwicklungsprozesse, und welche Möglichkeiten Lehrkräfte haben, Schüler:innen in diesen Prozessen zu fördern, wobei auch Bedingungen auf der Ebene der Schulorganisation und -entwicklung angesprochen werden. Als Ausgangspunkt dienen jeweils Fallbeispiele, die in Anlehnung an echte Fälle alltagsnah konstruiert wurden und die alltagsnahe Fragen aufwerfen, die mit den Informationen aus den Kapiteln beantwortet werden können.

Fallbeispiele

Auch wenn stets Altersbezüge ausgeführt werden, ist die Binnengliederung der Kapitel nicht nach Schulstufen organisiert. Aus Sicht der Autor:innen ist es für das Verständnis von Herausforderungen in einer spezifischen Phase wichtig, den gesamte Entwicklungsverlauf zu kennen und im Blick zu haben.

Kästen

Definitorische Erläuterungen sowie tiefergehende Vorstellungen theoretischer Überlegungen werden in eigenen Kästen angeboten. Diese Kästen sollen dem Verständnis dienen, können aber beim Lesen übersprungen werden und der laufende Text ist auch ohne sie nachvollziehbar. Jedes Kapitel endet mit einer kurzen Zusammenstellung von Kerninformationen (Take-Home Message).

Ausgelagerte digitale Inhalte

Zusätzlich zum gedruckten Text sind ausgelagerte digitale Inhalte verfügbar (Internetadressen), deren Behandlung im laufenden Text den Lesefluss stören würde. Hier werden z. B. zur Illustration der wissenschaftlich-empirischen Basis des vermittelten Wissens psychologische Untersuchungen vorgestellt, anhand derer gängige Methoden der entwicklungspsychologischen Forschung nachvollziehbar sind, und weitere hilfreiche Informationen zu konkreten Anlaufstellen im Fall von Beratungsbedarf sowie anwendungsorientierte Ansätze wie Interventionsstrategien, aber auch kurze inhaltliche Exkurse angeboten.

Übungsaufgaben, Lösungen und ein kommentiertes Literaturverzeichnis finden sich online unter

https://www.utb.de/doi/book/10.36198/9783838559797
Die Inhalte sind auch über den QR-Code auf dem Buchrücken zugänglich.

In diesem Einleitungskapitel werden zunächst grundlegende theoretische Ansätze und übergreifend relevante methodische Perspektiven eingeführt beginnend mit der Frage, was unter *Entwicklung* eigentlich zu verstehen ist.

1.2 Was ist Entwicklung?

Entwicklung über die Lebensspanne

Bei dem Begriff *Entwicklung* denkt man zunächst typischerweise an Veränderungen entlang des Lebensalters. In der Tat interessiert sich die Entwicklungspsychologie für die Dynamik in Denken, Erleben und Verhalten von der Geburt an über die gesamte Lebensspanne hinweg und jede:r von uns hat Vorstellungen davon, welche Veränderungen sich in bestimmten Lebensphasen vollziehen. Allerdings können Entwicklungsprozesse auch durch Ereignisse bzw. Erfahrungen angestoßen werden, die unabhängig vom Alter irgendwann im Leben zufällig auftreten. Der Tod von Angehörigen, Arbeitslosigkeit oder ein Lottogewinn sind Beispiele für tiefgreifende Erlebnisse, die Veränderungsprozesse auslösen können.

Entwicklung als Veränderung und Stabilität

Ebenso wichtig ist es für ein angemessenes Verständnis von Entwicklung, die Stabilität von Erleben und Verhalten aufzuklären und Faktoren zu identifizieren, die dazu beitragen, dass Menschen sich über einen gewissen Zeitraum in bestimmter Hinsicht nicht verändern. Beispiele dafür sind politische Einstellungen, die bei gleichbleibenden Umwelterfahrungen ab dem Jugendalter relativ stabil sind, oder das Selbstkonzept, das sich durch das Aufsuchen von das Selbstbild bestätigenden Erfahrungen und Informationen auf die Dauer selbst stabilisiert. Dabei wird bereits durch die Formulierung deutlich, dass es bei Entwicklungsprozessen um nachhaltige, also solche mit mittel- oder längerfristigen Folgen geht, nicht um kurzfristige Schwankungen, wie sie möglicherweise in der eigenen Gestimmtheit von Tag zu Tag zu bemerken sind.

Strukturelle Stabilität und Veränderung

Die angesprochene Dynamik kann sich auf zweierlei beziehen. Entwicklung kann zum einen strukturelle Stabilität und Veränderung bedeuten. Gemeint ist die Entwicklung von Mustern oder Konstellationen von Merkmalen. Ein Beispiel ist die Interessenentwicklung (Krapp, 1998). Während kleine Kinder sich vielen Bereichen mit Neugier nähern und diverse Aktivitäten ausprobieren, schälen sich mit dem Alter, vor allem in der Jugendzeit, deutliche Präferenzen heraus. Diese äußern sich in spezifischen Hobbies, in der Vorliebe für bestimmte Schulfächer und einer eher gleichgültigen, wenn nicht gar ablehnenden Haltung gegenüber anderen Fächern. Es verändert sich hier die Interessenstruktur bzw. das Profil der eigenen Vorlieben.

Quantitative Stabilität und Veränderung

Zum anderen kann Entwicklung eine rein quantitative Stabilität und Veränderung sein. Nimmt die Ausprägung eines Merkmals, etwa der Intelligenz (s. Kap. 2), mit der Zeit zu, ab oder bleibt sie unverändert? Dabei werden in der Literatur vor allem zwei Formen der Stabilität (absolute und Positionsstabilität) unterschieden und damit dem Umstand Rechnung getragen, dass über betrachtete Gruppen hinweg bestimmte

Absolute Stabilität und Positionsstabilität

mittlere Veränderungen zwar wichtige Hinweise auf den typischen Gang der Entwicklung geben, sich unter solchen Mittelwerten jedoch erhebliche Abweichungen und Schwankungen verbergen können.

Formen der Merkmalsstabilität
Mit absoluter Stabilität wird die Entwicklung des Mittelwerts bei Personen einer Gruppe bezeichnet. Zum Beispiel gibt sie darüber Auskunft, ob bei einer Stichprobe von Heranwachsenden, die von der Kindheit bis zum Jugendalter immer wieder untersucht werden (Längsschnitt; Rey, 2020), die kognitiven Fähigkeiten steigen, abnehmen oder gleichbleiben. Positions- oder Rangordnungsstabilität bezieht sich auf die Position einer Person innerhalb einer Bezugsgruppe, meist der Altersgruppe. Intelligenz ist beispielsweise ein Merkmal mit hoher Positionsstabilität, wer also in frühen Jahren eine geringere Intelligenz aufweist als Gleichaltrige, wird auch mit hoher Wahrscheinlichkeit noch Jahre später zu den weniger intelligenten gehören unter den Menschen im selben Alter. Zugleich vollzieht sich gerade mit Blick auf Intelligenz über die Kindheit und das Jugendalter, absolut gesehen, ein atemberaubender Zuwachs. Das kognitive Niveau, auf dem sich Achtzehnjährige bewegen, ist jenem von Grundschulkindern massiv überlegen (s. Kap. 2). Diese beiden Stabilitätsaspekte sind also kaum abhängig von einander und erfordern eine jeweils eigene Betrachtung.

1.3 Entwicklung – Einflussfaktoren

Mindestens so wichtig wie die Frage, ob und in welchem Umfang sich Verhalten und Erleben über die Kindheit und das Jugendalter verändern, ist die Frage nach dem Warum: nach den bedeutsamen Einflussfaktoren und Prozessen, die Entwicklung in Gang setzen oder vorantreiben. Antworten darauf bieten Hinweise dahingehend, an welchen Stellen man erfolgversprechend mit erzieherischen Maßnahmen ansetzen könnte.

1.3.1 Genetische und Umwelteinflüsse

Reifung

Es scheint auf der Hand zu liegen, dass für Entwicklung zum einen Faktoren verantwortlich sind, die in der Person liegen, zum anderen Bedingungen, die sie in ihrer Umwelt antrifft. Tief in der Person verankert ist das, was sie genetisch mitbringt. Bei Entwicklungsprozessen, die einzig darauf zurückgehen, dass sich genetische Erbanlagen entfalten, spricht man von Reifung. Einiges in der rein körperlichen Entwicklung lässt sich so erklären (z. B. Laufen lernen oder Pubertät). Dennoch verläuft Reifung nicht unabhängig von der Umwelt. So weiß man heute: Selbst ein Phänomen wie der Beginn der Pubertät, das einer wesentlichen genetischen Prägung unterliegt, wird zeitlich auch durch Umweltbedingungen beeinflusst, speziell den sozialen Erfahrungen in der Familie während der Kindheit (Smith & Alsaker, 2007).

Verhaltensgenetik

Der Frage, in welchem Maße Erb- und Umweltfaktoren die Ausprägung von Merkmalen bei Menschen formen, geht die sog. Verhaltensgenetik (Borkenau, 1999; s. Kasten digital) nach. Sie nutzt Vergleiche von Gruppen von Menschen mit unterschiedlicher genetischer Ähnlichkeit wie eineiigen und zweieiigen Zwillingen, Geschwistern, Adoptiveltern und ihren Kindern. Daraus ermittelt sie Informationen zu den Anteilen der beiden Einflussquellen, erbliche und Umweltfaktoren, an Unterschieden, die es generell zwischen Menschen in Eigenschaften wie Intelligenz, Persönlichkeitsmerkmalen oder Einstellungen gibt. Allerdings lässt sich aus den Forschungsergebnissen einiges auch *nicht* ableiten, z. B. inwieweit eine konkrete einzelne Person eine Eigenschaft von den Eltern geerbt hat. Das vielleicht wesentlichste Manko ist jedoch, dass verhaltensgenetische Befunde nur sehr grobe und allgemeine Einblicken bieten. Sie sagen nichts über die konkret wirksamen Prozesse der Entwicklung aus. Weder wissen wir derzeit viel über die Prozesse auf der genetischen Seite, solange die sich rasant entwickelnde molekulargenetische Forschung nicht weiter fortgeschritten ist. Vor allem aber sagt *Umwelt* sehr wenig darüber aus, wie genau Erfahrungen in der Familie und anderen Kontexten die Entwicklung von Kindern und Jugendlichen anstoßen, fördern oder stabilisieren.

Ökologische Systeme

Einen einflussreichen Ansatz, mit dem Umwelteinflüsse differenzierter betrachtet werden können, lieferte der amerikanische Entwicklungspsychologe Urie Bronfenbrenner (1979) mit seiner Theorie der ökologischen Systeme. Die Theorie erlaubt es, Kontexteinflüsse auf verschiedenen Ebenen zu unterscheiden und verschiedene Einflussprozesse zu konzeptualisieren. Damit gibt sie eine nützliche Begrifflichkeit an die Hand und ist hilfreich bei der Suche nach Erklärungen des beobachteten Entwicklungsgeschehens.

Exkurs: Ökologische Systeme nach Bronfenbrenner (1979)

Zentral für Bronfenbrenner ist die Auffassung, dass die Entwicklung eines Individuums immer in Interaktion mit der Umwelt stattfindet und dass die Beziehung zwischen Individuum und Umwelt wechselseitig ist, dass also das Individuum seine Umwelt beeinflusst und zugleich von seiner Umwelt beeinflusst wird. Die Theorie liefert zunächst eine Taxonomie von Umwelten. Im Zentrum steht das sog. *Mikrosystem*. Das ist ein kleines soziales Umfeld wie die Familie, die Schulklasse oder eine Peergruppe, an dem eine Zielperson, z. B. ein Kind, teilhat. Zwischen Mikrosystemen bestehen häufig Verbindungen und Austausch, wenn etwa Eltern regelmäßig mit den Lehrer:innen der Schulklasse zusammenkommen oder mit den Familien von Freunden ihrer Kinder eine Freundschaft entsteht. Bronfenbrenner spricht hier von *Mesosystemen*. Einflüsse können aber auch indirekte Wege gehen. So tragen die Erfahrungen von Eltern am Arbeitsplatz zur Formung ihrer Persönlichkeit bei, die wiederum ihr Erziehungsverhalten zu Hause mitprägt (der „lange Arm der Arbeit"; Hoff, 2003). Das wird in der Theorie ein *Exosystem* genannt. Und all diese Prozesse vollziehen sich in einem gesellschaftlichen Rahmen, der seinen Niederschlag über Regeln, Normen, physische Strukturen auf allen anderen Ebenen findet, dem sog. *Makrosystem*.

Pubertäre Reifung

Wenn zuvor von Entwicklung als Produkt der Wirkung von Faktoren in der Person und in der Umwelt die Rede war und erstere nur hinsichtlich der genetischen Ausstattung erläutert wurden, greift dies zu kurz. In der Realität vollzieht sich ein deutlich komplexeres Zusammenspiel, das auch über eine einfache Interaktion von Erbe und Umwelt hinausgeht und sich differenziert anhand der pubertären Entwicklung (Forbes & Dahl, 2010) erläutern lässt. Wann durch hormonelle Veränderungen die pubertäre Reifung einsetzt, variiert zwischen Kindern erheblich, und ist, wie schon angedeutet, zu einem guten Teil genetisch determiniert. Wenn wir an Pubertät denken, haben wir oft vor allem die äußerliche körperliche Wandlung und sicher auch die sexuelle Reifung mit den damit verbundenen Änderungen von Wahrnehmungen und Interessen vor Augen. Etwas weniger bekannt sind die Veränderungen des Gehirns und die damit einhergehende rapide kognitive Entwicklung (s. Kap. 2). Ins Jugendalter hinein wird die kognitive Verarbeitung schneller und sie erlaubt, ganz anders über die eigene Person und die Welt nachzudenken. Es treten neue Fragen auf, die Eltern werden anders gesehen und vieles mehr. Zugleich sehen sich Teenager mit neuen Erwartungen konfrontiert. In vielen Gesellschaften gibt es Übergangsriten oder -feiern, die den Wandel markieren. Und auch der Wechsel von der Primar- in die Sekundarstufe der Schule fällt nicht zufällig mit diesen Veränderungen zusammen. Sie bringen neue Rechte, aber auch Verpflichtungen und Verhaltensnormen mit sich. Mit diesen Faktoren im Hintergrund ändert sich auch die Wahrnehmung der vorherigen Kinder durch die Erwachsenen in der Umwelt, zuvorderst die Eltern, die bereit sind, mehr Freiräume zu gewähren, aber auch Erwartungen an ein ‚erwachseneres' Verhalten haben. Aber schon allein die äußerlichen Veränderungen stellen eine Herausforderung für junge Menschen dar. Sie müssen sich an ihre neue körperliche Erscheinung gewöhnen, messen ihr Äußeres nicht zuletzt an gesellschaftlich vorgegebenen Maßstäben und erleben sich unversehens in der Rolle potenzieller Sexualpartner. Wie sie mit einem solchen umfassenden

Veränderungsschub umgehen, ist natürlich nicht zuletzt auch beeinflusst von ihrer Persönlichkeit (s. Kap. 3), die ihrerseits wiederum zu einem nennenswerten Teil auch genetisch beeinflusst ist. Manche Jungen und Mädchen sind ängstlicher, andere sind offener für neue Erfahrungen. Und schließlich war ja schon von den erheblichen zeitlichen Variationen die Rede. Einige Kinder kommen recht früh in die Pubertät, andere entwickeln sich später. Körperlich weitentwickelte Jugendliche sitzen in derselben Schulklasse neben (körperlich) kleinen Kindern. Damit ist eine komplexe Gemengelage skizziert, mit der sich junge Menschen zu Beginn des Jugendalters auseinanderzusetzen haben, um ihre Position zu finden und für sich selbst klar zu bekommen, wer sie sind und wie sie sein wollen.

Entwicklungsaufgaben

Der Erziehungswissenschaftler Havighurst (1948) hat für solche Konstellationen den Begriff der *Entwicklungsaufgabe* eingeführt. Damit gemeint sind Herausforderungen, die sich zu gegebenen Zeitpunkten im Lebenslauf stellen durch (1) Prozesse der körperlichen Reifung, durch (2) gesellschaftliche Erwartungen an eine bestimmte Altersgruppe, und (3) durch die individuellen Ziele eines Menschen. Typische Entwicklungsaufgaben des Jugendalters sind die schon angesprochene Auseinandersetzung mit der körperlichen Entwicklung, der Aufbau von Moral- und Wertvorstellungen sowie die berufliche Orientierung (s. Kap. 7). Eine eher ‚neue' Aufgabe wäre es darüber hinaus, ein handlungsfähiger Wirtschaftsbürger zu werden (Quenzel & Hurrelmann, 2016). Weitere Beispiele für Entwicklungsaufgaben in anderen Lebensphasen sind der Aufbau einer Bindung zu nahen Bezugspersonen bei kleinen Kindern oder die Einstellung auf die abnehmende körperliche Leistungsfähigkeit im Alter. Allerdings gibt es gerade in der Jugendzeit eine starke Häufung solcher Herausforderungen. Dieser Umstand ist insofern bedeutsam, als das Konzept der Entwicklungsaufgaben davon ausgeht, dass die erfolgreiche Auseinandersetzung mit einer Anforderung eine günstige Ausgangslage dafür verschafft, sich einer nächsten zuzuwenden. Demgegenüber behindern ungelöste Aufgaben den erfolgreichen Umgang mit künftigen Aufgaben. So würde sich der Aufbau zufriedenstellender romantischer Beziehungen schwierig gestalten, wenn die Herausforderungen der eigenen körperlichen Entwicklung nicht bewältigt sind. Aktuelle Forschungsergebnisse zeigen, dass in unserer Gesellschaft Entwicklungsaufgaben eher individuell gelöst werden als dass es normative Lösungswege gäbe, die alle Kinder und Jugendlichen durchlaufen. Das hängt damit zusammen, dass es deutlich offenere gesellschaftliche Vorgaben für Zielpunkte der Entwicklung gibt (z. B. im Bereich Partnerschaft, Familiengründung, Berufstätigkeit).

1.3.2 Einflüsse der Familie

Eine wesentliche Rolle in der Entwicklung spielen nicht nur während der Kindheit, sondern auch über das gesamte Jugendalter hinweg nahe soziale Kontexte. Vorrangig sind hier die Eltern zu nennen. Sie beeinflussen ihre Kinder sowohl durch die Art des Umgangs in der Familie als auch direkt in inhaltlicher Hinsicht. Als wesentlicher Aspekt der Sozialisation im Elternhaus wird der Erziehungsstil herausgestellt. Teils wird darunter nur das Erziehungsverhalten verstanden, teils werden auch Erziehungsziele und klimatische Aspekte in Definitionen einbezogen. Um Erziehungsverhalten zu beschreiben, werden häufig zwei Dimensionen genutzt: (1) Die sogenannte *Verhaltenskontrolle,* das Setzen von Normen, die Kontrolle ihrer Einhaltung und ggf. ein Korrigieren in die erwünschte Richtung, und (2) eine *Wärme* in der Beziehung, die nicht an Bedingungen wie gute Noten oder erwünschtes Verhalten geknüpft ist (Baumrind, 1971). Als günstigste Konstellation für die Entwicklung von Kindern und Jugendlichen in liberalen demokratischen Gesellschaften werden hohe Ausprägungen von beiden, die sog. *autoritative Erziehung,* betrachtet, weil sie zu Selbstbewusstsein, Selbstverantwortung und gleichzeitig zu sozialer Verantwortung erzieht. Ein Fehlen von beiden (vernachlässigend) hat sich als schlechteste Form der Erziehung erwiesen, weil Kinder und Jugendliche ohne Wärme ein geringes Selbstbewusstsein entwickeln und ihnen Normen, die wichtig für das soziale Miteinander sind, irrelevant erscheinen. Ist nur jeweils eine Dimension deutlich ausgeprägt (Verhaltenskontrolle – autoritär; Wärme/Engagement – laissez-faire), liegen die Effekte auf die Entwicklung von Selbstwert und sozialer Verantwortung dazwischen. Zahlreiche empirische Befunde bestätigen diese Annahmen (z. B. Steinberg et al., 1994).

Während es beim Erziehungsstil im Kern um die Art des Umgangs miteinander als Einflussfaktor geht, lassen sich direkte inhaltliche Einflüsse am besten mit Rückgriff auf die Theorie des sozialen Lernens (Bandura, 1976) erklären. Von der Wirksamkeit entsprechender Prozesse ist wie in Schulklassen (s. Kap. 2) oder Peergruppen auch in Familien auszugehen. Eltern sind attraktive sowie gut zu beobachtende Modelle, was wesentliche Voraussetzungen dafür bietet, dass von ihnen gezeigte Einstellungen und Verhaltensweisen übernommen werden. Handelt es sich um erwünschte, ist eine Verstärkung seitens der Eltern wahrscheinlich, was den Lerneffekt noch weiter fördern wird. Eine größere Menge von Befunden etwa zur Einstellungstransmission von den Eltern auf ihre Kinder (z. B. Gniewosz & Noack, 2008) konnte den vermuteten Prozess belegen.

Eltern

Erziehungsstil

Soziales Lernen

Als familiale Einflussgröße, die noch allgemeiner ist als die zuvor angesprochenen, ist der sog. *sozioökonomische Status* (SÖS) der Familie zu nennen, der den bildungs- und beruflichen Stand der Eltern und die materielle Situation der Familie bezeichnet. Mit ihm sind vor allem in Deutschland die Bildungsperspektiven der Kinder eng verbunden. Er schlägt sich sowohl nieder auf das Erziehungsverhalten, die Anregungen, die in der Familie gegeben werden, aber auch ganz einfach auf die Möglichkeiten, bestimmte Erfahrungen für die Jungen und Mädchen in der Familie bereitzustellen wie Reisen und Veranstaltungsbesuche oder bildungsförderliche Bedingungen zu finanzieren, etwa Nachhilfe. Zugleich nimmt der SÖS wesentlich Einfluss auf das soziale Netzwerk der Familie und damit auf die Zahl und Art der Personen, mit denen Kinder Kontakt haben und sich austauschen können. Zumindest unter den Gegebenheiten in Deutschland ist der Migrationshintergrund von Schüler:innen eng mit dem SÖS verbunden. Allerdings kommen damit noch weitere Bedingungen ins Spiel, die für die Bewältigung schulischer Anforderungen von Bedeutung sind wie eine möglicherweise nichtdeutsche Familiensprache, kulturspezifische Normen und Erwartungen, die sich nicht vollständig mit denen in der deutschen Bildungsinstitution gängigen decken müssen, sowie im schlimmsten Fall Diskriminierungserfahrungen (s. Kap. 4.2.2). Allerdings fallen diverse Unterschiede wie in den schulischen Leistungen zwischen deutschen Schüler:innen und solchen mit anderem Hintergrund eher gering aus, wenn Unterschiede im SÖS berücksichtigt, also in Analysen herausgerechnet werden.

Sozioökonomischer Status

Migrationshintergrund

Während sich systematische Erziehungseinflüsse der Eltern auch über die Pubertät der Kinder hinaus empirisch beobachten lassen, beginnt sich die Art und Weise des Miteinanders in den meisten Familien mit der körperlichen Reifung der Kinder erheblich zu wandeln. Anders als in traditionellen Konzepten des jugendlichen „Sturm und Drang" (Hall, 1904) behauptet, scheinen jedoch nicht schwere Konflikte und ein daraus resultierender Bruch der Beziehung zu den Eltern der Normalfall zu sein. Eher ändern sich die gegenseitige Wahrnehmung von Eltern und Kindern und ihre Interaktionsmuster kontinuierlich, und zwar hin zu einer Beziehung, die gleichberechtigter ist, die stärker auf Augenhöhe geführt wird, und in der sich Eltern und Kinder oft weiterhin miteinander verbunden fühlen (Individuationstheorie, Youniss & Smollar, 1985). Dazu trägt bei, dass Jugendliche einerseits mehr Autonomie einfordern und Eltern andererseits mehr Selbständigkeit gewähren. Zugleich wird Jungen und Mädchen aufgrund ihrer wachsenden kognitiven Kompetenzen eine realistischere Sicht auf ihre Eltern möglich.

Individuation der Eltern-Kind-Beziehungen im Jugendalter

1.3.3 Einflüsse der Gleichaltrigen

Neben den Eltern sind die Gleichaltrigen ein wesentlicher Entwicklungskontext. Mit ihnen verbringen Kinder und in noch größerem Maße Jugendliche einen erheblichen Teil ihrer Zeit. Es handelt sich um einen Kontext mit sehr eigenem Charakter. Zum einen sind die Beteiligten – zumindest im Prinzip – gleichberechtigt (Peers) und es gibt keine vorab gegebenen Hierarchien. Zum anderen können Beziehungen zwischen Gleichaltrigen – anders als Familienbeziehungen – im Prinzip aufgekündigt werden. Damit erfordern sie ein stetes Aushandeln und Pflege. In der Kindheit nehmen Eltern noch einen relativ großen Einfluss auf die Auswahl der Freunde ihrer Kinder, befördern aktiv Freundschaften oder ermöglichen Kontakte, etwa als ‚Chauffeure'. Im Jugendalter wurden dagegen Gleichaltrige oft als Gegenspieler der Eltern und potenzielle Quellen eines ‚schlechten Einflusses' gesehen. Ein solches Verständnis scheint aber schon aus dem Grunde unwahrscheinlich, dass sich Gleichaltrigenbeziehungen zumeist nach dem Prinzip der Ähnlichkeit ergeben (Homophilie), sodass Eltern gängigerweise mit Freunden ihrer Kinder konfrontiert werden, die den eigenen Söhnen und Töchtern in Verhalten, Interessen und Einstellungen entsprechen. Sie ziehen also mehrheitlich eher am selben Strang wie die Eltern. Abweichungen von diesem Muster sind vor allem dann zu erwarten, wenn die Familienbeziehungen einen deutlich negativen und konflikthaften Charakter aufweisen. Die Beziehungen zu Gleichaltrigen beeinflussen in hohem Maße das Wohlbefinden von Kindern und Jugendlichen. Der beste Freund, die beste Freundin und die Zugehörigkeit zu einer Clique sind wichtige Quellen für den Selbstwert. Ablehnung durch Gleichaltrige ist dagegen eine fundamentale negative Lebenserfahrung für Kinder und Jugendliche (s. Kap. 3 und 6).

1.3.4 Einflüsse der Schule

Eine gewisse Überschneidung des Gleichaltrigenumfelds gibt es mit der Schule als Entwicklungskontext, da sich Freundschaften und Cliquen nicht selten dort ergeben. Allerdings handelt es sich bei Schulklassen, anders als bei anderen Peergruppierungen, um eine Art Zwangsgemeinschaft. Die Beziehungen zwischen Klassenkamerad:innen variieren zwar in ihrer Intensität, können aber nicht wirklich aufgelöst werden. Gerade für das psychische Wohlbefinden (s. Kap. 6), die Vorstellungen, die Kinder und Jugendliche über ihre eigene schulische Leistungsfähigkeit haben (s. Kap. 3), und die Einstellung zum Lernen und der Schule gegenüber (s. Kap. 2) sowie den Plänen für die berufliche Zukunft (s. Kap. 7) spielen die Beziehungen zu Klassenkamerad:innen eine wichtige Rolle.

In der Schule verbringen junge Menschen nicht nur viel Zeit. Die Förderung der Persönlichkeitsentwicklung und Unterstützung bei der Auseinandersetzung mit verschiedenen Entwicklungsaufgaben wird auch als Auftrag für Schulen in den einschlägigen Gesetzen der meisten Bundesländer formuliert. Als wesentlichen Einflussweg wird man an die direkte Instruktion im Unterricht denken, in dem Wissen und Kompetenzen vermittelt werden sollen. Diese Vermittlungsprozesse prägen das Bild dessen, was in der Schule geschieht. Darüber wird schnell vergessen, dass Schule einen kleinen sozialen Mikrokosmos darstellt, der Gelegenheiten zum sozialen Lernen bietet, weil sich hier eine größere Zahl von Personen begegnet und Normen auch jenseits der Schulordnung entwickelt, ausgehandelt und durchgesetzt werden. Dies gilt für den Umgang von Schüler:innen untereinander genauso wie für die Beziehungen und Interaktionen zwischen Lehrer:innen und Schüler:innen (s. Kap. 4).

1.3.5 Einflüsse von Freizeitkontexten

Schließlich sind Freizeitkontexte zu erwähnen, in denen bedeutsame Sozialisationsprozesse stattfinden. Unter diesen kann man formelle Kontexte (z. B. Vereine) oder bildungsorientierte Kontexte (z. B. Musikschulen) unterscheiden von informellen (z. B. Treffen im Einkaufszentren, auf Spielplätzen, in Parks), in denen es kein offizielles Programm sowie keine Anleitung und Kontrolle durch Erwachsene in einer Erziehungsfunktion gibt. Häufig sind Freizeitkontexte geprägt durch Gleichaltrigengruppen, sodass auch hier Erfahrungen von Aushandlungsprozessen, Wertschätzung oder Ausgrenzung gemacht werden können. Weiterhin ist auf solitäre Aktivitäten und Hobbies zu verweisen, die beispielsweise zu Hause verfolgt werden, und auf deren Einfluss auf die Entwicklung von Kindern und Jugendlichen. Schließlich sollte im Feld der Freizeit die Nutzung von Medien angesprochen werden, unter denen inzwischen die digitalen einen erheblichen Bedeutungszuwachs erfahren haben (s. Kap. 5).

An dieser Stelle werden die verschiedenen Sozialisationsinstanzen nur benannt und wesentliche Prozesse angerissen. Jede Instanz könnte umfänglich in einem jeweils eigenen Kapitel betrachtet werden. Für das vorliegende Buch haben wir uns indessen entschieden, in den bedeutenden Entwicklungsbereichen den Einfluss von Eltern, Peers und Schule herauszuarbeiten.

1.4 Entwicklung – methodische Überlegungen und Strategien

Wie kommt eigentlich die Entwicklungspsychologie zu den Erkenntnissen, die in diesem Lehrbuch dargestellt werden? Im Folgenden werden die grundlegenden methodischen Herangehensweisen dargestellt, die die entwicklungspsychologische Forschung ausmachen.

Längsschnittliche Designs

Wir haben Entwicklung als zeitgebundenen Prozess eingeführt. Um einen solchen angemessen empirisch zu erfassen, sind daher längsschnittliche Untersuchungsdesigns (Rey, 2020), also Datenerhebungen mit denselben Personen zu unterschiedlichen Zeitpunkten mit denselben Fragen, Aufgaben und Einschätzungen entscheidend. Möchte man ausschließlich Veränderungen hinsichtlich des Alters betrachten, wäre auch ein Querschnitt, also der Vergleich verschiedener Personengruppen in verschiedenem Alter zum selben Zeitpunkt denkbar. Voraussetzung wäre jedoch, dass die jeweiligen Teilstichproben bis auf den Altersunterschied vollkommen vergleichbar sind, zum Beispiel repräsentativ für die Altersgruppe, und dass sich die Umwelt (etwa politische Verhältnisse, ökonomische Lage, gesetzliche Rahmenbedingungen wie Volljährigkeit, Wahlalter) zwischen den Altersgruppen nicht unterscheidet. Nicht nur ist dieses Ziel schwer zu erreichen, sondern Gruppenvergleiche können vor allem auch keine Einblicke in intraindividuelle Veränderungen, die Entwicklung der einzelnen Person über die Zeit, geben.

Exkurs: Längsschnitt, Experiment und Kausalität

Nur Längsschnittuntersuchungen erlauben, durch geeignete Analysestrategien (Diestel, 2023) die Richtung von Einflüssen zu prüfen. Ein Beispiel wäre der Effekt eines Erziehungsstils auf das Selbstkonzept von Kindern. Querschnittliche (gleichzeitige) Zusammenhänge geben dazu keine ausreichende Information. Sie können auf Effekte in beide Richtungen zurückgehen. Wenn man empirisch feststellen würde, dass ein höheres Ausmaß autoritativer Erziehung mit einem stärker ausgeprägten Selbstkonzept einhergeht, könnte dahinter der vermutete Prozess stehen, also ein elterlicher Einfluss, aber genauso gut eine Reaktion der Eltern in ihrer Erziehung auf ein positiveres Selbstkonzept ihrer Kinder, oder eben beides. Ja, der Zusammenhang könnte sogar auf die Wirkung dritter Variablen zurückgehen, etwa, wenn Eltern mit höherem Bildungsstand eher autoritativ erziehen würden und Kinder gebildeterer Eltern ein besseres Selbstkonzept aufwiesen.

Aber selbst Informationen über gerichtete Zusammenhänge bieten nur eine gewisse Annäherung an Kausalbeziehungen, können jedoch nicht als Beleg für eine kausale Verursachung im naturwissenschaftlichen Sinne betrachtet werden. Näher kommen dem Untersuchungen, in denen ein experimentelles Design eingesetzt wird, wenn in zwei Gruppen, denen Teilnehmende per Zufall zugeordnet werden, die Mitglieder einer Gruppe eine von den Untersucher:innen hergestellte Bedingung erfahren (z. B. Erziehungstraining der Eltern), die anderen Teilnehmenden nicht. Im Vergleich der Veränderungen von vor der Intervention zu nachher ließe sich der Effekt der Intervention im Vergleich beider Gruppen testen. Auch das ist offensichtlich ein längsschnittliches Design. Es liefert jedoch einen tragfähigeren Einblick in den interessierenden Prozess als Längsschnittdaten ohne die experimentelle Variation durch die Untersucher:innen. Allerdings lassen sich nicht alle Bedingungen, die man untersuchen möchte, angemessen herstellen für eine experimentelle Untersuchung und manche sind aus ethischen Gründen nicht zu realisieren.

Mindestens ebenso entscheidend für die Tragfähigkeit von Untersuchungsergebnissen wie das Design einer Studie ist die Qualität der erhobenen Daten. Daten sollen Aspekte der Realität wie beispielsweise die Höhe der Intelligenz oder die Stärke des Interesses bei jungen Menschen angemessen wiedergeben. Damit sind Fragen der Diagnostik angesprochen, eine Aufgabe, die sich Lehrer:innen tagtäglich etwa bei der Leistungsbewertung stellt. Ob und in welchem Maße Noten die tatsächlichen Leistungen von Schüler:innen in Tests, die vielfach von Lehrkräften nach bestem Wissen selbst konstruiert wurden, korrekt abbilden, ist immer wieder problematisiert worden (z. B. Maaz, Baeriswyl & Trautwein, 2011). Es scheint eine Reihe von Faktoren neben der eigentlichen Leistung in die Bewertung einzugehen und eine Vergleichbarkeit über Fächer, Schulformen oder Bundesländer hinweg ist kaum gegeben. Dies dürfte noch in stärkerem Maße für Einschätzungen anderer Schülermerkmale durch Lehrer:innen gelten, etwa wenn man sich ein Bild von der Persönlichkeit der Jungen und Mädchen in der eigenen Klasse zu machen versucht.

Diagnostik

Exkurs: Diagnostik

Diagnostik ist ein Kerngeschäft von Lehrer:innen. Ständig müssen Lehrkräfte Entscheidungen darüber treffen, welches Lernangebot sie welchen Schüler:innen unterbreiten und ermitteln, ob sie damit erfolgreich waren, ob also die Schüler:innen das angebotene Wissen erworben haben. Je besser die diagnostischen Fähigkeiten von Lehrer:innen sind, desto differenzierter und auf die Bedürfnisse einzelner Schüler:innen ausgerichtet unterrichten sie (Vock & Gronastaj, 2017). Das Wort Diagnostik ist dem griechischen Wort *diagnosis* entlehnt und wird mit Unterscheidung und Beurteilung übersetzt. Im Unterricht geht es um pädagogische Diagnostik als „Erkenntnisbemühungen im Dienste aktueller pädagogischer Entscheidungen" (Klauer, 1978, S. 5). Wenn die Herausforderung besteht, einzelne Schüler:innen gezielt zu unterstützen, weil er/

sie z. B. plötzlich drastisch schlechtere Leistungen zeigt, geht es um pädagogische Diagnostik im engeren Sinne. Auch wenn in einer leistungsheterogenen Schulklasse differenzierte Lernangebote gemacht werden sollen, geht es um pädagogische Diagnostik. Dann müssen systematisch Informationen zu Lernvoraussetzungen, Lernprozessen oder dem Lernstand von Schüler:innen ermittelt werden, die für ihre gezielte Unterstützung bedeutsam sind. Um geeignete Wege zur Unterstützung zu finden und Entwicklungsmöglichkeiten aufzeigen zu können, ist ein differenziertes Verstehen des Ausgangspunkts für das weitere Lernen der Schüler:innen notwendig. Dafür sind persönliche (z. B. Vorwissen, Lernstrategien) und soziale Faktoren (z. B. ein ungestörter Arbeitsplatz oder Unterstützungsmöglichkeiten zuhause, Wohlbefinden im Klassenkontext) auf Schülerseite zu berücksichtigen.

Der diagnostische Prozess verläuft im wesentlich in zwei Phasen: (1) In der Vorbereitungsphase wird das Problem definiert (z. B. plötzlicher Leistungsabfall) und es werden Informationen eingeholt (z. B. zeigt sich der Leistungsabfall nur in einem Fach oder ist er generell?). Es werden Hypothesen über das Zustandekommen des Problems formuliert (z. B. mangelnde Vorbereitung auf den Unterricht wegen sozialer Probleme oder fehlendes Vorwissen beim aktuellen Thema) sowie passende Maßnahmen geplant, um das Problem zu überwinden (z. B. gezielte Vermittlung von fehlendem Wissen). (2) In der Durchführungsphase werden die geplanten Unterstützungsmaßnahmen umgesetzt und es wird überprüft, ob sie nützlich sind. Hier kann es notwendig sein, mehrere kleinere Tests durchzuführen, um den Lernprozess zu erfassen und ggf. nachsteuern zu können. Dann spricht man von Lernverlaufs- oder Lernprozessdiagnostik (Schütze, Souvignier & Hasselhorn, 2018), die ein anspruchsvolles Unterfangen ist, weil kurze Tests von hoher Güte in Bezug auf Validität und Reliabilität vonnöten sind. Es existieren vor allem im Grundschulbereich inzwischen evidenzbasierte Materialien, die lernprozessbegleitende Diagnostik vor allem in Deutsch und Mathematik unterstützen. Dabei sind gerade Tests im digitalen Format hilfreich, weil sie von Schüler:innen selbstständig durchgeführt werden können und eine automatisierte Auswertung und Dokumentation der Ergebnisse erfolgt (z. B. *quop.de* und *Levumi.de*). Zum Teil wird auch umfangreiches Fördermaterial, das den Lehrpersonen die Umsetzung einer individuell-passenden Förderung erleichtert, zur Verfügung gestellt (Greiner-Döchert & Mendel, 2022). Auch das Lern- oder Sozialverhalten der Schüler:innen kann durch gezielte Fördermaßnahmen verändert werden. Bei der Erfassung solcher Effekte spricht man von Direct Behavior Rating (DBR). Verhaltensweisen wie die Teilnahme am Unterricht, störendes oder respektloses Verhalten können besonders gut erfasst werden. Ohne großen Aufwand werden Veränderungen sichtbar, wenn sie von derselben Person wiederholt eingesetzt werden (Huber, 2021).

Waren die Maßnahmen erfolgreich, endet der diagnostische Prozess. Stellt sich jedoch keine Besserung ein, muss die Frage korrigiert und es müssen ggf. andere Unterstützungsmaßnahmen eingeleitet werden. Der im engeren Sinne diagnostische Anteil besteht in der systematischen Suche der Informationen zum Ausgangszustand, zu möglichen relevanten Randbedingungen sowie zum nach der Durchführung geeigneter Maßnahmen erreichten Zustand. Erleichtert wird diese, wenn vorab Hypothesen aufgestellt werden, die durch die ermittelten Informationen bestätigt oder abgelehnt werden können. Wichtig ist weiterhin ein systematisches Vorgehen. Informationen dazu werden durch Beobachtung oder verbal gesammelt. Schließlich gehört auch die jeweilige Urteilsbildung zum Prozess, für die es eindeutiger Kriterien bedarf. Der beschriebene Prozess ist dabei einer der informellen Diagnostik, wie sie im schulischen Alltag unterrichtsbegleitend die Regel ist. Professionelle psychologische Diagnostik, mit der Lehrkräfte eher selten Berührung haben werden, zeichnet sich durch eine höhere Präzision und zumeist durch den Einsatz bewährter Instrumente wie etwa standardisierter Tests aus (Stemmler & Markgraf-Stiksrud, 2015).

Befragungen

Vergleichbare Fragen stellen sich bei der Datenerhebung in entwicklungspsychologischen Untersuchungen. Daten werden dabei nicht selten durch Befragungen erhoben. Zum Einsatz kommen hier Fragebögen, oft in geschlossenem Format (Ankreuzen der eigenen Sichtweise zu vorgegebenen Aussagen), oder Interviews sowie andere mündliche Befragungsformen. Häufig werden hierfür die Kinder oder Jugendlichen selbst befragt. Dabei werden, anders als bei den in der Schule gängigen von Lehrkräften entworfenen Leistungstests, fast durchweg Fragebatterien oder Testaufgaben verwendet, die empirisch an großen repräsentativen Stichproben geprüft wurden und sich bewährt haben. Teilweise, um Verzerrungen zu vermeiden, oder weil die Betroffenen selbst die interessierenden Informationen nicht geben können, richtet sich die Befragung an dritte Personen wie Eltern, Lehrer:innen oder andere Interaktionspartner:innen. Mitunter werden aber zur Datenerhebung auch systematische Beobachtungsmethoden eingesetzt, wobei die Beobachtungen durch geschulte Untersucher:innen durchgeführt werden. Seltener werden auch physiologische Maße wie Herzrate oder Hautwiderstand erfasst.

Beobachtungsmethoden

Intervention

Das Verhalten von Lehrer:innen in der Klasse, der angebotene Stoff, dessen Darbietung sowie Randbedingungen des Unterrichts stellen eine mehr oder weniger systematische Intervention dar. Sie sind eine Art Förderprogramm, das Schüler:innen einem wiederum mehr oder weniger systematisch definierten Ziel näherbringen soll, häufig der Aneignung eines bestimmten Lernstoffs. Die Frage ist, ob das auch tatsächlich geschieht, womit eine Evaluation (Stockmann & Meyer, 2014) der Intervention angesprochen ist. Es ist eine, die sich für Lehrkräfte stellt, aber auch in der psychologischen Forschung, wenn es beispielsweise darum geht, ob theoretisch als günstig erachtete Strategien der Vermittlung oder Klassenführung den vermuteten Erfolg haben. Der Unterschied zwischen informeller und wissenschaftlicher Intervention und Evaluation liegt vor allem in der Systematik, etwa wie

Evaluation

theoriegetreu das Verhalten gegenüber den Schüler:innen umgesetzt wird oder wie eindeutig und inhaltlich passend die Erfolgskriterien definiert und erfasst werden.

Maßstab für den Erfolg von Unterricht ist nicht allein, wie sich dieser auf die gezeigte Leistung, Leistungszuwächse oder andere Merkmale einzelner Schüler:innen auswirkt, sondern vielmehr ob sich in der Gruppe bzw. Schulklasse mehrheitlich die angestrebten Veränderungen wie ein Zuwachs an Wissen oder Kompetenz einstellen. Informativ sind mithin Daten auf der Klassenebene, ob beispielsweise die Schüler:innen mehrheitlich das Klassenziel, wie es in Lehrplänen festgelegt ist, erreichen. Entsprechend bieten für Lehrkräfte vor allem Untersuchungsbefunde hilfreiche Hinweise, die sog. *Mehrebenenanalysen* (Langer, 2009) liefern. Sie erlauben es, Zusammenhänge auf Ebene der Schulklasse durch eine geeignete statistische Auswertung von jenen auf individueller Ebene zu trennen. Daten auf Klassenebene können z. B. das Lehrer:innenverhalten, der dargebotene Stoff, aber auch durchaus physische Merkmale wie das Sitzarrangement oder (vermutlich weniger entscheidend) die Raumtemperatur sein. Es können aber auch gemittelte Wahrnehmungen der Schüler:innen in die Analysen einbezogen werden, etwa wenn es um das soziale Klima in der Klasse, die Lernmotivation oder das Wohlbefinden geht. Letzteres hat zudem den Vorteil, dass die Auskünfte weniger anfällig sind für die Verzerrungen, denen subjektiv geprägte Wahrnehmungen einzelner Individuen unterliegen, sondern eher als Abbild der Klassenrealität gelten können. Zudem lösen Mehrebenenanalysen ein statistisches Problem, das Daten, die in Schulklassen erhoben werden, anhaftet, und liefern in diesem Sinne korrektere Ergebnisse.

Mehrebenenanalysen

Uns erscheint es wichtig, die Problematik, die Mehrebenenanalysen anzugehen versuchen, hier zu erwähnen als Hintergrund für die Einordnung von Untersuchungsergebnissen, auf die an vielen Stellen im Folgenden Bezug genommen wird. Ebenso sollte vor allem die Bedeutung von Längsschnittlichkeit für die Aussagekraft empirischer Untersuchungen in der Entwicklungspsychologie bei der weiteren Lektüre im Sinn behalten werden wie auch der Art der Daten, auf denen berichtete Ergebnisse beruhen.

Take-Home-Message

- Ein Verständnis der Entwicklung im Kindes- und Jugendalter, deren Verlauf und wesentliche Einflussfaktoren, ist ein wichtiger und im Alltag hilfreicher Wissensbestand für Lehrer:innen.
- Entwicklung vollzieht sich in einem Prozess wechselseitiger Beeinflussung zwischen einer Person und ihrer proximalen und distalen Umwelt.

- Einflussreiche Kontexte in der Entwicklung sind die Familie, vor allem die Eltern, die Schule, Gleichaltrige und die Medien.
- Für tragfähige wissenschaftliche Einblicke in das Entwicklungsgeschehen spielen in entsprechenden Forschungen die Auswahl angemessener Untersuchungsinstrumente wie auch geeigneter Stichproben- und Erhebungsdesigns eine wesentliche Rolle.

2. Lernen und Wissenserwerb

Belinda Berweger & Bärbel Kracke

Fallbeispiel: Tom und Jana

Die Geschwister Tom (16 Jahre) und Jana (14 Jahre) sitzen zu Hause am Küchentisch an ihren Hausaufgaben, die beide im Fach Deutsch erhalten haben. Tom soll einen Text im Zusammenhang mit antiken Sagen und der Gründung der Stadt Rom über „Romulus und Remus" lesen und danach Textverständnisfragen beantworten. Während des Lesens markiert er wichtige Stellen im Text und erstellt einen skizzenhaften Überblick der zentralen Aspekte. Tom hat früher viele Dokumentarfilme zu den Römern geschaut und fand das Thema schon immer faszinierend. Überhaupt liegt ihm Deutsch, sodass ihm das Bearbeiten der Aufgaben Freude bereitet. Jana hingegen sitzt vor dem leeren Blatt Papier und starrt auf ihre Grammatikübungen, die sie als Hausaufgabe zu lösen hat. Sie weiß nicht so richtig, wie sie bei der Aufgabenbearbeitung vorgehen soll und allein beim Gedanken an die nächste Deutscharbeit bekommt sie Herzklopfen. Als sie die erste Aufgabe nicht versteht, wirft sie den Stift lustlos weg und schaut resigniert aus dem Fenster. Sie denkt, „ich bin in Deutsch einfach nicht so begabt wie mein Bruder". Als Tom bemerkt, dass Jana die Bearbeitung der Aufgabe unterbrochen hat, fragt er sie, was los sei. Jana erklärt, dass sie die Regeln zum Satzbau einfach nicht versteht und auch nicht, wozu die später mal nützlich sein sollen. Daraufhin versucht Tom ihr anhand von Alltagsbeispielen und Analogien den Satzbau näher zu bringen. Außerdem rät er ihr, basierend auf seinen Erfahrungen, die einzelnen Regeln erstmal auswendig zu lernen und so lange zu wiederholen, bis sie sie verinnerlicht hat. Durch die Hilfe des Bruders kann Jana sich danach besser motivieren und setzt sich an die Aufgaben.

2.1 Einleitung

Das zentrale Ziel von Schule ist, dass Kinder und Jugendliche Wissen und Kompetenzen erlangen, die es ihnen ermöglichen, ein selbstständiges Leben zu führen, in dem sie auch bereit sind, Verantwortung für andere Menschen und die Gesellschaft als Ganzes zu übernehmen. In diesem Kapitel wird zunächst dargestellt, was in der Psychologie unter Lernen verstanden wird. Daran anschließend wird erläutert, von welchen individuellen und sozialen Faktoren erfolgreiches Lernen abhängt und wie sich die Voraussetzungen für erfolgreiches Lernen von der Kindheit bis zum Jugendalter entwickeln. Abschließend werden praktische Implikationen abgeleitet, die auf die Gestaltung förderlicher Lernsettings ausgerichtet sind. Der Hauptfokus in Bezug auf Lernen und Wissenserwerb liegt auf dem typischen schulischen Lernen von akademischen Inhalten. Eher quer dazu gelagert ist die moralische Entwicklung von Kindern und Jugendlichen sowie ihre Förderung, nicht zuletzt auch weil sich in diesem Feld eine eigene, annähernd abgeschlossene Forschungstradition entwickelt hat, die vor allem an Theorien und Empirie der sozialkognitiven Entwicklung anknüpft. Da sie jedoch auch unter die Aufgaben von Schule gezählt wird, soll sie nicht vollkommen ausgeklammert, sondern in einem Exkurs behandelt werden (s. Kap. 2.7.3, Kasten Sozialmoralische Entwicklung).

2.1.1 Was ist eigentlich Lernen?

In der Psychologie existieren unterschiedliche Theorien über das Lernen. Für das schulische Lernen sind drei Auffassungen über das Lernen zentral: Lernen als Verhaltensänderung, Lernen als aktiver kognitiver Konstruktionsprozess und Lernen als Wissenserwerb.

Lernen
Hasselhorn und Gold (2022) haben als definitorischen Kern unterschiedlicher Auffassungen von Lernen ausgemacht, dass es sich beim Lernen um einen Prozess handelt, „bei dem es zu überdauernden Änderungen im Verhaltenspotenzial als Folge von Erfahrungen kommt" (S. 35). Damit wird Lernen von Reifungsprozessen abgegrenzt, die als genetisches Programm automatisch ablaufen wie z. B. körperliches Wachstum, Geschlechtsreife oder die grobmotorische Entwicklung zum selbstständigen Laufen (s. Kap. 1). Eine vertiefte Auseinandersetzung mit Lerntheorien und -techniken ermöglicht der ebenfalls in dieser Reihe erschienene Band von Roelle, Lachner und Heitmann (2023).

2.1.2 Lernen als Verhaltensänderung

Behaviorismus

Im Behaviorismus, der von John B. Watson (1878–1958) begründet wurde, wird Lernen gleichgesetzt mit sichtbaren Verhaltensänderungen, die durch die Verknüpfung von Umweltreizen (Stimuli) und Verhaltensweisen (Reaktionen) ohne eine Vermittlung psychischer Prozesse entstehen. Der Aufbau von Verhaltensweisen geschieht durch das häufige gemeinsame Auftreten von Reiz und Reaktion, was als Kontingenz bezeichnet wird. Burrhus F. Skinner (1904–1990) hat diese Idee dahingehend weiterentwickelt, dass durch Verstärkung bzw. Belohnung im Sinne der Vermittlung einer angenehmen Erfahrung (z. B. Lob oder Zuwendung) von Reiz-Reaktions-Kontingenz ein Verhalten häufiger auftreten kann, während durch Bestrafung im Sinne der Vermittlung einer unangenehmen Erfahrung (z. B. Entzug von Aufmerk-

Belohnung

Bestrafung

samkeit oder Tadeln) ein Verhalten seltener auftreten kann. Die Verstärkung bzw. Bestrafung muss dabei nicht immer sofort nach dem Verhalten auftreten. Gerade partielle oder sog. intermittierende Reaktionen erweisen sich als effektiv. Für Schule bedeutet dies, dass beispielsweise störendes Verhalten durch Reaktionen der Lehrkraft beeinflusst werden kann. Allerdings muss die Lehrkraft darüber informiert sein, was für den/die Schüler:in eine angenehme oder eine unangenehme Erfahrung konkret bedeutet. Für manche kann beispielsweise ein Tadel für Stören wie eine Belohnung wirken, weil damit Aufmerksamkeit einhergeht, und dazu führen, dass das Stören fortgesetzt wird. Für andere ist es eine Beschämung, die dazu führen wird, dass sie das störende Verhalten nicht mehr zeigen. Insgesamt ist in pädagogischen Situationen mit Bestrafungen eher sparsam umzugehen, weil sie eine einschüchternde und demotivierende Wirkung auf die Lernenden haben können. Über Belohnung erwünschten Verhaltens und Ignorieren unerwünschten Verhaltens lassen sich eher Verbesserungen im Verhalten erreichen. Verstärkungen und Bestrafungen spielen nicht nur in einzelnen pädagogischen Situationen eine Rolle, sondern sie können, wenn sie beständig und systematisch erfolgen, auch langfristig die Entwicklung von Verhaltenstendenzen beeinflussen, etwa, wenn geschlechtstypische Verhaltensweisen, wie körperliches Ausagieren bei Jungen oder zurückgenommenes Verhalten von Mädchen dauerhaft verstärkt werden.

Albert Bandura (1925–2021) postulierte, dass Lernen nicht nur durch direkte Verstärkung des eigenen Verhaltens erfolgt, sondern dass Lernen auch dann stattfinden kann, wenn lediglich beobachtet wird, dass eine andere Person für ihr Verhalten belohnt oder bestraft wird. Das Modell-Lernen (s. Kap. 1) ist für den pädagogischen Kontext sehr relevant, weil damit die Lehrkraft mit ihrer Reaktion auf einzelne Schüler:innen auch anderen beteiligten Schüler:innen in einer Klasse signalisiert, was erwünschtes oder unerwünschtes Verhalten (wie etwa Melden oder anderen Helfen) ist. Für Bandura war auch das Denken über die beobachtete Situation, in der das Modell z. B. als attraktiv und nachahmenswert oder unattraktiv und daher nicht relevant für das eigene Verhalten eingeschätzt wird, entscheidend dafür, ob ein Verhalten gezeigt wird oder nicht. Er unterschied zwischen Kompetenz und Performanz. Das heißt, Menschen lernen immer durch Beobachtung (z. B. auch negative Verhaltensweisen wie Aggression Mitschüler:innen gegenüber), zeigen es aber nicht immer unbedingt, wenn sie beispielsweise der Auffassung sind, dass es negative Konsequenzen für sie haben könnte.

Modell-Lernen

2.1.3 Lernen als aktiver kognitiver Konstruktionsprozess

Strukturgenetische Ansatz

Der strukturgenetische Ansatz von Jean Piaget (1896–1980) und Bärbel Inhelder (1913–1997) ist einer der ersten systematischen Zugänge zu den Besonderheiten der kognitiven Entwicklung im Kindes- und Jugendalter. Piaget und Inhelder setzten sich bewusst von den Behavioristen (s. Kap. 2.1.2) ab, indem sie postulierten, dass relevante Prozesse der Weltaneignung nicht nur durch Verstärkungen von Reiz-Reaktionsverbindungen zu erklären seien, sondern dass es sich dabei um einen aktiven kognitiven Konstruktionsprozess handelt, der sich zwischen Kindheit und Jugend in seiner Qualität verändert. Für sie baut das Individuum durch Interaktion mit der dinglichen und sozialen Welt immer exaktere und umfassendere Vorstellungen der Realität in Form von kognitiven Schemata und Strukturen auf. Hierbei erfolgt zwischen Kindheit und Jugend, meist beim Übergang von der Grundschule zur Sekundarschule, ein Übergang von der von Piaget als konkret-operatorisch bezeichneten Stufe zu der formal-operatorischen. In der konkret-operatorischen Stufe können Kinder Gegenstände nach übergeordneten Kategorien ordnen (z. B. Stifte nach Farben sortieren oder Längen vergleichen und in eine Reihenfolge bringen). Zudem können sie Gedanken und Gefühle anderer Menschen zunehmend nachvollziehen. Charakteristisch für diese Stufe ist, dass vor allem Probleme gelöst werden können, die die Kinder selbst gegenständlich manipulieren können (z. B. ein Quadrat aus zwei Dreiecken physisch zusammensetzen). Auf der formal-operatorischen Stufe sind ältere Kinder und Jugendliche zunehmend in der Lage, über Dinge nachzudenken, die sie nicht unmittelbar sehen oder manipulieren können bzw. die noch nicht Gegenstand ihrer Lebenswelt waren. Sie können komplexere Aufgaben systematisch durchdenken und abstrakte Regeln z. B. im Verhältnis von Dingen zueinander erkennen. Das Beispiel der Pendelaufgabe im Anhang veranschaulicht, wie unterschiedlich Kinder an eine Aufgabe herangehen, abhängig davon, ob sie sich eher auf einer konkret-operatorischen oder formal-operatorischen Stufe befinden (s. Online-Material).

Obwohl Piaget und Inhelder mit ihrem Ansatz zur Beschreibung prototypischer Formen des Herangehens an die Welt einen wichtigen Beitrag zum Verständnis der kognitiven Entwicklung geleistet haben, hat sich inzwischen herausgestellt, dass die enge Verbindung von Stufen und Lebensalter, die Piaget und Inhelder vorgenommen haben, so nicht zu halten ist. So gibt es durchaus Grundschulkinder, die sehr systematisch denken und Probleme lösen können, vor allem, wenn Aufgaben gut strukturiert und nicht zu komplex sind und die Kinder viel Vorwissen haben (Beispiel: Herausfinden, ob eine

Kerze Sauerstoff zum Brennen benötigt). Auch erreichen nicht notwendigerweise alle Jugendlichen (und auch nicht alle Erwachsenen) die formal-operatorische Stufe, weil vor allem Bildung eine große Rolle dafür spielt, ob jemand überhaupt anfängt, abstrakt über die Welt nachzudenken. Das systematische abstrakte Denken wird in durch Wissenschaftlichkeit geprägten Ausbildungssettings erlernt. Diese Wissenschaftlichkeit drückt sich z. B. darin aus, dass begründete Fragen gestellt werden, Informationen systematisch gesucht und organsiert, konkrete Beispiele in den Kontext größerer theoretischer Zusammenhänge gestellt werden. Bekommen Kinder keine Gelegenheit zu einer solchen Ausbildung, bleiben sie angewiesen auf konkrete Beispiele, um über die Welt nachzudenken. Insgesamt spielen heute für die Erklärung der Entwicklung des schulischen Lernens Ansätze eine wichtigere Rolle, die in diesem Kapitel unter der Perspektive der Informationsverarbeitung und des Wissensaufbaus betrachtet werden.

2.1.4 Lernen als Wissenserwerb

Im Unterricht spielt im Vergleich zum beobachtbaren Verhalten eine viel größere Rolle, wie Verstehen und Erinnern von Informationen abläuft, wie also das Wissen, mit dem wir uns in der Welt orientieren können, aufgebaut wird. Dieser Frage widmen sich seit den 1970er Jahren sogenannte Informationsverarbeitungsmodelle, die im Sinne einer Computermetapher davon ausgehen, dass Informationen in mehreren Speichern mit unterschiedlichen Funktionen bearbeitet werden (Atkinson & Shiffrin, 1968). In Kap. 2.2.1 gehen wir genauer auf den Aufbau dieses Informationsverarbeitungsapparats, also unseres Gedächtnisses, ein und beschreiben seine Entwicklung zwischen Kindheit und Jugendalter.

Informationsverarbeitungsmodelle

2.1.5 Intelligenz und Wissenserwerb

Kinder und Jugendliche unterscheiden sich darin, wie schnell und wieviel sie an neuen Informationen aufnehmen und wie erfolgreich sie diese in ihren Wissensspeicher (s. Kap. 2.2.1) integrieren können. Die allgemeine Fähigkeit zum Lernen, Denken oder Problemlösen, die sich vor allem in unvertrauten Situationen zeigt, wird als Intelligenz bezeichnet (Hasselhorn & Gold, 2022). Eine vertiefte Auseinandersetzung mit Intelligenz, Kreativität und Hochbegabung ermöglicht der in dieser Reihe erschienene Band von Gnas, Mack, Matthes und Preckel (2023). Verschiedene Studien zeigen, dass die Unterschiede zwischen Menschen in der Lern-, Denk- und Problemlösefähigkeit bereits im

Intelligenz

Vorschulalter existieren und bis zum Erwachsenenalter hin immer stabiler werden (Weinert, 2012, s. auch Kap. 1). Zudem zeigt sich, dass sich Menschen, die über eine schnellere Auffassungs- und bessere Merkfähigkeit verfügen, auch schneller akademisches Wissen aneignen. Aber dennoch ist Intelligenz nicht alles, was das Lernen in der Schule erfolgreich macht, wie das unten beschriebene INVO-Modell von Hasselhorn und Gold (2022) zeigt. Intelligenz ist zwar eine gute Basis für das Lernen, sie muss aber auch für das Lernen genutzt werden. Am Ende zeigt sich, dass ein gut aufgebautes Vorwissen in einem Bereich und effiziente Lernstrategien wichtiger für den Erwerb von neuem Wissen sind als die allgemeine Fähigkeit, effizient Informationen zu verarbeiten bzw. intelligent zu sein. Damit kommt der Qualität von Unterricht, der individuelle Lernvoraussetzungen berücksichtigt, Lernstrategien vermittelt und auf Lernfortschritt für alle achtet, eine zentrale Bedeutung zu.

2.2 Bedingungen für erfolgreiches Lernen

Zentral für schulisches Lernen ist die Frage, wie und unter welchen Bedingungen erfolgreiches Lernen von Schüler:innen stattfinden kann. Das Modell der individuellen Voraussetzungen erfolgreichen Lernens (INVO-Modell; Hasselhorn & Gold, 2022) verzahnt fünf Inhaltsbereiche: Aufmerksamkeits- und Arbeitsgedächtnisfunktionen, Vorwissen, Lernstrategien, Motivation und Selbstkonzept sowie Volition und lernbegleitende Emotionen. In Anlehnung an das INVO-Modell (s. Abb. 1) werden im Folgenden diese fünf Bereiche mit dem spezifischen Fokus auf deren Entwicklungsverläufe über die Schulzeit dargestellt.

2.2.1 Entwicklung von Aufmerksamkeit und funktionaler Arbeitsgedächtniskapazität

Der Lernprozess beginnt im engeren Sinne dann, wenn Lernende bestimmten Informationen ihre Aufmerksamkeit zuwenden, andere ausblenden können (Hasselhorn, 2017) und die relevanten Informationen zur Verarbeitung an das Kurzzeitgedächtnis weiterleiten. Diese Fähigkeit zur selektiven Aufmerksamkeit entwickelt sich bereits im Kindesalter und nimmt mit dem Alter kontinuierlich zu. Im späteren Verlauf und bis weit ins Jugendalter hinein entwickelt sich zudem die Fähigkeit, irrelevante Informationen gezielt zu hemmen, also die Aufmerksamkeit gezielt zu lenken (Lane & Pearson, 1982).

Selektive Aufmerksamkeit

Arbeitsgedächtnis

Im Kurzzeitgedächtnis, häufig auch Arbeitsgedächtnis genannt, werden neue Informationen für kurze Zeit gehalten (höchsten 20–30 Se-

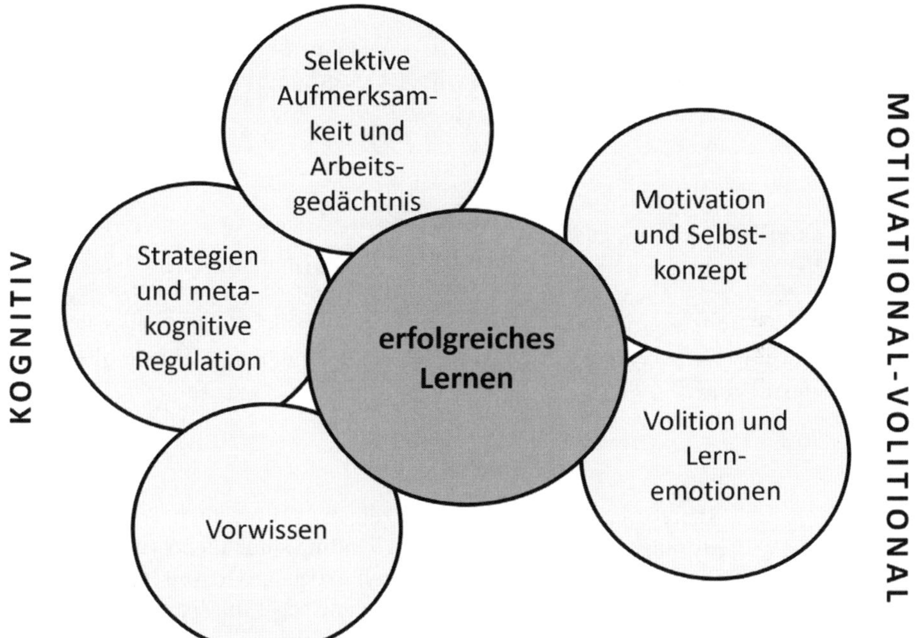

Abb. 1: Modell der kognitiven und motivational-volitionalen individuellen Voraussetzungen erfolgreichen Lernens (INVO-Modell) nach Hasselhorn und Gold (2022)

kunden) und über diverse Verarbeitungs- und Kontrollprozesse mit im Langzeitgedächtnis (LZG) vorhandenen Informationen abgeglichen, bewertet, verknüpft und transformiert (Brod & Gold, 2021). Zum Teil wird das Arbeitsgedächtnis auch als aktivierter Teil des LZG aufgefasst (Cowan, 1988).

Das Modell des Arbeitsgedächtnisses von Baddeley (1986) postuliert, dass das Arbeitsgedächtnis aus verschiedenen modalitätsspezifischen Hilfssystemen zusammengesetzt ist, denen die zentrale Exekutive (s. Kap. 2.2.2.) vorangestellt ist. Die beiden Hilfssysteme heißen phonologisches und visuell-räumliches Arbeitsgedächtnis.

Phonologisches Arbeitsgedächtnis
Das phonologische Arbeitsgedächtnis ist für die Verarbeitung sprachlicher Informationen zuständig. Baddeley spricht hierbei auch von der *phonologischen Schleife*. Diese Schleife besteht aus zwei Untereinheiten: dem phonologischen Speicher, der die Informationen für kurze Zeit speichert, und dem subkovalen Kontrollprozess, der die

Wiederholung von Informationen ermöglicht, um sie im Gedächtnis zu halten. Die phonologische Schleife spielt eine wichtige Rolle bei Aufgaben wie Lesen, Schreiben und sprachlicher Verarbeitung.

Visuell-räumliches Arbeitsgedächtnis
Im visuell-räumlichen Arbeitsgedächtnis werden visuelle und räumliche Informationen (z. B. das Vorstellen von Bildern, das Navigieren durch einen Raum) in ‚skizzenhafter' Form zwischengespeichert. Es dient als mentaler Notizblock für visuelle und räumliche Informationen und ermöglicht die zeitlich begrenzte Aufrechterhaltung dieser Informationen.

Phonologisches Arbeitsgedächtnis

Alterstypische Veränderungen zeigen sich vor allem bezogen auf die grundlegende Effizienz der Verarbeitung sprachlicher und akustischer Informationen im phonologischen Arbeitsgedächtnis. Gemessen werden diese Veränderungen anhand der Gedächtnisspanne, bei der Buchstaben-, Ziffern- oder Wortfolgen vorgegeben und jeweils unmittelbar in der gleichen Reihenfolge wiedergegeben werden müssen. Die verbale Speicherkapazität bzw. die Gedächtnisspanne verbessert sich mit zunehmendem Lebensalter bis ins junge Erwachsenenalter stetig (Hartshorne & Germine, 2015; Hasselhorn & Grube, 2003). So merken sich fünfjährige Kinder bis zu vier Ziffern, siebenjährige Kinder können fünf Ziffern behalten und Jugendliche und Erwachsene ungefähr sieben. Bei den Angaben zur Gedächtnisspanne handelt es sich um Mittelwerte. Kinder, Jugendliche und Erwachsene können sich jeweils in ihrer Altersgruppe stark unterscheiden (Dempster, 1981). Verantwortlich für die mittleren Altersunterschiede und die Unterschiede innerhalb einer Altersgruppe in der Gedächtnisspanne scheint die Geschwindigkeit und Effizienz des subvokalen Kontrollprozesses des ‚inneren Nachsprechens' zu sein. Das phonologische Arbeitsgedächtnis kann klangliche und sprachliche Informationsmerkmale für etwa zwei Sekunden ‚festhalten', was jedoch für viele Sätze unserer gesprochenen Sprache ein sehr kurzes Zeitfenster ist. Hier kommt der subvokale Kontrollprozess ins Spiel, der durch eine Art ‚inneres Sprechen' oder ‚inneres Wiederholen' die Repräsentation im phonologischen Arbeitsgedächtnis immer wieder auffrischt, sodass Informationen länger als zwei Sekunden für die weitere Verarbeitung verfügbar sind. Dieser subvokale Kontrollprozess läuft schon im frühen Schulalter automatisch ab (Hasselhorn & Grube, 2003). Für schulisches Lernen bedeutet dies, dass sich manche Kinder in derselben Klasse Dinge sehr viel schneller merken und sie mehr Stoff in kürzerer Zeit aufnehmen können, während andere mehr Zeit und kleinere Lerneinheiten benötigen.

So spielen beispielsweise für das Rechnenlernen alle modalitätsspezifischen Hilfssysteme des Arbeitsgedächtnisses eine Rolle. Für Kopfrechnen werden visuell-räumliche und verbale Prozesse benötigt. Um ein Verständnis von Mengen und Zahlen zu entwickeln, ist das visuell-räumliche Hilfssystem zentral, für Erwerb und Merken exakter Zahlenfolgen das verbale Hilfssystem. Wenn Lehrkräfte Rechenschwierigkeiten bei Kinder bemerken, bezieht eine systematische Diagnostik die Untersuchung der Hilfssysteme des Arbeitsgedächtnisses ein (Hasselhorn et al., 2012; Schulze & Kuhl, 2018).

Langzeitgedächtnis

Im Gegensatz zum Arbeitsgedächtnis, das eher als temporäre Ablage neuer Informationen dient, wird im LZG das überdauernde Wissen gespeichert. Es lassen sich im Wesentlichen drei verschiedene Teile des LZG unterscheiden: das semantische, das episodische und das prozedurale Gedächtnis. Im semantischen Gedächtnis sind Fakten, Konzepte, Prinzipien und Regeln gespeichert. Im episodischen Gedächtnis sind Erinnerungen an persönliche Erfahrungen (z. B. erster Schultag, Jugendweihe) gespeichert. Das prozedurale Gedächtnis enthält Wissen darüber, ‚wie' etwas gemacht wird, vor allem aus dem motorischen Bereich, wie z. B. Skilaufen. Semantisches und episodisches Wissen werden als deklaratives Wissen (Wissen, ‚was' ist), über welches man Auskunft geben kann, unterschieden vom nichtdeklarativen bzw. prozeduralen Wissen, über das man häufig nicht bewusst Auskunft geben kann.

Exkurs: Wie wird jetzt Information zu Wissen?
Um Informationen in das LZG einzuspeichern, muss ihnen zunächst Aufmerksamkeit geschenkt werden. Anschließend muss sich wiederholt mit den neuen Informationen beschäftigt und mit alter Information abgeglichen werden, damit die Information nachhaltig eingespeichert werden kann. Das LZG wird aufgefasst wie ein großes Lexikon, das durch Lernen ständig erweitert wird und nichts verliert. Wenn man doch einmal etwas vergisst, hat das eher etwas damit zu tun, dass man es nicht wiederfindet. Das kann zum Beispiel geschehen, wenn man beim Lernprozess unkonzentriert ist oder nicht systematisch vorgeht.

2.2.2 Entwicklung der exekutiven Funktionen

Wenn Schüler:innen komplexe Arbeitsgedächtnisaufgaben bearbeiten, müssen sie ihre Aufmerksamkeit auf relevante Aspekte der Information lenken und zeitgleich irrelevante Informationen ausblenden.

Exekutive Funktionen

Darauf nimmt die Entwicklung der exekutiven Funktionen Einfluss, die zuständig sind für die Steuerung und Überwachung des Arbeitsgedächtnisses, die Fähigkeit zur Hemmung (Inhibition) automatisierter Handlungstendenzen sowie für die kognitive Flexibilität bei Wechseln zwischen Aufgaben, zum Beispiel, wenn beim Betrachten von geometrischen Figuren einmal auf die Farbe und das andere Mal auf die Form geachtet werden muss. Exekutive Funktionen sind zentral für selbstreguliertes Verhalten und somit auch für das Lernen. So fällt es beispielsweise Schüler:innen mit Schwierigkeiten in den exekutiven Funktionen häufig schwer, die Bearbeitung von Lernaufgaben gezielt zu planen, sie in der richtigen Reihenfolge und vollständig zu bearbeiten, sich dabei nicht ablenken zu lassen und/oder flexibel auf neue Aufgabenstellungen zu reagieren (Dornheim & Weinert, 2019).

Exkurs: Exekutive Funktionen

Exekutive Funktionen umfassen drei Fähigkeiten, die eng miteinander verbunden sind und koordiniert ablaufen:

1. *Updating* bzw. bestimmte Informationen im Gedächtnis über kurze Zeiträume zu behalten und für Denkprozesse zu nutzen.
2. *Inhibition* bzw. inhibitorische Kontrolle (auch Selbstkontrolle genannt) bezeichnet die Fähigkeit, Prioritäten zu setzen und impulsiven Handlungen oder Reaktionen zu widerstehen.
3. *Shifting* bzw. kognitive Flexibilität ist das Vermögen, auf unterschiedliche Anforderungen zu reagieren (z. B. bei Aufgabenwechseln), die Aufmerksamkeit aufrechtzuerhalten oder zu verlagern.

Die Entwicklung exekutiver Funktionen ist mit neurologischen Veränderungen im Gehirn verbunden, insbesondere mit der Entwicklung des präfrontalen Kortex, der häufig auch Frontallappen genannt wird (Gogtay et al., 2004). Die exekutive Funktionsfähigkeit verändert sich im Alter zwischen drei und sechs Jahren deutlich (McClelland et al., 2015) und entwickelt sich bis ins Jugendalter und sogar bis ins junge Erwachsenenalter weiter (Gathercole, Pickering, Ambridge & Wearing, 2004). Die Fähigkeit zur Hemmung (Inhibition) automatisierter Handlungstendenzen ist in der frühen Kindheit vergleichsweise am schwächsten ausgeprägt, verbessert sich aber stetig bis hin zum Erwachsenenalter. Die Entwicklung kognitiver Flexibilität beginnt im Alter von drei bis vier Jahren und wird im Alter von sieben bis neun Jahren zunehmend komplexer, bis sie schließlich mit ungefähr zwölf Jahren die Stufe eines Erwachsenen erreicht. Studien mit Grundschulkindern zeigen, dass Kinder mit gut ausgeprägten exekutiven Funktionen eine positivere Lernentwicklung zeigen und wesentlich besser in der Schule aufpassen, stillsitzen und Regeln einhalten können. Jugendliche mit ausgeprägten exekutiven Fähigkeiten zeigen insgesamt bessere Schulleistungen, sind sozial kompetenter und haben weniger Alkohol- und Drogenprobleme (Zelazo, 2015). Eine gering ausgeprägte exekutive Funktionsfähigkeit geht häufig mit einer Aufmerksamkeitsdefizit-/Hyperaktivitätsstörung (ADHS) einher (s. Kap. 6). Grundsätzlich wird von einer relativen Plastizität exekutiver Funktionen ausgegangen, d. h., exekutive Funktionen und Selbstregulationskompetenzen entwickeln sich bis ins hohe Erwachsenenalter weiter (Dornheim & Weinert, 2019) und können trainiert werden (z. B. Holmes, Gathercole & Dunning, 2009).

Es zeigt sich, dass die Leistungsfähigkeit des Arbeitsgedächtnisses für viele kognitive Anforderungen von Bedeutung ist. Interindividuelle Unterschiede in der Gedächtnisspanne, der Ablenkungsanfälligkeit und der (selektiven) Aufmerksamkeit von Schüler:innen sind häufig auf Unterschiede im Arbeitsgedächtnis und den exekutiven Funktionen zurückzuführen. Somit hängt erfolgreiches schulisches Lernen immer auch von der Funktionstüchtigkeit des Arbeitsgedächtnisses ab (Hasselhorn & Gold, 2022).

2.2.3 Vorwissen

Langzeitgedächtnis

Alle Informationen durchlaufen zuerst das Arbeitsgedächtnis, bevor sie dauerhaft im Langzeitgedächtnis eingeprägt werden. Das Langzeitgedächtnis kann im Gegensatz zum Arbeitsgedächtnis eine unendliche Menge an Information aufnehmen und für unbegrenzte Zeit dort speichern (Seitz-Stein & Berner, 2019). Erworbenes Wissen, das verfügbar ist, wird als Vorwissen bezeichnet (Hasselhorn & Gold, 2022). Befunde zeigen, dass Lern- und Gedächtnisleistungen wesentlich durch bereichsspezifisches Vorwissen und weniger durch allgemein-kognitive Fähigkeiten bestimmt werden. Gerade in Fächern wie Mathematik oder Fremdsprachen, in denen Wissen kumulativ aufgebaut wird, ist das bereichsspezifische Vorwissen von Bedeutung. Dies zeigt eine Studie von Weinert und Helmke (1997), bei der das mathematische Vorwissen zur Vorhersage von mathematischen Leistungen entscheidender war als die allgemeine Intelligenz von Schüler:innen.

Mit fortschreitender Schulzeit können Schüler:innen zunehmend neue Informationen mit bereits Bekanntem verknüpfen. Erworbenes

Wissen dient dem Langzeitgedächtnis aber nicht nur zum Selbstzweck, sondern ist zugleich eine wesentliche Voraussetzung für das weitere Lernen und beeinflusst die Schnelligkeit und Qualität der Informationsaufnahme und -verarbeitung. Es fördert aber auch die Nutzung von Lernstrategien und ihre metakognitive Regulation. Darauf wird im nächsten Abschnitt näher eingegangen.

2.2.4 Lernstrategien und metakognitive Regulation

Neben einer guten Funktionstüchtigkeit des Arbeitsgedächtnisses ist auch die Qualität der Informationsverarbeitung, die durch die Anzahl und Effizienz der verfügbaren und nutzbaren Lernstrategien charakterisiert ist, wichtig. Gemäß Flavell (1970) sind Lernstrategien bewusste, intentionale Kognitionen und Verhaltensweisen, die Lernende aktiv zur Erreichung von Lernzielen einsetzen. Nach Wild und Schiefele (1994) werden Lernstrategien unterteilt in kognitive Strategien, metakognitive Strategien und Stützstrategien. Stützstrategien betreffen vor allem äußere Anpassungen zur Optimierung der Lernumwelt (z. B. Bildung von Lern- oder Arbeitsgruppen, Gestaltung des Arbeitsplatzes), sodass im Folgenden der Schwerpunkt auf interne kognitive und metakognitive Ressourcen und deren Entwicklung vom Grundschul- bis ins Jugendalter gelegt wird.

Stützstrategien

Kognitive Strategien

Kognitive Strategien (häufig auch Gedächtnisstrategien genannt) sind entscheidend für den Umgang mit einem einzelnen Lerninhalt und werden unterteilt in Oberflächen- und Tiefenstrategien. Einfache Wiederholungsstrategien dienen zur aktiven Wiederholung einzelner Informationen im Sinne eines (Auswendig-)Lernens (z. B. Vokabellernen im Fremdsprachenunterricht) und werden folglich den Oberflächenstrategien zugeordnet.

Tiefergehende Elaborationsstrategien betreffen die Integration neuen Wissens in die bestehende Wissensstruktur (z. B. kritisches Vergleichen widersprüchlicher Informationen und Entwickeln von bildhaften Vorstellungen zur Verbesserung des Verständnisses). Organisationsstrategien gehören ebenfalls zu den Tiefenstrategien und kommen bei Lerntätigkeiten zum Einsatz, bei denen Informationen strukturiert und in eine leichter zu verarbeitende Form gebracht werden (z. B. beim Erstellen von Skizzen oder eines Karteikastens für Vokabeln).

Metakognitive Lernstrategien

Metakognitive Lernstrategien umfassen Elemente der Planung, Monitoring/Überwachung und Regulation. Sie gehören zur Metakognition, die sich mit dem Wissen und der Kontrolle über eigene kognitive Funktionen (z. B. Wahrnehmen, Verstehen, Lernen, Denken) befasst. Bei der Planung geht es darum, dass sich Lernende das Vorgehen bei der Aufgabenbearbeitung überlegen. Beim Monitoring/Überwachung überprüft der oder die Lernende kontinuierlich seinen/ihren Lernerfolg. Bei der Regulation geht es darum, Lerntechniken flexibel anzupassen, falls Schwierigkeiten auftreten (Landmann et al., 2020). Im eingangs erwähnten Fallbeispiel zeigt sich, dass Jana einige Schwierigkeiten bei der Nutzung verschiedener Lernstrategien hat (fehlende Aufgabenplanung, Regulation und Wiederholung). Tom hingegen nutzt die Organisationsstrategie, um die Informationen aus dem Text anhand einer Skizze in eine leichter verarbeitende Form zu transformieren.

Der Erwerb von Lernstrategien erfolgt nicht beiläufig und zufällig, sondern hängt von der Art und Komplexität der Strategien sowie von den instruktionalen Rahmenbedingungen einer Lernsituation ab (Hasselhorn & Gold, 2022). Mit zunehmendem Alter setzen Kinder mehr und vielfältigere Strategien ein, was auch mit zunehmender Leistungsfähigkeit verbunden ist (Flavell, 1970). Sehr einfache Strategien können bereits im Vorschulalter beobachtet werden (z. B. das im Auge behalten einer Karte beim Memory-Spiel). Wiederholungs- und Organisationsstrategien von zu lernendem Material werden häufig ab dem Schulalter eingesetzt und entwickeln sich im Verlauf der Grundschulzeit am bedeutsamsten und schnellsten (Dornheim & Weinert, 2019; Hasselhorn & Gold, 2022). Komplexere Lernstrategien wie Elaborations- und Organisationsstrategien und vor allem metakognitive Strategien werden in der Regel erst im Alter von 15 bis 16 Jahren erworben (Baumert & Köller, 1996). Der Einsatz einer neuen Lernstrategie bindet anfangs sehr viel mentale Kapazität im Arbeitsgedächtnis, sodass erst durch die Automatisierung und Einübung der Strategien ein positiver Effekt auf die Lernleistung erreicht werden kann (Dornheim & Weinert, 2019). Sofern der anfängliche Einsatz einer neuen Strategie nicht gleich den erhofften Nutzen bringt, können beim Erlernen einer neuen Strategie bei Kindern häufig auch erhebliche motivationale Probleme auftreten (Hasselhorn & Gold, 2022).

2.3 Motivation

Die Motivation beeinflusst in entscheidendem Maße, was wir tun (Zielrichtung), wie lange wir etwas tun (Ausdauer) und wie sehr wir uns bei einer Tätigkeit anstrengen (Intensität) (Rheinberg & Vollmeyer, 2018). Sie ist damit für die Qualität und die Ergebnisse schulischen Lernens essentiell. Motivierte Schüler:innen planen ihre Lernhandlungen besser und schieben diese weniger auf, geben auch bei anspruchsvollen Aufgaben nicht gleich auf, wählen Aufgaben mit optimalem Schwierigkeitsgrad (weder unter- noch stark überfordernd) und erreichen eine hohe Qualität der Lernanstrengungen durch die Nutzung effektiver

Lernstrategien und angemessener Selbstregulation (z. B. Anpassung der Strategien bei auftretenden Schwierigkeiten) (Dresel & Lämmle, 2017). Eine vertiefte Auseinandersetzung mit Motivation und Selbstregulation ermöglicht der in dieser Reihe erschienene Band von Grund und Steuer (2023).

Lernmotivation

Als Lernmotivation wird die Absicht einer Person bezeichnet, bestimmte Inhalte oder Fertigkeiten zu lernen, um spezifische Ziele oder Zielzustände zu erreichen. Hierbei wird unterschieden, ob die angestrebten Zielzustände außerhalb (extrinsisch) oder innerhalb (intrinsisch) der Lernhandlung liegen. Daraus resultierend spricht man von extrinsischer und intrinsischer Lernmotivation (Schiefele & Schaffner, 2020). Im eingangs geschilderten Fallbeispiel zeigt sich, dass Tom intrinsisch motiviert ist, da er positive Zustände (z. B. Freude, Kompetenzgefühl) beim Bearbeiten der Deutschaufgabe erlebt. Jana ist hingegen eher extrinsisch motiviert, da sie durch das Nichtbeherrschen der Grammatikregeln schlechte Noten bei der anstehenden Deutschprüfung befürchtet und diese vermeiden will.

Extrinsische und intrinsische Lernmotivation

Extrinsische und intrinsische Lernmotivation
Als extrinsische Lernmotivation wird die Bereitschaft bezeichnet, eine Lernhandlung auszuführen, weil damit positive Konsequenzen (z. B. elterliches Lob nach guten Noten) herbeigeführt oder negative Konsequenzen (z. B. Nachhilfeunterricht aufgrund schlechter Leistungen) vermieden werden.
Als intrinsische Lernmotivation wird die Bereitschaft bezeichnet, eine Lernhandlung auszuführen, weil die Handlung selbst von positiven Erlebenszuständen begleitet wird (z. B. Lernfreude); entweder, weil das Thema als interessant (Interesse) oder weil die Tätigkeit als solche positiv erlebt wird (tätigkeitsspezifische Anreize) (Schiefele, 1996).

Die intrinsische und extrinsische Motivation schließen sich nicht zwingend gegenseitig aus. So können Schüler:innen motiviert sein, wenn sie sowohl Interesse am Lerngegenstand haben als auch soziale Anerkennung bspw. durch gute Leistungen anstreben.

Leistungsmotivation

Eine Form der extrinsischen Lernmotivation bildet die leistungsbezogene Lernmotivation bzw. Leistungsmotivation. Sie äußert sich in der Absicht einer Person, bestimmte Inhalte oder Fertigkeiten zu lernen, um später in einer Leistungssituation (z. B. in einer Prüfung) eine gute Leistung erbringen zu können. Bedeutsam ist, dass Lernende gute Leistungen nicht nur anstreben, weil sie einfach gut sein wollen (Heckhausen, 1989), sondern weil sie damit zugleich auch andere Oberziele erreichen wollen (z. B. Ausüben eines bestimmten Berufes) sowie positive Selbstbewertungen (z. B. Stolz) und/oder positive Fremdbewertungen (z. B. Lob durch Lehrperson) erhalten.

Zur Erklärung der Entstehung von Leistungsmotivation, Ausdauer und Anstrengung sowie leistungsbezogenem Wahlverhalten (z. B. Kurswahl) von Schüler:innen eignet sich das Erwartungs-Wert-Modell nach Eccles (1983). Es postuliert, dass sich die Leistung in einem Fach kurz-, mittel- und langfristig dann positiv entwickelt, wenn Schüler:innen denken, dass sie erfolgreich sein können (Erwartungskomponente) und sie das Fach wichtig, nützlich oder interessant finden (Wertkomponente).

Erwartungs-Wert-Modell

Erwartungskomponente
Die Erwartungskomponente bezeichnet die subjektive Einschätzung von Personen darüber, mit welcher Wahrscheinlichkeit sie in einer Leistungssituation (z. B. Vortrag, Test) erfolgreich sein werden. Sie wird deshalb häufig auch als *Erfolgserwartung* bezeichnet.

Wertkomponente
Die Wertkomponente beschreibt, welche subjektive Bedeutung („Einen guten Vortrag zu halten ist mir persönlich wichtig"), welchen Nutzen („Mich besser in dem Thema auszukennen finde ich wichtig") und welchen intrinsischen Wert („Dieses Vortragsthema interessiert mich") eine Person einer Aufgabe zuschreibt. Sie wird deshalb häufig auch als *Aufgabenwert* bezeichnet.

Nimmt beispielsweise ein:e Schüler:in an, dass er/sie eine Mathematikaufgabe auch unter Einsatz größter Anstrengungen nicht erfolgreich lösen kann (niedrige Erfolgserwartung) oder erscheint ihm/ihr das Lösen dieser Aufgabe weder wichtig noch nützlich oder attraktiv (niedriger Aufgabenwert), wird er/sie wohl kaum motiviert sein, sich mit dieser Aufgabe zu beschäftigen. Das Erwartungs-Wert-Modell beschreibt also die Entstehung von Leistungshandeln in Abhängigkeit von dem zu erwartenden Erfolg des Handlungsergebnisses (Erfolgserwartung) und dem Anreiz des Handlungsergebnisses (Aufgabenwert). Einschätzungen zur Erfolgserwartung und Aufgabenwerten werden sowohl durch Merkmale der Lernsituation selbst (z. B. Schwierigkeitsgrad und Interessantheit der Aufgabe, Art des Feedbacks, Unterstützungsmöglichkeiten, visuelle Darstellung einer Aufgabe) als auch durch Personenmerkmale (z. B. Interessen, Einschätzung eigener Fähigkeiten, überdauernde Zielorientierungen) beeinflusst. Als Einflussgröße auf das Leistungshandeln berücksichtigt das Erwartungs-Wert-Modell aber auch den Einfluss der sozialen Umwelt (z. B. Eltern, Geschwister), früherer Lern- und Leistungserfahrungen (z. B. Zuschreibungen von Erfolg und Misserfolg) sowie überdauernder motivationaler Tendenzen (z. B. Fähigkeitsselbstkonzept) (Dresel & Lämmle, 2017).

2.3.1 Entwicklung der Leistungsmotivation

Besonders gut sein zu wollen bzw. Leistungsmotivation beginnt sich ab etwa einem Alter von viereinhalb Jahren zu entwickeln. Für Kinder spielen dann Gütemaßstäbe (Was ist ein schönes Bild von einer Blume? Was ist ein beeindruckender Turm aus Bausteinen?) und Bezugsnormen (Hat meine Freundin/mein Bruder eine schönere/realistischere Burg gemalt?) eine immer wichtigere Rolle. Kindern gelingt es auch zunehmend, sich aufgrund vorangehender Erfolge und Misserfolge bei konkreten Aufgaben Ziele zu setzen (z. B. wie weit der Ball geworfen werden soll). Sie legen also eine Art Gütemaßstab für Erfolg und Misserfolg fest, was auch die Basis für das Heranziehen verschiedener Bezugsnormen ist (Dresel & Lämmle, 2017).

Bezugsnormen

Bezugsnormen
Die *individuelle* Bezugsnorm bezeichnet die Beurteilung von Leistungen im Vergleich mit früheren eigenen Leistungen.
Die *soziale* Bezugsnorm ist dadurch gekennzeichnet, dass zur Beurteilung eigener Leistungen die Leistungen der Mitglieder der sozialen Bezugsgruppe als Vergleichsmaßstab herangezogen werden.
Die *kriteriale* Bezugsnorm (auch sachliche Bezugsnorm genannt) meint die Beurteilung von Leistungen im Vergleich zu den Anforderungen einer Sache selbst (z. B. Aufgabenanforderungen, wie „Baue einen Turm aus zehn Steinen!“, Lehrziele) (Dresel & Lämmle, 2017)

Während im Vorschulalter vor allem die individuelle Bezugsnorm bedeutsam ist, gewinnt in der Grundschule zunehmend die soziale Bezugsnorm an Bedeutung (s. Kap. 3.1). Beide Bezugsnormen koexistieren im Verlauf der Schulzeit und kommen je nach situativen Anforderungen und Auslösern zur Anwendung.

Im Allgemeinen ist zu beobachten, dass die Lernmotivation und schulische Interessen mit steigendem Alter sinken und im Jugendalter auf einem Tiefpunkt angekommen sind. Dies ist möglicherweise darauf zurückzuführen, dass die schulische Lernumwelt zunehmend weniger auf die Bedürfnisse (z. B. Wunsch nach Autonomie) und (außerschulischen) Interessen der Schüler:innen abgestimmt sind. Die Stage-Environment-Fit-Theorie (Eccles et al., 1997) postuliert, dass bestimmte Lernumwelten nicht pauschal günstig oder ungünstig sind, sondern dass die Passung mit einer Umwelt in Abhängigkeit von der jeweiligen Entwicklungsphase der Person zu betrachten ist und setzt entsprechend den negativen Entwicklungstrend in Bezug auf die Lern- und Leistungsmotivation mit der Phase des Jugendalters in Verbindung. Beispielsweise kann eine Diskrepanz zwischen dem zunehmenden Bedürfnis von Jugendlichen nach Autonomie und Mitbestimmung im Unterricht und einem stark lehrerzentrierten Unterricht (z. B. Vorgabe von Themen, Ablauf des Unterrichts, Bewertung allein durch die Lehrkraft) entstehen, was zu einer geringeren Lernmotivation führen kann.

Stage-Environment-Fit-Theorie

2.3.2 Entwicklung von Attributionen

Kinder müssen erst einmal eine Idee davon entwickeln, wie Ergebnisse und Ereignisse (insbesondere Erfolge und Misserfolge) zustande kommen. So kann etwa die eigene Anstrengung als Ursache für Erfolg, eine mangelnde Unterstützung durch die Lehrkraft als Ursache für Misserfolg eingeschätzt werden. Solche Ursachenzuschreibungen werden auch Attributionen genannt und beeinflussen sowohl die Lern- und Leistungsmotivation als auch das Erleben von Emotionen (z. B. Stolz, Ärger, Enttäuschung) (Rheinberg & Vollmeyer, 2018).

Attributionen

Attributionen
Attributionen sind Ursachen, die Individuen zur Erklärung von Ereignissen, Handlungen und Ergebnissen in verschiedenen Lebensbereichen heranziehen. (Försterling, 1986)

Attributionen sind also wahrgenommene Ursachen, die nicht zwingend realistisch sein müssen. Im Grundschulalter beginnen Kinder mit der Ursachenzuschreibung für Erfolg und Misserfolg (Dresel & Lämmle, 2017). Hierbei unterscheiden sie zunächst noch nicht, ob die eigene Leistung aufgrund der eigenen Fähigkeit oder der eigenen Anstrengung zustanden gekommen ist (Nicholls, 1978). Als Erklärung von Leistung wird *Anstrengung* als vorherrschende Attribution herangezogen, da *Anstrengung* leichter beobachtbar und insofern leichter *attribu-*

ierbar ist, wohingegen der Faktor *Fähigkeit* aus der Leistung und Anstrengung indirekt erschlossen werden muss. Erst im Alter zwischen neun und zwölf Jahren können die beiden Faktoren unterschieden und *Fähigkeit* als Ursachenzuschreibung adäquat verwendet werden. Interessanterweise werden Glück oder Pech erst im Alter von etwa 12 Jahren als Attribution herangezogen, sodass bis dahin Leistungsergebnisse, die durch glückliche oder unglückliche Umstände entstanden sind, fälschlicherweise der Anstrengung zugeschrieben werden (Dresel & Lämmle, 2017). Die Ursachen, die Lernende für ihren Erfolg oder Misserfolg verantwortlich machen, werden in erheblicher Weise von unserer Sichtweise auf uns selbst und das Wissen über uns selbst beeinflusst, dem sogenannten Fähigkeitsselbstkonzept (s. Kap. 3.1).

2.4 Volition

Wir haben gesehen, dass Schüler:innen eher bereit sind zu lernen, wenn sie dafür motiviert sind. Motivationale Tendenzen allein sind aber häufig nicht ausreichend für die Realisierung von Lernhandlungen. Damit Handlungsabsichten tatsächlich umgesetzt, über einen längeren Zeitraum aufrechterhalten (Persistenz) und Handlungshindernisse überwunden werden, sind volitionale Kompetenzen erforderlich. Gemäß Kuhl (1983) beziehen sich volitionale (also willentliche) Kompetenzen auf Prozesse der Selbstregulation, deren Funktion es ist, die Ausführung einer Handlung (auch gegen Widerstände) zu initiieren und bis zur Zielerreichung aufrechtzuerhalten. Eine Längsschnittstudie von Bardach et al. (2023) zeigt, dass die Fähigkeit zum selbstregulierten Lernen von Schüler:innen im Fach Mathematik sowohl auf Klassenebene als auch auf individueller Ebene von der 5. bis zur 9. Klasse stetig abnimmt. Zugleich verminderte sich aber über den gleichen Zeitraum auch das extrinsisch regulierte Lernen (d. h. das Lernen unter Anleitung und Kontrolle Anderer, z. B. der Lehrkraft). Diese Befunde stehen im Einklang mit der Stage-Environment-Fit-Theorie (Eccles et al., 1997; s. Kap. 2.3.1), die besagt, dass im Jugendalter akademische Interessen häufig abnehmen und das Bedürfnis nach mehr Unabhängigkeit gleichzeitig zunimmt, was sich negativ auf selbstreguliertes sowie extrinsisch reguliertes Lernen auszuwirken scheint.

Volitionale Kompetenzen

Selbstreguliertes Lernen

Selbstreguliertes Lernen
Selbstreguliertes Lernen wird als das aktiv initiierte Vorgehen von Lernenden definiert, das eigene Lernverhalten unter Einsatz von verschiedenen Strategien zu regulieren und zu steuern.

Die bis hierhin beschriebenen Prozesse und Mechanismen der volitionalen Komponenten des Lernens mögen den Eindruck erwecken, dass Lernen ein rein rational und kühl ablaufender Prozess ist. Da unser Gehirn jedoch weit komplexer ist und keine mechanische, informationsverarbeitende Maschine darstellt, wird im Folgenden der Fokus auf die Emotionen gelegt, die während des Lernens auftreten.

2.5 Lernbegleitende Emotionen

Emotionen sind subjektiv erfahrbare, innerpsychische Prozesse, die durch verschiedene Subsysteme (Komponenten) charakterisiert sind. Die affektive Komponente umfasst den subjektiv erlebten Gefühlszustand einer Person und kann positiv (angenehm, z. B. Lernfreude) oder negativ (unangenehm, z. B. Frustration) ausgeprägt sein. Zusätzlich zum affektiven Kern bestehen Emotionen aus kognitiven Komponenten (z. B. wahrgenommene Fähigkeiten, eine Aufgabe oder Prüfung erfolgreich zu lösen), physiologischen Komponenten (z. B. Anstieg der Herzfrequenz vor einer Prüfung), expressiven Komponenten (z. B. Mimik, Körperhaltung) und motivationalen Komponenten (z. B. erhöhte Anstrengung zur optimalen Prüfungsvorbereitung) (Shuman & Scherer, 2014). In Verbindung mit Schule und Unterricht ist vor allem die Gruppe der Leistungsemotionen relevant. Gemeint sind damit Emotionen, die sich auf leistungsbezogene Aktivitäten und auf Leistungsergebnisse dieser Aktivitäten beziehen (Pekrun, 2006). Im pädagogischen Kontext wird häufig auch von Lernemotionen gesprochen. Sie stellen eine Teilgruppe der Leistungsemotionen dar. Laut Pekrun (2006) können diskrete Leistungsemotionen anhand zweier Dimensionen beschrieben werden: ihrer Valenz (positiv bis negativ) und ihrer Erregung bzw. Aktivierung (aktivierend bis deaktivierend). Daraus ergeben sich vier Kategorien von Leistungsemotionen, die in Tabelle 1 dargestellt sind: positiv-aktivierend (Freude, Stolz, Begeisterung), positiv-deaktivierend (Zufriedenheit, Entspannung, Erleichterung); negativ-aktivierend (Angst, Scham, Ärger) und negativ-deaktivierend (Enttäuschung, Langeweile, Hoffnungslosigkeit).

Leistungsemotionen

Im Fallbeispiel zeigt sich, dass Tom während der Bearbeitung seiner Hausaufgaben die positiv-aktivierende Emotion Freude erlebt. Einerseits ist denkbar, dass Tom im Vergleich zu seiner Schwester generell eine positive Affektivität aufweist, also eine Neigung hat, positive Emotionen vermehrt und über verschiedene (Lern)Situationen hinweg zu erleben. In diesem Zusammenhang spricht man von Emotionen als relativ stabile Persönlichkeitseigenschaften (sog. Traits; Pekrun & Frenzel, 2009). Andererseits ist es aber auch möglich, dass Toms Lernfreude dadurch ausgelöst wird, weil er sich in dieser Lernaktivität kompe-

Positiv-aktivierende Emotionen

Trait

tent fühlt und/oder er das Thema interessant findet (Lerntext über Rom). In diesem Zusammenhang wird die Freude als momentaner, situationsbezogener Zustand (State) angesehen.

State

	Positiv	**Negativ**
Aktivierend	Freude Hoffnung Stolz	Ärger Angst Scham
Deaktivierend	Erleichterung Entspannung	Langeweile Hoffnungslosigkeit

Tab. 1: Zweidimensionale Klassifikation von Leistungsemotionen nach Pekrun (2006)

2.5.1 Zusammenhänge zwischen Emotionen und Lernverhalten

Meta-Analysen (z. B., Camacho-Morles et al., 2021; Loderer, Pekrun & Lester, 2020) zeigen übereinstimmend, dass sich positiv-aktivierende Emotionen wie Lernfreude, Stolz und Hoffnung auf Erfolg positiv auf Schulleistungen auswirken, insbesondere auf das Interesse, die Anstrengung und das selbstregulierte Lernen.

Positiv-deaktivierende Emotionen

Bei positiv-deaktivierenden Emotionen ist die Befundlage hingegen unklar, möglicherweise ist in entspannter Stimmung die Aufmerksamkeit aber reduziert und Information wird nur oberflächlich verarbeitet. Negativ-aktivierende Emotionen wie Angst und Ärger wirken sich grundsätzlich negativ auf Schulleistungen aus, darunter bspw. auf die intrinsische Motivation oder das flexible Denken. Umgekehrt können negativ-aktivierende Emotionen aber auch dazu motivieren, Misserfolge zu vermeiden. Negativ-deaktivierende Emotionen wie Langeweile und Hoffnungslosigkeit sind hingegen so gut wie immer abträglich für Lernleistungen. So zeigen Studien, die Emotionen und Schulnoten im Fach Mathematik über einen längeren Zeitraum wiederholt gemessen haben, dass gute Schulnoten (d. h. Erfolge) die Entwicklung positiver Emotionen fördern. Schlechte Noten (d. h. Misserfolge) dagegen tragen längerfristig zur Entstehung von Angst, Ärger, Scham und Hoffnungslosigkeit bei (Pekrun et al., 2017; Pekrun et al., 2023).

Negativ-aktivierende Emotionen

Negativ-deaktivierende Emotionen

2.5.2 Entwicklung der Lern- und Leistungsemotionen

Kinder ab ca. 3 Jahren entwickeln ein Bewusstsein ihres Selbst und sie erkennen und verinnerlichen zunehmend äußere Standards zur Beurteilung von Leistungen. Diese geistigen Prozesse ermöglichen das

Erleben von Stolz und Scham als erste Leistungsemotionen. Im Alter zwischen 3 und 5 Jahren sind Kinder zunehmend in der Lage, Stolz und Scham bei sich selbst und anderen zu erkennen und auch verbal zu bezeichnen. Sie können jedoch noch nicht zwischen Stolz und Freude unterscheiden, sodass positive Reaktionen als Ergebnis jeder Art von Erfolg hervorgerufen werden, egal ob dieser aufgrund eigener Anstrengungen oder aufgrund von günstigen äußeren Bedingungen (z. B. wenig anspruchsvolle Aufgabe) eingetreten ist. Ab dem Alter von ca. 8 Jahren sind Kinder in der Lage, Stolz und Freude zu differenzieren. Studien zu Leistungsemotionen ab dem Schuleintritt zeigen, dass die Lernfreude von Schüler:innen im Laufe der Schulzeit stetig sinkt und negative Emotionen wie Langeweile im Durchschnitt zunehmen (Pekrun et al., 2007; Vierhaus, Lohaus & Wild, 2016). Interessanterweise konnten die deutlichsten Veränderungen (Abnahme der Freude und Zunahme der Langeweile) zwischen dem Ende der 5. und dem Ende der 7. Klasse beobachtet werden (Vierhaus, Lohaus & Wild, 2016). Auch für Prüfungsangst zeigte sich, dass sie im Laufe der Grundschule relativ stark ansteigt und im Sekundarbereich im Schülerdurchschnitt relativ konstant bleibt (Helmke, 1983). Ein ähnlicher Verlauf zeigt sich auch beim (akademischen) Interesse als motivationale Variable, das während des Schulalters zunächst steiler und dann flacher abzusinken scheint (Frenzel, Goetz, Pekrun & Watt, 2010).

Für diese ungünstigen Emotionsverläufe gibt es verschiedene Erklärungsansätze. Durch wiederholte Misserfolgserlebnisse entwickeln Schüler:innen während der Grundschulzeit ein zunehmendes Bewusstsein eigener Unzulänglichkeiten (Helmke, 1983; Jerusalem & Schwarzer, 1991). Misserfolge sind grundsätzlich emotional negativ gefärbt, was zu weniger positiven (wenn auch realistischeren) Selbstkonzepten führt, die wiederum zu niedrigeren Kontrollerwartungen und damit zu negativen emotionalen Folgen führen. Außerdem führt die Zunahme an Anforderungen im Verlauf der Sekundarstufe (v. a. im Gymnasium) und damit die erhöhte Anstrengung, den eigenen Erwartungen und denen anderer (Lehrkräfte, Eltern) gerecht zu werden, zu emotionalen Kosten (z. B. weniger Spaß an der Schule, weil weniger Freizeit bleibt, um einem Hobby nachzugehen). Letztlich ist der negative Emotionsverlauf auch teilweise durch die Entwicklung neuer mit der Pubertät einhergehender individueller Prioritäten (z. B. die Suche nach Akzeptanz und Zugehörigkeit zu Gleichaltrigen als eine zentrale Entwicklungsaufgabe im Jugendalter; s. Kap. 1) zu erklären, die dazu führen, dass außerschulische und soziale Interessen mit schulischen Anforderungen konkurrieren. Typischerweise sinken im Jugendalter akademische Interessen und das Schulgeschehen wird als zunehmend langweilig erlebt. Der Ärger, sich mit schulischen Themen auseinandersetzen zu müssen, anstatt sich mit subjektiv interessanteren Inhalten zu beschäftigen, nimmt hingegen zu (Frenzel & Stephens, 2017).

2.6 Soziale Prozesse und Lernen

Soziale Kontexte

Das Lernen in und für die Schule wird stark durch die sozialen Kontexte beeinflusst, in denen Kinder und Jugendliche aufwachsen. Eltern, Gleichaltrige und Lehrkräfte spielen eine große Rolle für die verschiedenen Aspekte des Lernens, die entlang des INVO-Modells dargestellt wurden. Im Folgenden geht es vor allem um den Einfluss von Eltern und Peers auf das schulische Lernen. Wenn es um konkrete Interventionsmöglichkeiten zur lernförderlichen Gestaltung von Unterricht in Kap. 2.7 geht, wird die Rolle der Lehrkräfte näher beleuchtet.

2.6.1 Eltern

Eltern wirken zu allererst einmal über ihre Gene auf die ‚Hardware', also die allgemeine kognitive Leistungsfähigkeit ihrer Kinder (Plomin & Petrill, 1997), was sich etwa in substanziellen Korrelationen der allgemeinen Intelligenz von biologischen Eltern und ihren Kindern zeigt, die so zwischen Adoptivkindern und deren Adoptiveltern nicht zu finden sind. Darüber hinaus stellen Eltern unabhängig einer genetischen Verwandtschaft mit ihren Einstellungen zum Lernen, dem eigenen Vorbild als Lernende und ihren materiellen Möglichkeiten, Lerngelegenheiten zu schaffen, sowie über ihre Erwartungen an die Leistungen ihrer Kinder einen wichtigen Sozialisationskontext dar, der den genetischen Einfluss ergänzt (s. Kap. 3.3). Sie beeinflussen bedeutsame Faktoren für erfolgreiches Lernen wie Wissen, Motivation und Lernemotionen. Einen großen Einfluss auf den Lernerfolg hat überall auf der Welt, aber in Deutschland besonders, die soziale Herkunft. Zur Bestimmung der sozialen Herkunft oder des sozioökonomischen Status werden verschiedene Merkmale herangezogen, wie beispielsweise der Ausbildungsabschluss oder der Beruf der Eltern, die finanziellen Verhältnisse, der Besitz von Kulturgütern (z. B. Anzahl der Bücher im Haushalt) oder die kulturelle Praxis (z. B. Ausflüge, Besuche von Museen). Zudem wird in Bezug auf den Elterneinfluss betrachtet, inwiefern die Eltern in dem Land, in dem die Kinder zur Schule gehen, aufgewachsen sind. Kinder, von denen ein Elternteil im Ausland geboren ist (und in manchen Zählungen auch nur ein Großelternteil), werden als Kinder mit Migrationshintergrund bezeichnet. Es zeigt sich, dass der sozioökonomische Status der Eltern und die Tatsache, ob die Eltern im Ausland geboren wurden, den schulischen Erfolg von Kindern und Jugendlichen bedeutsam beeinflussen. Sowohl bei der

Sozioökonomischer Status

Lesekompetenz als auch bei mathematischen und naturwissenschaftlichen Kompetenzen zeigen z. B. Kinder im Grundschulalter aus sozial benachteiligten Familien geringere Leistungen (Stubbe, Schwippert & Wendt, 2016). Auch für die Sekundarstufe zeigt sich weltweit, dass Jugendliche aus sozioökonomisch schlechter gestellten Elternhäusern in Leistungstests geringere Leistungen etwa im naturwissenschaftlichen Bereich erbringen (OECD, 2016). Der sozioökonomische Status der Eltern beeinflusst auch andere Aspekte der Bildungsbeteiligung wie die besuchte Schulform, Schulabbrüche, das Mitwirken an sog. extra-curricularen Schulaktivitäten, also Angebote der Schule wie AGs, die freiwillig besucht werden können, sowie außerschulische Freizeitaktivitäten. Überall, wo anspruchsvollere Bildungsangebote gemacht werden, sind Kinder und Jugendliche, deren Eltern über geringere Bildungsabschlüsse sowie geringere finanzielle Mittel verfügen oder deren Familiensprache nicht Deutsch bzw. die Landessprache ist, seltener vertreten. Diese Bildungsbenachteiligung entsteht, weil Eltern mit geringerer schulischer Bildung und/oder geringeren finanziellen Ressourcen z. B. keine Nachhilfe, das Lernen eines Instruments oder Theaterbesuche finanzieren können oder weil ihnen Kontakte fehlen, die sie z. B. für die Vermittlung einer Praktikumsstelle, eines Ausbildungsplatzes oder einer Gastfamilie für einen Auslandsaufenthalt aktivieren können.

Bildungsbenachteiligung

Die Verhaltensweisen von Eltern, die im Zusammenhang mit Schule stehen, werden als Elternbeteiligung oder School Involvement bezeichnet. Diese können direkt auf die Schule bezogen sein und die Teilnahme an Elternabenden, Schulveranstaltungen oder generell den Kontakt mit den Lehrkräften und der Schule beinhalten (school-based involvement; Hill & Tyson, 2009). Sie können sich im häuslichen Unterstützungsverhalten äußern, wie bei Hausaufgaben, bei der Vorbereitung auf Prüfungen, der Finanzierung von Nachhilfe, dem Vorlesen, den Besuch kultureller Veranstaltungen (home-based involvement; Hill & Tyson, 2009). Schließlich äußern Eltern ihren Kindern gegenüber, welche Leistungserwartungen sie haben, welche Lernstrategien sinnvoll sind, welchen Wert Bildung generell für sie hat und sprechen mit ihren Kindern über ihre Ausbildungsziele und die Wege dahin (academic socialization; Hill & Tyson, 2009). Die vielfältige Forschung in diesem Bereich zeigt unabhängig vom sozioökonomischen Status oder Migrationshintergrund der Eltern grundsätzlich positive Effekte der Elternbeteiligung sowohl in Bezug auf die Leistung als auch auf die Motivation der Schüler:innen verschiedener Altersstufen, die sich im Interesse am Schulfach, ihren Bildungserwartungen, ihrem akademischen Selbstkonzept, ihrer Einstellung zum Lernen sowie ihrem schulischen Engagement äußert (Hillmayr et al., 2021).

Elternbeteiligung oder School Involvement

Dabei ist das home-based und school-based involvement der Eltern mit insgesamt eher kleinen Effekten einflussreicher für die Motivation der Kinder und Jugendlichen als für ihre Schulleistungen. In Bezug auf die Unterstützung bei den Hausaufgaben kommt es vor allem auf die Qualität der Unterstützung an. Reine Hausaufgabenkontrolle ist nicht förderlich, während feste Regeln zum Wann und Wie der Erledigung von Hausaufgaben sowie das Anbieten von Hilfestellungen zum Vorgehen bei den Hausaufgaben, vor allem die Ermutigung zur Entwicklung eigener Lösungswege und Ideen, hilfreich für Schulleistungen und die Lernmotivation zu sein scheinen. Den größten Effekt auf schulische Leistungen hat die akademische Sozialisation, die die Schüler:innen durch ihre Eltern erfahren. Vor allem die Bildungserwartungen der Eltern sind hier einflussreich. Höhere Bildungserwartungen stehen mit besseren schulischen Leistungen in Wechselbeziehung. Sie können einerseits Ursache für bessere Schulleistungen sein, andererseits aber auch Folge guter Schulleistungen (Pinquart & Ebeling, 2019). Die elterlichen Bildungserwartungen wirken auch positiv auf das Selbstkonzept, das schulische Engagement sowie die Bildungserwartungen der Kinder und Jugendlichen selbst, was wiederum die positiven Effekte hoher elterlicher Bildungserwartungen auf Schulleistungen verstärkt.

2.6.2 Peers

Gleichaltrige oder Peers stellen eine wichtige Ressource für den schulischen Erfolg von Kindern und Jugendlichen dar. Bereits in der Grundschulzeit macht Kindern Schule mehr Spaß und es erleichtert ihnen, sich am Unterricht zu beteiligen, wenn sie sich von ihren Mitschüler:innen akzeptiert fühlen und sie in der Klasse Freund:innen haben. Eine aktive Beteiligung am Unterricht geht wiederum mit besseren Schulleistungen einher. Soziale Akzeptanz und gute Schulleistungen stehen darüber hinaus in Wechselwirkung. Wenn Schüler:innen gute Leistungen zeigen, sind sie beliebter und wenn sie sich akzeptiert fühlen, zeigen sie auch bessere Leistungen (Wentzel, Jablansky & Scalise, 2020). In ihrer Analyse der Literatur zu Peereinflüssen auf schulischen Erfolg im Jugendalter zeigt Reindl (2022), dass sich Schüler:innen zu Freund:innen zusammenfinden, die sich in ihren Noten, ihren Einstellungen zum Lernen und in ihren Arbeitshaltungen in der Schule ähnlich sind. Über die Zeit werden sich Freund:innen dann auch noch ähnlicher in ihren Bewertungen von Fächern und in ihren Noten. Mit Peers können auch Informationen über Lerninhalte auf Augenhöhe ausgetauscht sowie schulbezogene Einstellungen und Verhaltensweisen diskutiert werden. Probleme können entstehen, wenn be-

Soziale Akzeptanz und gute Schulleistungen

liebte Schüler:innen wenig Interesse an schulischen Inhalten haben, weil sie dann eine eher dysfunktionale Modellwirkung für die Motivationsentwicklung ihrer Mitschüler:innen entfalten können. Auch die Einstellungen zu Schule und Lernen, die in der eigenen Clique herrschen, haben Einfluss auf die individuelle Motivation über die Zeit. Zum Beispiel blieben Sechstklässler in einer Clique, die Schule positiv gegenüberstand, übers Schuljahr hinweg motiviert oder steigerten sogar ihre Motivation, während ihre Peers in einer wenig motivierten Clique sogar über die Zeit weniger motiviert wurden (Kindermann, 2007). So sind Peerbeziehungen insgesamt für die Einstellung zu Schule und schulischem Lernen bedeutsam und haben indirekt einen Einfluss auf die Leistungsentwicklung von Schüler:innen im gesamten Verlauf der Schulzeit.

2.7 Förderliche Lernsettings gestalten

2.7.1 Motivations- und emotionsgünstige Unterrichtsgestaltung

Auch wenn effektives Lernen nur bei Lernenden erfolgt, die hinreichend motiviert sind, äußern sich in der Realität Schüler:innen jedoch häufig gelangweilt, zeigen von sich aus wenig Interesse am aktuellen Lerngegenstand oder der Wissenserweiterung oder sind der Überzeugung, die Lernanforderungen nicht bewältigen zu können. Demnach ist es eine wichtige Aufgabe von Lehrkräften, positive Lernemotionen von Schüler:innen zu fördern, sie zu motivieren und dafür zu sorgen, die Motivation während des Unterrichts aufrechtzuerhalten.

Wir haben in Kap. 2.3.1 gesehen, dass Bezugsnormen für die Entwicklung der Leistungsmotivation bedeutsam sind, weil dadurch eine Art Gütemaßstab für Erfolg und Misserfolg herangezogen wird. Befunde zur Förderung der Leistungsmotivation zeigen, dass Lehrkräfte, die sich bei der Leistungsbeurteilung an der individuellen Bezugsnorm (d. h., aktuelle Leistungsergebnisse der Person werden anhand früherer Leistungen verglichen) orientieren, bei Schüler:innen die Leistungsmotivkomponente *Hoffnung auf Erfolg* stärken (indem als Ursache für Erfolg oder Misserfolg dem individuell kontrollierbaren Faktor *Anstrengung* Rechnung getragen wird). Auch das Setzen realistischer (mittelschwerer) Ziele wirkt sich positiv auf das Erfolgsmotiv *Hoffnung auf Erfolg* aus. Umgekehrt wird insbesondere bei leistungsschwächeren Schüler:innen die *Furcht vor Misserfolg* verstärkt, wenn sich die Lehrkraft bei der Leistungsbeurteilung an der sozialen Bezugsnorm orientiert (d. h., Leistungen werden mit den Leistungen anderer verglichen) (Rheinberg & Krug, 2005).

Selbstbestimmungstheorie

Wichtige Prinzipien eines motivationsgünstigen Unterrichts lassen sich aus der Selbstbestimmungstheorie der Motivation (Ryan & Deci, 2000) ableiten. Sie postuliert, dass drei psychologische Grundbedürfnisse für das Auftreten intrinsisch motivierten Verhaltens bedeutsam sind: Sich effektiv und kompetent mit der Umwelt auseinanderzusetzen (Kompetenzerleben), sich frei von äußerem Druck bzw. als selbstbestimmt handelnd zu erleben (Autonomieerleben) sowie sich sozial eingebunden zu fühlen (soziale Eingebundenheit). Die Selbstbestimmungstheorie beschäftigt sich jedoch auch mit der Frage, wie von außen herangetragene Ziele (extrinsische Ziele), die in der Schule durch den Lehrplan bzw. die Lehrperson vorgegeben werden, von Schüler:innen zunehmend als eigene persönliche Ziele (intrinsische Ziele) wahrgenommen werden. Es wird postuliert, dass extrinsisch motivierte Verhaltensweisen durch Prozesse der Internalisierung in selbstbestimmte Handlungen überführt werden können. Das heißt, Normen, Einstellungen und Handlungsziele werden aus der sozialen Umwelt übernommen und zunehmend in das Selbstbild integriert. Zum Beispiel kann sich ein:e Schüler:in durch die Internalisierung von sozial erwünschten Verhaltensweisen (z. B. Erledigung der Hausaufgaben) zunehmend selbstbestimmt erleben und von anderen Personen dafür Anerkennung bekommen (z. B. der Eltern). Längerfristig kann die Internalisierung solcher Handlungsnormen zu einem gesteigerten Kompetenz- und Selbstwirkamkeitserleben während des Lernens führen. Würde hingegen ein:e Schüler:in extern vorgegebene Handlungsziele zurückweisen, wäre die Erfüllung der drei psychologischen Grundbedürfnisse (Kompetenzerleben, Autonomierleben, soziale Eingebundenheit) erheblich erschwert.

Die Selbstbestimmungstheorie definiert vier Formen der extrinsischen Motivation, die sich aus dem subjektiv wahrgenommenen Ort der Handlungsursache (external vs. internal) ergeben und somit durch die erlebte Fremd- oder Selbstbestimmung eines Individuums gekennzeichnet sind.

Vier Formen der Motivation

Externale Regulation: Lernende verfolgen noch kein eigenständiges Ziel, ihr Handeln wird allein durch äußeren Druck (Belohnung, Bestrafung) reguliert.

Introjizierte Regulation: Lernende verfolgen ein eigenständiges Handlungsziel, jedoch identifizieren sie sich nicht mit diesem. Sie tun es, z. B. „weil es sich gehört".

Identifizierte Regulation: Lernende erachten ursprünglich externale Handlungsziele als persönlich wichtige Ziele. Man tut es, weil man es für wichtig hält.

Integrierte Regulation: Lernende identifizieren sich mit einem Handlungsziel und haben es in ihr Selbst integriert. Diese Form der integrierten Regulierung ist die Form

der extrinsischen Motivation mit dem höchsten Grad an Selbstbestimmung und steht am Ende des Internalisierungsgeschehens.
Intrinsische Regulation: Man lernt, weil das Lernen Spaß macht, weil das Lernen an sich sinnvoll ist.

Das Ziel sollte es sein, dass sich Schüler:innen als selbstbestimmt handelnd wahrnehmen und die von außen herangetragenen Ziele möglichst in das individuelle Selbstsystem integrieren können. Zur Förderung einer selbstbestimmten Regulation sollte das Handeln von Lehrkräften demnach prinzipiell darauf ausgerichtet sein, dass Schüler:innen

- sich als kompetent erleben können (z. B. durch die Gestaltung von Lernangeboten, die nicht zu schwer und nicht zu einfach sind und bei denen nebst dem Fachwissen andere, z. B. soziale Kompetenzen zum Einsatz kommen; durch positive und verhaltensorientierte Rückmeldungen);
- Möglichkeiten zu selbstbestimmten Verhalten bekommen (z. B. durch gemeinsames Aushandeln von Verhaltensregeln; durch Mitbestimmungsmöglichkeiten bei Lernaktivitäten und Lerngegenständen);
- in positiven Beziehungen zu Lehrkräften und Gleichaltrigen stehen (z. B. durch den Einsatz kooperativer Lernmethoden; durch gegenseitige Wertschätzung).

Verschiedene Untersuchungen zeigen, dass die Maßnahmen zur Berücksichtigung dieser drei Grundbedürfnisse im Unterricht wirkungsvoll zur Steigerung des Interesses eingesetzt werden können (Schiefele, 2014).

Eine weitere wichtige Stellschraube zur Förderung der selbstbestimmten Regulation und im Sinne eines emotionsgünstigen Unterrichts ist die Erhöhung der Bedeutsamkeit des Unterrichtsinhalts oder der aktuellen Lerntätigkeit. Dies kann z. B. dadurch erreicht werden, dass praktische Anwendungsmöglichkeiten und andere Alltagsbezüge mit dem zu bearbeitenden Thema hergestellt werden, der Lernstoff mit den Interessen der Schüler:innen verknüpft oder auch das eigene Interesse der Lehrkraft am Lerngegenstand offenbart wird (Schiefele, 2014). Zur Erhöhung der Attraktivität eines Lerngegenstandes können auch mögliche Ambiguitäten in Bezug auf den Lerngegenstand betont werden (z. B. Aussagen wie „Über dieses Thema sind sich Expert:innen bis heute uneins“) oder aber bewusst kognitive Konflikte erzeugt werden. Bspw. kann man Schüler:innen zu Beginn der Unterrichtseinheit mit ihren eigenen Fehlvorstellungen konfrontieren (z. B. stellt man im Biologieunterricht die Frage, weshalb Chamäleons ihre Farbe ändern; falsche Antwort: sie passen ihre Farbe der Umgebung an; korrekte Antwort: Chamäleons wechseln ihre Farbe entsprechend ihrer Stimmung). Durch die Konfrontation mit Widersprüchen wird die Aufmerksamkeit auf diskrepante Informationen verlagert, was zur Erregung des autonomen Nervensystems führt und Emotionen wie Überraschung, Neugier oder Verwirrung auslösen kann. Studien haben gezeigt, dass diese Emotionen die Nutzung tiefenorientierter Lernstrategien (z. B. Chevrier et al., 2019) oder die Wissensexploration fördern (z. B. Berweger, Kracke & Dietrich, 2023) und sich somit positiv auf den Wissenserwerb auswirken können.

2.7.2 Fokussierte Informationsverarbeitung

Fokussierte Informationsverarbeitung

Eine Auffassung, wie Wissensaufbau gelingen kann, ist die Perspektive der fokussierten Informationsverarbeitung (Renkl, 2020). Diese basiert auf der Perspektive der aktiven Informationsverarbeitung, die postuliert, dass die aktive mentale Auseinandersetzung mit einem Lerngegenstand bedeutsam ist (eingehende Informationen werden aktiv mithilfe des Vorwissens interpretiert, ausgewählt, organisiert und elaboriert). Die fokussierte Informationsverarbeitung hingegen differenziert den Aspekt der mentalen Aktivität noch einmal aus, sodass nicht mentale Aktivität an sich zu gelungenem Wissenserwerb führt, sondern mentale Aktivität, die die zentralen Begriffe, Konzepte und Prinzipien eines Lernbereichs fokussiert. Wir haben in Kap. 2.2.1 gesehen, dass das Arbeitsgedächtnis für den Wissenserwerb eine entscheidende Rolle spielt, aber seine Speicherkapazität und -dauer begrenzt ist. Basierend auf der Cognitive-Load-Theorie nach Sweller, van Merrienboer und Paas (1998) wird der Wissenserwerb in vielen Lernsituationen dadurch beeinträchtigt, dass das Arbeitsgedächtnis unnötig belastet wird (z. B. Abbildungen in einem Text, die unwichtig sind und nicht in direktem Bezug zu den Hauptideen des Texts stehen), was zu einer kognitiven Überforderung (overload) bei Lernenden führen kann. Das Ausmaß der kognitiven Belastung hängt immer auch vom Vorwissen der Lernenden ab oder wie gut kognitive Prozesse (z. B. Nutzung bestimmter Lernstrategien) automatisiert sind. Lehrpersonen sollten deshalb fachlich zentrale Prinzipien und Konzepte zum Gegenstand des Unterrichts machen und auf die inhaltliche Klarheit und fachliche Kohärenz des Unterrichts achten. Diese Merkmale tragen dazu bei, dass Lernende ihre Aufmerksamkeit auf relevante Aspekte des Inhalts richten, bedeutsame Aspekte des Lerngegenstands erken-

Cognitive-Load-Theorie

nen, das zu lernende Konzept oder Prinzip von Anderem abgrenzen und das neue Wissen mit dem Vorwissen verknüpfen können (Lipowsky, 2020). Die Perspektive der fokussierten Informationsverarbeitung zielt auf die Qualität von Lernprozessen, die nicht allein daran gemessen werden sollten, ob eine mehr oder weniger aktive Verarbeitung des Lernstoffes und der Lernmaterialien erfolgt, sondern vielmehr, dass nur solche Informationen (Konzepte, Begriffe etc.) verarbeitet werden, die im Hinblick auf das zu erwerbende Wissen wirklich relevant sind (Renkl, 2020).

2.7.3 Soziale Akteure einbeziehen

School-based involvement und home-based involvement

Da Eltern und andere Sorgeberechtigte durch ihr Vorbild in Bezug auf Lernen, ihre Haltung zur Schule sowie ihr school-based und home-based involvement solch wichtigen Einfluss auf das schulische Lernen ihrer Kinder haben, sollten Lehrkräfte sie als Bildungspartner ernst nehmen und versuchen, eine konstruktive Beziehung zu ihnen aufzubauen. Schulen könnten regelmäßig Informationsgelegenheiten zu einer förderlichen Unterstützung bei den Hausaufgaben schaffen oder Eltern und Sorgeberechtigte bei Schulaktivitäten (Feste, Ausflüge, Berufsinformationsveranstaltungen, Museums- und Theaterbesuche etc.) einbeziehen. Dabei gilt es, die soziokulturelle Vielfalt der Eltern und Sorgeberechtigten zu berücksichtigen und sie so anzusprechen, dass sich alle eingeladen fühlen (Hillmayr et al., 2021). Gerade bei der Einladung zu Veranstaltungen gilt es, sie barrierefrei mehrsprachig und in unkomplizierter Sprache zu verfassen und bei den Veranstaltungen Barrieren, z. B. durch das Einbeziehen von Dolmetscher:innen abzubauen. Um mit Eltern und Sorgeberechtigten aus anderen Kulturkreisen und mit anderen Berufsbiographien konstruktiv zusammenarbeiten zu können, müssen Lehrkräfte offen und bereit zu ständiger Fortbildung sein.

Peer-Tutoring

In Bezug auf die Rolle der Peers für das Lernen sollten Lehrkräfte das Potenzial von Gleichaltrigen als gleichberechtigten Wissensvermittler:innen nutzen. Beim Peer-Tutoring können Gleichaltrige Lerninhalte vermitteln, gemeinsam üben, wiederholen und sich gegenseitig erklären, was die Schulnoten der beteiligten Schüler:innen positiv beeinflussen kann. Ein wirksamer Mechanismus beim Peer-Tutoring scheint zu sein, dass sich Schüler:innen bei Gleichaltrigen eher trauen, Fragen zu stellen und so ein aktiverer Lernprozess in Gang kommt (Bowman-Perrot et al., 2013).

Lehrer:innen sollten generell wissen, wie wichtig die soziale Eingebundenheit für Kinder und Jugendliche für die Beteiligung am Unterricht ist und daher Unterricht so gestalten, dass sich alle Kinder eingebunden und akzeptiert fühlen. Dies können sie auch durch bewusste Gestaltung der Sitzordnung erreichen, bei der sie beliebte mit weniger beliebten Kindern zusammensetzen. Sie können Regeln für das Sozialverhalten einführen und durch Lob Verhaltensweisen bei Schüler:innen, wie aktive Teilnahme am Unterricht, fördern. Schüler:innen beteiligen sich generell mehr am Unterricht und erreichen auch darüber bessere Schulleistungen, wenn sie sich von der Lehrkraft wertgeschätzt fühlen (Reindl, 2022). Auch wenn Lehrkräfte in Feedbacksituationen eher die individuelle Bezugsnorm nutzen, trägt das dazu bei, dass sich alle Kinder, vor allem auch Kinder mit sonderpädagogischen Förderbedarf, in der Klasse akzeptierter fühlen (Krawinkel et al., 2017).

Exkurs: Sozialmoralische Entwicklung
Das Wissen, wie sich Menschen zueinander angemessen verhalten, ob es richtig oder falsch ist zu lügen, zu stehlen oder Gewalt anzuwenden, ist das Ergebnis eines Entwicklungsprozesses, der sich als sozialmoralische Entwicklung über das gesamte Leben hinweg vollzieht und dazu beiträgt, konstruktiv miteinander zu leben. Grundlagen dafür sind kognitive und emotionale Fähigkeiten, die sich durch biologische Reifungs- sowie Lernprozesse in Wechselwirkung mit der sozialen Umwelt, Eltern, Spielkamerad:innen, Freund:innen, Pädagog:innen in Kindergarten und Schule sowie Medien entwickeln. Kinder und Jugendliche beziehen aus direkten oder beobachteten Interaktionen Informationen darüber, was „in Ordnung" und was zwischen Sozialpartnern nicht angemessen ist und bauen moralische Konzepte auf.

Die unterschiedlichen theoretischen Betrachtungen dazu fokussieren jeweils auf bestimmte Ausschnitte: den *kognitiven Aspekt*, der sich im Wissen über geltende Normen und in moralischen Urteilen und Begründungen äußert (Piaget, 1932; Kohlberg, 1995; Selman, 1984), den *motivationalen Aspekt*, der sich beispielsweise in der Bereitschaft zeigt, Normen zu befolgen (Nunner-Winkler, 2018), den *Handlungsaspekt*, der sich in normentsprechendem und normabweichendem Verhalten äußert, oder den *emotionalen Aspekt*, der sich an Mitgefühl bzw. Empathie, Schuld, Scham oder Empörung ablesen lässt (Eisenberg, 1986; Hoffman, 1983). Dabei sind im Laufe des Heranwachsens unterschiedliche Komplexitätsgrade moralischen Denkens, Fühlens und Handelns beobachtbar.

Das moralische Denken und Argumentieren steht bei den strukturgenetischen Ansätzen von Piaget (1932) und Kohlberg (1995) im Mittelpunkt. In Gesprächen mit Kindern und Jugendlichen über hypothetische Situationen arbeiteten sie unterschiedliche Muster für die Begründung und Einhaltung von Regeln heraus, die mit dem Alter der Befragten komplexer werden. Zunehmend wird verstanden, dass Regeln von Menschen gemacht und veränderbar sind und nicht unantastbar. Dafür ist vor allem die Erfahrung von Aushandlungen mit Gleichaltrigen bedeutsam und die Fähigkeit zur sozialen Perspektivenübernahme (Selman, 1984). Beurteilen Kinder zunächst einen

Sachverhalt nur aus ihrer eigenen Sicht, sind sie später in der Lage, auch die Sichtweisen von Anderen wahrzunehmen und die eigene mit der Position der Anderen zu koordinieren. Für Nunner-Winkler (2018) sind das von Piaget und Kohlberg untersuchte Normverständnis und die Bereitschaft, den Normen gemäß zu handeln, zwei getrennte zentrale Bestimmungsstücke von Moral, die sich unabhängig voneinander entwickeln. Früh und kulturübergreifend erwerben Kinder moralisches Wissen, aber erst später bauen sie eine Bereitschaft auf, Normen auch einzuhalten – sogar dann, wenn dabei Kosten entstehen (intrinsische moralische Motivation).

Hoffman (1983) und Eisenberg (1986) fokussieren vor allem Empathie und Fürsorge im Prozess der Moralentwicklung. Sie nehmen an, dass Empathiefähigkeit eine dem Menschen eigene evolutionär entstandene Möglichkeit darstellt, gefühlsmäßig auf den Zustand einer anderen Person zu reagieren, die durch Erziehungsprozesse geformt wird und sich in Sympathie und prosozialem Handeln äußern kann. Dazu trägt die kognitive Entwicklung bei, speziell die Fähigkeit zur Perspektivenübernahme (Selman, 1984). Nach Hoffman (1983) hat Moral grundlegend damit zu tun, wie eine Person im alltäglichen Leben ihre eigenen Bedürfnisse mit denen anderer Menschen koordiniert. Dabei können unterschiedliche moralische Gefühle entstehen wie Mitgefühl, Scham und Schuld, Empörung, Ärger und Verachtung oder Stolz, Zufriedenheit und Bewunderung. Diese werden auch als sekundäre oder sozialisierte Emotionen bezeichnet.

Moralische Entwicklung ist vor allem als *Lernen in Interaktionen* zu denken. Eigene Bedürfnisse und anderer Individuen, einer Gruppe oder der Gesellschaft können konfligieren. Die Konflikte können nur aufgelöst werden, wenn sich Individuum und Andere aufeinander zu bewegen. Man kann kooperieren oder sich den Regeln eines sozialen Systems anpassen, weil man sie als überzeugend wahrnimmt, oder sich aber auch regelkonform verhalten, ohne die Regeln anzuerkennen (Montada, 2008b).

Normen können argumentativ vermittelt, an positiven oder negativen Beispielen demonstriert oder direkt über Belohnung oder Bestrafung spürbar werden. Sie können aber auch implizit in Interaktionsprozessen erworben werden. Eine wichtige Rolle spielen dabei Gelegenheiten zur Perspektivenübernahme in sozialen Interaktionen wie in Gesprächen über soziale Probleme aus dem Alltag, in denen die Perspektiven aller Beteiligten herausgearbeitet werden. Wichtige Partner können dabei die Familie wie auch Gleichaltrige in institutionellen und nichtinstitutionellen Kontexten sein oder andere signifikante Erwachsene wie Lehrer:innen. Eine zentrale Bedeutung für die implizite moralische Sozialisation haben die Eltern, die ihren Kindern vermitteln, wie sehr sie sie wertschätzen, indem sie die kindlichen Gefühle und Bedürfnisse berücksichtigen, und wie wertschätzend mit Anderen umgegangen wird. Sie können Spielräume für die Verhandlung von Regeln und Konflikten gewähren. Werden Kinder daran beteiligt, erhöht sich durch das offene Aussprechen von Positionen aller Parteien die Fähigkeit zur Perspektivenübernahme, wenn etwa Eltern explizit ihre eigene Position und die Folgen bestimmter Handlungen für andere Personen erklären. Dann wird ein freiwilliges Befolgen der Normen der Eltern wahrscheinlicher, als wenn Regeln mit Macht durchgesetzt werden. Vor allem werden Normen im letzteren Fall nicht internalisiert.

In der expliziten Moralerziehung, um moralisches Denken und Argumentieren zu fördern, haben sich Diskurse über moralische Dilemmata als erfolgreich erwiesen, die von Erwachsenen – wie Eltern oder Pädagog:innen – initiiert werden (z. B. Kohlberg, 1995; Oser & Althoff, 1997) und zur Vereinbarung eines gemeinsamen von allen Beteiligten akzeptierten Wertesystems führen können. Dabei müssen die Kinder aktiv teilnehmen, um eine Identifikation mit den erarbeiteten Regeln zu erreichen. Wird beispielsweise in Schulen nach diesen Prinzipien verfahren – im Sinne einer „Just Community" (Kohlberg, 1995) –, zeigten sich bei den Schüler:innen entsprechende Ergebnisse. Schule spielt insgesamt eine bedeutsame Rolle für die moralische Sozialisation durch die explizite Vermittlung von Normen, aber auch durch implizite Erfahrungen über die Behandlung durch Lehrer:innen und Mitschüler:innen, vor allem bei Konflikten und Gerechtigkeitsfragen.

Gleichaltrige wurden schon von Piaget als wichtig für die moralische Entwicklung erachtet (Krappmann, 1996). Mit ihnen können unterschiedliche Perspektiven spontaner und unbefangener ausgedrückt und Regeln gleichberechtigter ausgehandelt werden als im asymmetrischen Dialog mit Autoritätspersonen. Speziell in Freundschaftsbeziehungen wird die Bedeutung von Gefühlen bei der Aushandlung von Konflikten besonders deutlich. Kinder und Jugendliche sind beispielsweise vor allem mit Freunden bereit, konstruktive Lösungen für Probleme zu finden und den anderen nicht durch negative Emotionen wie Ärger und Wut zu verletzen, um die Beziehung nicht zu gefährden.

Take-Home-Message

- Die kognitive Funktionsfähigkeit, die Nutzung vielfältiger Lernstrategien sowie das Vorwissen von Schüler:innen nehmen vom Grundschul- bis ins Jugendalter im Durchschnitt kontinuierlich zu, was die Möglichkeit eröffnet, komplexere Sachverhalte im Unterricht zu thematisieren, bspw. durch die Konfrontation mit Widersprüchen oder eigenen Fehlvorstellungen.
- Da sich motivational-volitionale Aspekte des Lernens über den Schulverlauf ungünstig entwickeln, u. a. aufgrund einer zunehmend schlechten Passung zwischen der schulischen Lernumwelt und den individuellen Prioritäten in der Pubertät, sollte die Unterrichtsgestaltung und der Lernstoff verstärkt an die Interessen und Grundbedürfnisse (insbesondere Autonomie) von Jugendlichen anknüpfen.
- Lernen findet immer in einem sozialen Kontext statt, bei dem Eltern, Gleichaltrige und Lehrkräfte sowohl direkt (z. B. Unterstützung bei den Hausaufgaben) als auch indirekt (z. B. Einstellung und Motivation gegenüber Schule) Einfluss auf verschiedene Aspekte des Lernens nehmen.
- Das Miteinander in einer Gesellschaft lebt davon, dass Individuen wissen, welches Verhalten zwischenmenschlich „in Ordnung" ist und lernen, konstruktiv miteinander umzugehen. Dieses Lernen beruht auf den gleichen Entwicklungsmechanismen wie akademisches Lernen und kann im Kontext Schule gezielt gefördert werden.

3. Förderung von Persönlichkeits-, Selbstkonzept- und Identitätsentwicklung

Astrid Körner & Peter Noack

Fallbeispiel: Mia
Mia besucht seit der 5. Klasse ein Gymnasium und ist aktuell in der 9. Klasse. Bisher zeigte sie mehrheitlich gute bis sehr gute Leistungen, jedoch sind ihre Noten in Mathematik in den letzten Monaten abgerutscht. Die Klassen wurden zu Beginn des Schuljahres neu zusammengesetzt, sodass Mia seitdem zum Teil neue Mitschüler:innen hat. Zur Feststellung der Leistungen wurde in Mathe gleich zu Beginn ein Eingangstest geschrieben, dessen Ergebnisse in der Klasse besprochen wurden und bei dem Mia nur mittelmäßig abgeschnitten hat. In der ersten Klassenarbeit schrieb Mia eine 3, was ebenfalls unter ihren vorherigen Noten lag. Seitdem wirkt sie im Mathematikunterricht zunehmend abwesend und zurückgezogen. Zwar bearbeitet sie weiterhin die Aufgaben, beteiligt sich aber ansonsten so gut wie gar nicht am Unterrichtsgeschehen. Auf Nachfragen der Lehrkraft antwortet sie meist nur einsilbig. Auch Hausaufgaben erledigt sie nur noch mangelhaft. Das passt nicht zu dem sonstigen Eindruck, den Mias Lehrer:innen von ihr haben. So erlebt Mias Klassenlehrerin sie in ihrem Unterricht als sehr zielstrebig und gewissenhaft, wenn auch zurückhaltend im Umgang mit anderen. Die Leistungseinbußen beschränken sich nur auf das Fach Mathematik. Für andere Fächer lernt Mia weiterhin und zeigt auch gute Noten. Mias Eltern haben dennoch Angst, dass sich Mias Noten auch in anderen Fächern verschlechtern und wünschen daher ein Gespräch mit der Klassenlehrerin. Aus der Gesprächsanfrage wird bereits deutlich, dass die Eltern von der Klassenlehrerin klare Lösungsvorschläge erwarten, da sie um die schulische Zukunft ihrer Tochter besorgt sind.

Die Entwicklung des Selbstkonzepts, einer eigenen Identität sowie Persönlichkeit stellen zentrale Herausforderungen im Kindheits- und Jugendalter dar (s. Kap. 1). Wie das Fallbeispiel von Mia zeigt, kann das Meistern dieser Herausforderungen auch Konsequenzen für das Lernen und den Schulalltag haben. Im folgenden Kapitel wollen wir nicht nur klären, was hinter diesen Begriffen steht, wie sie sich voneinander abgrenzen lassen und welche Entwicklungen Schüler:innen von der Kindheit bis zum Jugendalter in diesen Bereichen durchlaufen. Wir wollen auch die Möglichkeiten betrachten, die Schule im Allgemeinen und Lehrer:innen im Besonderen haben, um Kinder und Jugendliche bei der Bewältigung dieser Herausforderungen zu unterstützen. Hierzu werden wir jedes Konstrukt zunächst einzeln einführen, bevor wir dann dessen Entwicklung von der Kindheit bis Jugend sowie zentrale Einflussfaktoren skizzieren. Am Ende werden die Erkenntnisse zusammengeführt und Konsequenzen für den schulischen Alltag abgeleitet.

3.1 Selbstkonzept

Das Selbstkonzept von Schüler:innen beeinflusst, wie sie Situationen bewerten und ihre Handlungsmöglichkeiten einschätzen. Es ist wichtig für schulische Leistungen, aber auch für das psychische Wohlbefinden von Kindern und Jugendlichen. Zugleich ist Schule ein bedeutsamer Entwicklungskontext, der die Ausformung des Selbstkonzepts von Schüler:innen beeinflusst. Sei es in der Auseinandersetzung mit schulischen Anforderungen oder in der Interaktion mit Mitschüler:innen und Lehrer:innen, stets werden durch Rückmeldung und Feedbackprozesse oder soziale Vergleiche selbstbezogene Informationen vermittelt, die zur Stabilisierung oder aber zu Veränderungen des Selbstkonzepts beitragen können. Damit eröffnen sich Räume für die Förderung des Selbstkonzepts im schulischen Bereich. Zugleich bestehen aber auch Risiken für Konflikte und Spannungen.

System kognitiver Repräsentationen

Doch was genau ist das Selbstkonzept? In der Literatur existieren unterschiedliche Theorien mit jeweils eigenen Schwerpunkten. Als gemeinsamer Nenner lässt sich das Selbstkonzept als das Wissen einer Person über sich selbst sowie die Einschätzungen und Bewertungen der eigenen Eigenschaften und Kompetenzen definieren. Die aktuell dominierende kognitionspsychologische Sichtweise sieht das Selbstkonzept als mentales Modell oder System kognitiver Repräsentationen von selbstbezogenen Informationen. Es beinhaltet Einschätzungen von sich in der Gegenwart, ebenso wie Erinnerungen, wie man war, und (Ideal-)Vorstellungen davon, wie man sein möchte oder aufgrund (wahrgenommener) Erwartungen sein sollte bzw. glaubt, sein zu sollen. Mias Selbstkonzept könnte sich vielleicht infolge der Rückmeldungen und Vergleiche nach dem Einstufungstest in Mathematik verändert haben. Während sie zuvor ihre mathematischen Kompetenzen als sehr gut eingeschätzt haben mag, fällt die Einschätzung ihrer Fähigkeiten nun unter Umständen negativer aus (z. B. „Früher war ich eine gute Schülerin, doch jetzt bin ich in Mathe eine Niete“). Auch ihre eigenen Ansprüche und die ihrer Eltern können Teil ihres Selbstkonzepts sein (z. B. „Ich muss in allen Fächern, auch in Mathematik, eine sehr gute Schülerin sein“).

Selbstwert
domänenspezifische Selbstkonzepte

Das Selbstkonzept schließt sowohl beschreibende, also kognitive, als auch eher emotional getönte, also affektive, Aspekte ein. Insbesondere das globale Bild von sich selbst ist mit einer starken affektiven Komponente verbunden und wird als Selbstwert oder Selbstwertgefühl bezeichnet. Neben globalen Einschätzungen der eigenen Person können sich Bewertungen auch auf bestimmte Lebensbereiche beziehen, so genannte domänenspezifische Selbstkonzepte (z. B. schulisches, soziales, emotionales oder körperliches Selbstkonzept; s. Modell zur hierarchischen Organisation des Selbstkonzepts). Zur Erfassung von Selbstkonzepten werden in aller Regel Fragebögen verwendet, die Einschätzungen zur eigenen Person beinhalten und denen Personen mehr oder weniger zustimmen können (z. B. Skalen zur Erfassung des schulischen Selbstkonzepts (SESSKO); Schöne et al., 2012). In der Forschung steigt auch das Interesse an der impliziten Erfassung von nicht bewussten Aspekten des Selbstkonzepts. Die hierbei eingesetzten Messungen (z. B. Priming und Reaktionszeitmessungen) sind jedoch aufwendig und weniger zuverlässig und die Datengrundlage eingeschränkt (Bosson, Swann & Pennebaker, 2000).

Exkurs: Modell zur hierarchischen Organisation des Selbstkonzepts
Marsh und Shavelson (1985) entwickelten ein Modell zur hierarchischen Organisation des Selbstkonzepts. Die oberste Stufe des Modells bildet die globale Repräsentation der eigenen Person. Dieser sind das schulische sowie die nichtschulischen Selbstkonzepte – soziales, emotionales und körperliches Selbstkonzept – untergeordnet, welche in weitere Domänen unterteilt werden können. Das schulische Selbstkonzept lässt sich beispielsweise auf der unteren Ebene in Subdimensionen wie Mathematik, Naturwissenschaften und sprachliche Kompetenzbereiche ausdifferenzieren.

Schulisches Selbstkonzept

Mit Blick auf den Kontext Schule ist vor allem das schulische Selbstkonzept (auch akademisches oder Fähigkeitsselbstkonzept) bedeutsam. Es umfasst das Wissen und die Bewertung der Schüler:innen hinsichtlich ihrer eigenen schulischen Fähigkeiten und Kompetenzen. In Untersuchungen wird meist zwischen mathematischen und verbalen Aspekten des akademischen Selbstkonzepts unterschieden, jedoch lassen sich Selbstkonzepte auch weiter differenzieren, beispielsweise auf Ebene einzelner Schulfächer.

Erwartungs-Wert-Modell

Wie Kinder und Jugendliche ihre schulischen Fähigkeiten bewerten, ist wiederum bedeutsam für die Motivation und schulische Leistungen. In Eccles' Erwartungs-Wert-Modell (Eccles & Wigfield, 2020) spielen bereichsspezifische Fähigkeitsselbstkonzepte beispielsweise sowohl für die Wert- als auch für die Erwartungskomponente eine Rolle (s. Kap. 2.3). Schüler:innen, die sich als kompetenter in einem Fach einschätzen, werden eher davon ausgehen, dass sie in diesem Fach auch erfolgreich sein werden (Erwartungen). Zudem werden sie den Bereich als interessanter und bedeutsamer wahrnehmen (Wert) und daher ausdauernder und angestrengter lernen.

Selbstwirksamkeit

Im Zusammenhang mit (Lern-)Motivation wird häufig auch der Begriff der Selbstwirksamkeit verwendet (Bandura, 2001). Es beschreibt die Überzeugung, mit Anforderungen umgehen und bestimmte Handlungsergebnisse erzielen zu können. Diese Überzeugung hängt neben situationalen Bedingungen auch von der Einschätzung der eigenen Kompetenzen und Fähigkeiten ab.

Exkurs: Internal/External Frame of Reference Model
Untersuchungen haben gezeigt, dass das mathematische und das verbale Selbstkonzept gering korreliert sind. Mit anderen Worten, Schüler:innen, die ihre mathematische Begabung hoch einschätzen, können zugleich das Gefühl haben, in Deutsch eine Niete zu sein und umgekehrt. In dem Internal/External Frame of Reference Model (I/E-Modell, Marsh, 1986) wird dies mit unterschiedlichen Bezugsrahmen, die Schüler:innen anwenden, erklärt. Die Entwicklung des schulischen Selbstkonzepts in einem bestimmten Fach hängt demnach zum einen von den sozialen Vergleichen mit den Klassenkamerad:innen in demselben Fach ab (External Frame of Reference). Zum anderen spielen auch Vergleiche mit den eigenen Leistungen in einem anderen Fach (Internal Frame of Reference) eine Rolle. Das mathematische Selbstkonzept einer Schülerin, deren Leistungen über dem Klassendurchschnitt liegen, kann demnach dennoch geringer als bei ihren Klassenkamerad:innen sein, weil sie ihre eigene Leistung in Mathe deutlich schlechter als ihre Leistung in Deutsch einschätzt. Umgekehrt können individuelle Vergleiche gerade bei Schüler:innen mit niedriger Leistung die negativen Effekte von schlechten Noten ausgleichen (Möller et al., 2009). Generell sollte man sich bewusst sein, dass Schulnoten eine wesentliche Quelle von Informationen für Schüler:innen und deren Selbstkonzepte sind.

3.1.1 Entwicklung des Selbstkonzepts

Grundschulzeit

Wenn wir Veränderungen selbstbezogener Repräsentationen im Grundschul- und Jugendalter betrachten, spielen sowohl kognitive als auch soziale Entwicklungsprozesse eine Rolle (für eine ausführliche Darstellung s. Harter, 2006). Aufgrund der fehlenden kognitiven Voraussetzungen sind Selbstrepräsentationen zu Beginn der Grundschulzeit in der Regel auf konkrete Eigenschaften und Situationen bezogen und meist losgelöst voneinander (z. B. „Ich kann gut zählen, gut zeichnen und schnell rennen.“). Zudem sind sie oft positiv verzerrt, da die eigenen Fähigkeiten überschätzt werden. Temporale Vergleiche (z. B. „Ich laufe schneller als früher.“) verstärken in dieser Phase schneller

Entwicklungsfortschritte die positive Bewertung der eigenen Kompetenzen.

Mit fortschreitender Entwicklung kognitiver, sprachlicher und sozialer Kompetenzen werden die Selbstbeschreibungen differenzierter und schließen abstraktere Kompetenzen sowie interpersonale Beziehungen ein. Es gelingt Kindern zum Ende der Grundschulzeit zunehmend besser, sowohl positive als auch negative Aspekte und Emotionen zu integrieren. Sie beginnen zu realisieren, wenn sie (von anderen gesetzte) Standards nicht erreichen. Zudem gewinnen soziale Vergleichsprozesse sowie die Meinung anderer für die eigene Selbstbewertung an Bedeutung. Einschätzungen werden damit realistischer, aber es steigt auch die Vulnerabilität gegenüber negativen Einschätzungen und zwar gerade in einer Zeit, in der mit dem Schulwechsel am Ende der Grundschulzeit einschneidende Veränderungen einhergehen.

Jugendalter
Multiple Selves

Mit Beginn des Jugendalters nimmt der Grad an Differenzierung sowie die Bedeutsamkeit sozialer Vergleichsprozesse weiter zu. Selbstrepräsentationen werden umfangreicher und umfassen zunehmend intrapsychische Attribute wie Einstellungen, Gefühle und Gedanken. Jugendliche entwickeln zudem unterschiedliche Repräsentationen von sich selbst in ihren unterschiedlichen Rollen und sozialen Beziehungen (Multiple Selves). Diese können im Widerspruch stehen, beispielsweise wenn man sich in Situationen mit Freund:innen ganz anders wahrnimmt als in Interaktionen mit Eltern oder Lehrer:innen. Während solche Gegensätze in den Selbstbeschreibungen zu Beginn des Jugendalters als unproblematisch erlebt werden, werden sie in der Pubertät zunehmend als konflikthaft und stressig wahrgenommen (z. B. „Wer bin ich eigentlich und was macht mich aus?"). Negative Gefühle und Stresserleben entstehen auch, wenn Jugendliche das Gefühl haben, (von außen gesetzte) Standards und Idealvorstellungen nicht zu erreichen. Das tritt vor allem auf, wenn die Idealvorstellungen überzogen und nicht erreichbar sind (z. B. aus den Medien übernommene Schönheits- und Fitnessideale).

Looking-glass Self

Auch gewinnen sogenannte Spiegelbildprozesse (Looking-glass Self; Cooley, 1983) im Jugendalter an Bedeutung, d. h., Jugendliche haben bestimmte Annahmen darüber, wie andere, insbesondere bedeutsame Bezugspersonen, über sie denken und wie diese sie bewerten. Die Abhängigkeit der eigenen Selbstbeschreibung von den (zugeschriebenen) Meinungen anderer Personen sowie die Tatsache, dass diese von Situation zu Situation schwanken können, mag auch dafür verantwortlich sein, dass die Selbstbeschreibungen in der Jugendzeit von den Jugendlichen selbst als besonders fluktuierend erlebt werden (Barometrisches Selbst; Rosenberg, 1986). Auch wenn es sich hierbei um normative, d. h. für diesen Entwicklungsabschnitt erwartbare Veränderungen handelt, können wiederholt negative und selbstwertbedrohliche Erfahrungen wie z. B. Mobbing und Ablehnungen durch Peers oder das beständige Gefühl, wahrgenommene Ideale nicht zu erfüllen, zu internalisierenden (z. B. Depression, Essstörungen) oder externalisierenden (z. B. Aggression) Störungen führen (s. Kap. 6.2).

Possible Selves

Erst zum Ende des Jugendalters nimmt die Bedeutung der Meinung anderer Personen über einen selbst als Referenzpunkte für die Selbstbewertung ab. Stattdessen treten Vorstellungen über sich selbst in der Zukunft (Possible Selves) in den Vordergrund. Mit fortschreitendem Alter gelingt es Jugendlichen auch besser, ehemals als widersprüchlich erlebte Selbstrepräsentationen zu einem kohärenten Bild zu integrieren.

Mittelwertsveränderungen

Studien, die die Veränderungen von Mittelwerten (s. Kap. 1.2) über die Zeit untersuchen, versuchen, diese Entwicklungsverläufe empirisch abzubilden. Die Befundlage ist jedoch gemischt und es werden zum Teil unterschiedliche Verläufe für die gleichen Aspekte berichtet. Meta-analytische Befunde, die Effekte von Einzelbefunden integrieren, fanden ein relativ stabiles Niveau der globalen Einschätzungen der eigenen schulischen Leistungen und des Selbstwerts im Verlauf der schulischen Laufbahn, jedoch eine Abnahme in den mathematischen und sprachlichen Selbstkonzepten (Scherrer & Preckel, 2019). Das Absinken des akademischen Selbstkonzepts war in Studien aus europäischen Ländern ausgeprägter als in Studien aus Nordamerika oder Asien, was mutmaßlich Einflüsse der unterschiedlichen Bildungssysteme widerspiegelt.

Korrelative Stabilität

Empirische Untersuchungen zur korrelativen Stabilität (auch Positionsstabilität; s. Kap. 1.2) sprechen dafür, dass Unterschiede zwischen Kindern in Aspekten des schulischen Selbstkonzepts bereits im Grundschulalter vergleichsweise stabil sind. Die Stabilitätsschätzungen nehmen über das Jugendalter zu und erreichen Werte ähnlich hoch wie für Persönlichkeitsmerkmale. Einmal aufgebaute Unterschiede in den Selbstwahrnehmungen der Kinder scheinen sich demnach über die Schullaufbahn hin zu verfestigen. Allerdings gibt es auch Befunde für differentielle Verläufe. Über einem Zeitraum von zwei Jahren, in dem auch der Wechsel von der Grund- in die weiterführende Schule erfolgte, fanden Hirsch und DuBois (1991) beispielsweise vier distinkte Entwicklungsverläufe für das Selbstwertgefühl (konsistent hoch, konsistent niedrig, stark abnehmend und leicht ansteigend). Beide Befunde zusammengenommen unterstreichen, dass a) der Grundstein für eine gelungene Selbstkonzeptentwicklung bereits früh gelegt wird und b) es aber trotz hoher Stabilität auch im späteren Verlauf Potential für Veränderungen und Möglichkeiten der Einflussnahme gibt.

3.1.2 Einflüsse auf die Entwicklung des Selbstkonzepts

Familie
Peers

Soziale Prozesse und entsprechend wichtige Bezugspersonen, allen voran Familie und Peers, spielen eine bedeutsame Rolle für die Selbstkonzeptentwicklung. In Interaktionen mit den Eltern, Geschwistern oder Freund:innen erhalten Kinder und Jugendliche Rückmeldung zu ihrem Verhalten und Informationen darüber, wie andere Personen sie wahrnehmen. Zudem werden Erwartungen davon, wie Kinder und Jugendlichen sein sollen, transportiert. Dabei ist es nicht zwangsläufig so, dass die zugeschriebenen Meinungen oder Erwartungen auch die tatsächliche Meinung der anderen Person widerspiegeln. Es kann sich durchaus auch um Projektionen handeln (z. B. kann die Aussage, „meine Eltern erwarten von mir, dass ich in der Schule zu den besten Schüler:innen gehöre", eine feste Annahme sein, auch wenn sie gar nicht zutrifft). Bedeutsame andere Bezugspersonen und hier insbesondere Gleichaltrige stellen zudem Rollenmodelle sowie Referenzpunkte für soziale Vergleichsprozesse dar, die selbstwerterhöhende (Abwärtsvergleiche) oder eher selbstwerterniedrigende (Aufwärtsvergleiche) Effekte haben können.

Medien

Für den Austausch mit anderen haben in den letzten Jahrzehnten soziale Medien enorm an Bedeutung gewonnen. Im Wesentlichen bilden diese eine weitere Möglichkeit für soziale Interaktionen, die oft ähnlich zu Offline-Kontakten funktionieren. Aufgrund der Besonderheiten (z. B. Anonymität im Netz) ergeben sich aber auch zusätzliche Gefahren für Ausgrenzung und Herabwürdigungen (z. B. Cybermobbing). Neben dem sozialen Austausch vermitteln Medieninhalte eine Fülle an Informationen und Referenzpunkte, anhand derer man eigene Einstellungen und Einschätzungen einordnen kann sowie (vermeintliche) Rollenvorbilder und Ideale. Valkenburg und Kollegen (2017) fanden allerdings, dass das Selbstkonzept stärker die Suche und Verarbeitung von Inhalten bestimmt als umgekehrt. D. h., Kinder und Jugendliche suchen im Internet stärker jene Informationen, die im Einklang mit ihrem Selbstkonzept stehen, und verarbeiten diese in entsprechender Weise. Bestehende positive, aber auch negative Selbsteinschätzungen können so verstärkt werden.

Schule

Bezogen auf den Schulkontext ist in Deutschland insbesondere der Wechsel von der Grund- in die weiterführende Schule von Bedeutung. Untersuchungen haben gezeigt, dass der Selbstwert und das akademische (vor allem das mathematische) Selbstkonzept beim Schulübergang zwischen verschiedenen Schultypen unterschiedliche Verläufe nehmen. Während die Selbsteinschätzungen für Gymnasiast:innen während der Anfangszeit in der neuen Schule negativer werden, entwickeln sie sich für Schüler:innen anderer Schulzweige positiver oder verändern sich zumindest nicht (Watermann, Klingebiel & Kurtz, 2010). Mögliche Ursache ist nicht nur eine strengere Notengebung, sondern auch dass sich Gymnasiast:innen nach dem Schulwechsel plötzlich mit Schüler:innen vergleichen, die im Schnitt ein deutlich höheres Leistungsniveau haben als noch in der Vergleichssituation der Grundschule.

Big-Fish-Little-Pond-Effekt

In ähnlicher Weise zeigen Studien, dass generell ein höheres Leistungsniveau auf Klassenebene in einem negativen Zusammenhang mit dem individuellen Selbstkonzept steht (z. B. Lüdtke & Köller, 2002). Vereinfacht ausgedrückt, je leistungsstärker die Klasse, umso schlechter schätzen sich einzelne Schüler:innen ein. Diese Befunde verweisen auf die Rolle sozialer Bezugsnormen für die Ausbildung des Fähigkeitsselbstkonzepts (s. Internal/External Frame of Reference Model; s. Bezugsnormen, Kap. 2.3), und werden in der Literatur als Big-Fish-Little-Pond-Effekt (Marsh, 1987) bezeichnet. Zu diesem Muster trägt weiterhin bei, dass auch Schulnoten nicht zuletzt auf der Basis von sozialen Vergleichen gegeben werden.

Unterrichtsgestaltung

Auf Ebene konkreter Unterrichtpraktiken und Unterrichtsgestaltung verweisen Eccles und Kollegen (1997) auf die fehlende Passung zwischen den Bedürfnissen von Jugendlichen auf der einen und den Bedingungen in weiterführenden Schulen auf der anderen Seite (s. Kap. 2.3, Stage-Environment-Fit-Theorie; Eccles et al., 1997). Jugendliche befinden sich in einer Phase, in der die Meinungen anderer über sie selbst von besonderer Bedeutung sind, zugleich stellen Lehrer:innen in den höheren Klassen oft höhere Anforderungen, legen mehr Wert auf Leistung als auf Anstrengung, bewerten strenger und rücken generell in Feedback- und Rückmeldeprozessen soziale Vergleiche stärker in den Vordergrund, allerdings mit potentiell negativen Auswirkungen für das Selbstkonzept. Während soziale Bezugsnormen sich im Falle negativer Vergleichsergebnissen ungünstig auf das Selbstkonzept auswirken, haben Studien gezeigt, dass eine individuelle Bezugsnormorientierung von Lehrkräften im Unterricht positive Effekte haben kann (Rheinberg, 1987).

Erwartungen

Auch Erwartungen von Lehrer:innen spielen eine Rolle. Die häufig gefundenen Unterschiede, dass Jungen ihr mathematisches und Mädchen ihr verbales Können höher einschätzen, spiegeln jedoch nicht zwangsläufig tatsächliche Unterschiede wider. So zeigen Studien, dass Lehrer:innen (aber auch Eltern) die Tendenz haben, bei gleicher Leistung Mädchen und Jungen unterschiedlich zu bewerten (Stereotypen als Quelle des Selbstkonzepts; Frome & Eccles, 1998).

3.2 Identität

Ähnlich wie beim Selbstkonzept geht es auch bei Fragen zur Identität darum, wer wir sind und wer wir (nicht) sein wollen. Jedoch rücken die Erarbeitung einer integrierten Wahrnehmung von sich selbst sowie zugehörige Prozesse der Identifikation und Selbstgestaltung in den Fokus. Im Zentrum steht die Auseinandersetzung mit der eigenen Person und das Erleben von Konsistenz und Kontinuität über Situationen und die Zeit hinweg – im Hinblick auf personale Aspekte wie Werte, Ziele und Ideale, aber auch mit Blick auf soziale und kollektive Aspekte wie soziale Beziehungen, soziale Rollen oder die Identifikation mit sozialen Gruppen und Kategorien. Domänen, die im Kindes- und insbesondere im Jugendalter wichtige Bezugspunkte für Identitätsfragen und Identitätsentwicklung darstellen, sind beispielsweise Geschlecht und sexuelle Orientierung, aber auch soziale Beziehungen und Partnerschaften, ethnische Herkunft, berufliche Perspektiven oder politische Einstellungen. In Mias Fall könnte die Einstufung ihrer mathematischen Leistungen nicht nur die Einschätzung ihrer Fähigkeiten beeinflusst haben, sondern auch Identitätsfragen im Hinblick auf die Identifikation mit beruflichen Zielen berühren (z. B. „Kann ich meinen Kindheitsraum eines eigenen Architekturbüros noch verwirklichen, wenn es mir nicht gelingt, ein gutes Abitur zu schreiben?“).

Als Lehrer:in hat man automatisch Anteil an der Identitätsentwicklung der eigenen Schüler:innen. Sei es als Beobachter:in, wenn beispielsweise Jugendliche ihrer Identifikation mit bestimmten Gruppen durch die Wahl ihrer Kleidung und ihres Erscheinungsbildes Ausdruck verleihen. Oder sei es als Ansprechpartner:in und Impulsgeber:in, wenn man beispielsweie im Rahmen von Berufswahlprozessen (s. Kap. 7) gezielt die Auseinandersetzung mit unterschiedlichen Alternativen und Optionen anregt. In manchen Fällen mag es auch zu Konflikten kommen, beispielsweise wenn das Ausprobieren und Experimentieren im Jugendalter die Form von Risikoverhalten annimmt.

Erikson (1959) hat die Identitätsentwicklung im Sinne einer zu lösenden ‚Identitätskrise‘ beschrieben, die er vor allem im Jugendalter verortet. Im Falle einer gelungenen Entwicklung schaffen es Jugendliche demnach, aus einer anfänglichen Unsicherheit und Orientierungslosigkeit heraus, ein einheitliches und kohärentes Bild davon zu entwickeln, wer sie selbst sind. Neuere entwicklungspsychologische Modelle bauen auf dieser Idee auf und konkretisieren die dabei relevanten Konstruktions- und Verarbeitungsprozesse (z. B. Crocetti et. al, 2010; Luyckx et al., 2011; Marcia, 1966). Zunächst gilt es, sich mit sich selbst und den Anforderungen und Möglichkeiten der eigenen Umwelt auseinanderzusetzen, also beispielsweise nach Alternativen zu suchen, unterschiedliche Verhaltensweisen auszuprobieren oder mit Rollen und Identifikationen zu experimentieren (Exploration). Im Anschluss ist eine Auswahl zu treffen und sich auf bestimmte Optionen festzulegen, sich beispielsweise mit bestimmten Werten, Zielen oder Rollen zu identifizieren (Commitment).

Exploration
Commitment
Identitätsmodell

Aus der Kombination dieser beiden Prozesse, der Suche (Exploration) und der Festlegung (Commitment), hat Marcia (1966) in seinem Identitätsmodell vier Identitätsstatus beschrieben, die im Folgenden exemplarisch für die Entwicklung einer beruflichen Identität (s. Kap. 7) dargestellt werden. Schüler:innen, die sich bisher weder mit für sie passenden berufliche Alternativen auseinandergesetzt noch auf bestimmte berufliche Ziele festgelegt haben, befinden sich in einem Zustand der Diffusion. Schüler:innen, die angefangen haben, ihre eigenen Kompetenzen sowie passende berufliche Alternativen exploriert zu haben, aber sich noch nicht festgelegt haben, befinden sie sich im Stadium des Moratoriums. Haben Schüler:innen sich bereits für ein bestimmtes Berufsfeld entschieden, ohne aber zuvor unterschiedliche Alternativen zu explorieren, spricht man von Foreclosure oder auch von übernommener Identität. Meist orientieren sich die Entscheidungen dann an Autoritäten, beispielsweise wenn die beruflichen Pläne, die Eltern für ihre Kinder haben, mehr oder minder unhinterfragt übernommen werden. Folgt eine Festlegung auf bestimmte Ziele und Werte im Anschluss an eine umfassende Auseinandersetzung mit den eigenen Kompetenzen und dazu passenden beruflichen Alternativen, haben Schüler:innen den Status Achievement, auch erarbeitete Identität genannt, erlangt.

Marcia (1966) hat die vier Identitätstypen ursprünglich als Statusabfolge konzipiert. Allerdings ist fraglich, ob immer alle Stufen durchlaufen werden. Mit dem Festlegen auf bestimmte Optionen sind Identitätsprozesse zudem nicht zwangsläufig abgeschlossen. Vielmehr können bereits getroffene Entscheidungen wieder kritisch hinterfragt und geändert werden, Zyklen der Identitätsbildung und Identitätsevaluation sich also abwechseln (z. B. Luyckx et al., 2011). Anpassungsprozesse lassen sich aber nicht nur langfristig betrachten, sondern auch auf Mikroebene herunterbrechen. In täglichen Interaktionen und Feedbackschleifen erfolgt demnach ein Abgleich zwischen dem, wie man sich selbst sieht, und dem, was man an Rückmeldung durch das eigene Umfeld erhält (Identity Control Theory; Kerpelman, Pittman & Lamke, 1997). Bei Diskrepanzen bzw. fehlender Übereinstimmung müssen Identitätsaspekte überdacht und gegebenenfalls angepasst werden.

3.2.1 Identitätsentwicklung

Jugendlicher Egozentrismus

Die erhöhte Selbstwahrnehmung und Beschäftigung mit sich selbst ist ein wesentliches Kennzeichen des Jugendalters. Elkind (1978) spricht hierbei vom jugendlichen Egozentrismus. Empirische Befunde stützen die Annahme, dass im Verlauf des Jugendalters und frühen Erwachsenenalters kohärente und konsistente Selbstdefinitionen zunehmen, was wiederum wichtig für das psychische Wohlbefinden ist (z. B. Meeus et al., 1999; Kroger, Martinussen & Marcia, 2010). Aber nicht nur Unsicherheiten im Hinblick auf Identitätsfragen, sondern auch Instabilität von getroffenen Festlegungen im Sinne täglicher Fluktuationen wurden mit negativem Wohlbefinden wie depressiven Gefühlen und Ängsten in Verbindung gebracht (Klimstra et al., 2010). Negative Konsequenzen sind auch zu beobachten, wenn es Kindern und Jugendlichen nicht gelingt, einen Abschluss für identitätsrelevante Fragen zu finden, wenn sie also beständig mit sich selbst beschäftigt sind, getrieben von dem Gefühl, nicht zu wissen, wo sie so recht stehen und nicht sie selbst zu sein (Ruminative Exploration; Luyckx et al., 2011).

Aufgrund der Relevanz der Jugendphase für die Identitätsentwicklung ist die Unterstützung von Identifikationsprozessen in dieser Zeit von besonderer Bedeutung. Die Basis für die Identitätsentwicklung wird aber bereits in der Kindheit gelegt. Zudem ist die Identitätsentwicklung mit dem Ende des Jugendalters keinesfalls abgeschlossen. Veränderungen in den Lebensumständen bieten auch später immer wieder Anlässe für Identitätsentwicklung (z. B. Übergang in den Ruhestand).

3.2.2 Einflussfaktoren der Identitätsentwicklung

Soziale Entwicklungskontexte

Ebenso wie die Selbstkonzeptentwicklung kann die Identitätsentwicklung nicht losgelöst von sozialen Entwicklungskontexten betrachtet werden. Diese tragen Anforderungen und Anreize an Kinder und Jugendliche heran, bestimmte Identitätsaspekte zu überdenken. Die Exploration beruflicher Alternativen sowie das Festlegen auf bestimmte berufliche Ziele wird beispielsweise mit fortschreitender Schullaufbahn von Jugendlichen ebenso erwartet wie die Ausbildung politischer Einstellungen und Werte. Entwicklungskontexte beinhalten auch Wissen sowie vorgelebte Rollen und Normen und bieten Räume für Exploration und dafür, sich zu erproben. Das gilt für das familiäre Umfeld, den Kontakt zu Gleichaltrigen oder (soziale) Medien ebenso wie für den Lernort Schule. Als Rollenmodelle können Eltern beispielsweise Impulse für Jugendliche geben, wie diese selbst einmal sein oder – in Abgrenzung von den Eltern – eben gerade nicht sein wollen.

Mit Blick auf Identitätsentwicklung im Bereich Bildung sprechen Untersuchungen dafür, dass elterliche Einflüsse dabei von der Verbundenheit mit den Eltern, dem Konfliktniveau in der Eltern-Kind-Beziehung sowie dem elterlichen Erziehungsstil abhängen (z. B. Luyckx et al., 2006).

Gleichaltrige sind insbesondere mit Blick auf das Erproben und Ausbilden sozialer Identität wichtige Bezugspersonen. Da sich die Zusammensetzung von Peergruppen häufiger ändert, sei es durch Selektion (d. h. eigene Wahl von Freund:innen) oder sei es infolge äußerer Ereignisse (z. B. Schul- oder Wohnortwechsel), verändern sich auch immer wieder Normen und Erwartungen sowie Referenzpunkte für soziale Vergleiche. Schule ist wiederum insbesondere, aber nicht ausschließlich, mit Blick auf die Ausbildung von Identität im Bildungsbereich ein wichtiger Entwicklungskontext. Dabei können Kindern und Jugendlichen durch formale Unterrichtsaspekte (z. B. durch inhaltliche Ausrichtungen des Unterrichts) aber auch informelle Lernsituationen (z. B. durch eine generelle Förderung selbstgesteuerter Lernerfahrungen, beiläufige Rückmeldungen und Feedbackprozesse) Gelegenheiten geboten werden, zu explorieren, sich selbst zu erfahren und auf Basis dieser Erfahrungen Orientierungen zu entwickeln.

3.3 Persönlichkeit

Auch Persönlichkeitseigenschaften werden häufig über Selbstbeschreibungen von Personen erfasst. Anders als beim Selbstkonzept und der Identität geht es aber nicht darum, wie sich jemand selbst wahrnimmt bzw. welche Festlegungen ein Mensch für sich trifft, sondern wie die Person sich in ihren charakteristischen Merkmalen von anderen Menschen unterscheidet. Insbesondere werden unter Persönlichkeit im engeren Sinne psychische Charakteristika verstanden, wie eine Person ihre Umwelt und Situationen, mit denen sie konfrontiert ist, typischerweise wahrnimmt und interpretiert, und was ihre gängigen Reaktions- und Verhaltenstendenzen sind. Für die im Eingangsbeispiel genannte Mia wird beispielsweise ihre Zielstrebigkeit und Gewissenhaftigkeit, aber auch ihre Zurückhaltung im Umgang mit anderen als typisch angesehen. ‚Typisch' und ‚gängig' verweisen schon darauf, dass stabilere Merkmalsausprägungen angesprochen sind, in denen sich jemand von anderen unterscheidet und deren Konstellation ihn oder sie ausmacht.

Eine wichtige Strategie zur Bestimmung wesentlicher Dimensionen, mit denen sich Menschen verlässlich beschreiben lassen, basierte in der langen Geschichte der Persönlichkeitspsychologie auf der Nutzung von Eigenschaft- bzw. Adjektivlisten, anhand derer sich Personen selbst einschätzen und dann übergreifende Merkmalsbereiche wie Offenheit oder Gewissenhaftigkeit abgeleitet wurden. Es ist davon auszugehen, dass die Eigenheiten einer Person aber auch darauf Einfluss nehmen, wie sie sich selbst sieht und entsprechende Selbstberichte, wie sie etwa in Fragebögen abgegeben werden, beeinflussen. Daher kommen auch Fremdeinschätzungen durch andere wie Eltern oder Lehrer:innen (Barbaranelli et al., 2003) oder weniger verzerrungsanfällige Erhebungsmethoden wie Verhaltensbeobachtungen (z. B. Markey, Markey & Tinsley, 2004) zum Einsatz.

Big Five

Durchgesetzt hat sich im Forschungsfeld das Modell der sog. *Big Five* (z. B. McCrae & Costa, 1999) bestehend aus den Dimensionen Extraversion, Verträglichkeit, Gewissenhaftigkeit, Offenheit und Neurotizismus (s. Tab. 2). Diese Dimensionen haben sich in vielen Untersuchungen immer wieder finden lassen, weisen eine erhebliche Stabilität über die Zeit auf und sind ausreichend unabhängig voneinander, um als tragfähige Unterscheidungsmerkmale von Personen zu taugen. Dabei erkennen, beschreiben oder vergleichen wir jemanden nicht danach, wie er oder sie auf *einem* Merkmal einzuordnen ist, sondern auf Grundlage des für die Person typischen Musters der Ausprägungen über die fünf Dimensionen hinweg.

Dimension	hohe Ausprägung	niedrige Ausprägung
Extraversion	gesellig, auf andere zugehend	zurückhaltend, reserviert
Verträglichkeit	kooperativ, Mitgefühl zeigend, Harmonie strebend	aggressiv, kompetitiv, wenig empathisch
Gewissenhaftigkeit	ordentlich, gründlich	wenig zuverlässig
Offenheit	kreativ, neugierig, offen für neue Erfahrungen	konservativ, verschlossen
Neurotizismus	zufrieden, selbstbewusst	psychisch wenig stabil, depressiv gestimmt

Tab. 2: Dimensionen des Big-5-Modells und beschreibende Adjektive

3.3.1 Entwicklung der Persönlichkeit

Struktur und Stabilität

Der Großteil der einschlägigen Forschung beruht auf Untersuchungen an Erwachsenen. Eignet sich das Big Five-Modell auch für eine Anwendung auf Kinder und Jugendliche in der Schule? Tatsächlich fand sich bei Einsatz altersangemessener Erfassungsmethoden (z. B. Einschätzungen durch Lehrer:innen oder Eltern) eine den Erwachsenendimensionen vergleichbare Struktur von Persönlichkeitsmerkmalen spätestens ab der Präadoleszenz (Brandt et al., 2020), in einigen Untersuchungen sogar schon ab der frühen Kindheit (Wängqvist et al., 2015). Einzelne Studien (Soto & John, 2014) identifizierten noch zusätzlich die *Aktivität*, das Ausmaß der physischen Energie, die dem Auftreten und Verhalten der Kinder und Jugendlichen eigen ist, als weiteren wesentlichen Beschreibungsaspekt. Die individuellen Ausprägungen der Persönlichkeitsmerkmale erwiesen sich spätestens ab dem Pubertätsalter als recht positionsstabil (s. Kap. 1.2), d. h., Jugendliche behielten im Lichte ihrer Persönlichkeitsausprägungen relativ zu Gleichaltrigen über die Zeit ihren Platz in der Vergleichsgruppe (Hampson et al., 2007). So hätten zum Beispiel Jugendliche, die eingangs der weiterführenden Schule vergleichsweise emotional labil (Neurotizismus) wären, eine recht hohe Wahrscheinlichkeit, auch in den höheren Klassenstufen noch zu den emotional labileren Jugendlichen zu gehören. Dabei scheint die Stabilität der Merkmale mit dem Alter noch weiter anzusteigen (Borghuis et al., 2017). In diesem Sinne festigt sich die Persönlichkeit also über die Jugendphase.

Dass sich Unterschiede zwischen Personen in der Ausprägung von Persönlichkeitsmerkmalen nur eingeschränkt verändern, sagt noch nichts darüber aus, wie sich die Mittelwerte über die Zeit verändern, ob Jungen und Mädchen über die Schulzeit etwa geselliger oder im Laufe des Jugendalters labiler werden. Anders als manche Vorurteile vor allem über ‚schwierige' Jugendliche vermuten lassen, deuten empirische Ergebnisse eher darauf hin, dass in mancher Hinsicht die Entwicklung über die zweite Lebensdekade in Richtung einer günstigeren psychosozialen Anpassung verläuft, Jungen und Mädchen bei allen Unterschieden zwischen Individuen über ihr Jugendalter einfacher im Umgang werden (Borghuis et al., 2017; Branje et al., 2007; Wängqvist et al., 2015). Zumindest die Gewissenhaftigkeit und die Verträglichkeit scheinen im Mittel zuzunehmen. Teils wird dasselbe auch für Offenheit und Extraversion festgestellt, wobei für diese beiden Merkmale die Befundlage nicht einheitlich ist und Geschlechtsunterschiede berichtet werden.

Dass die Big Five-Beschreibungsmerkmale auch im Alltag bedeutsam sind, belegen Zusammenhänge mit anderen Reaktions- und Verhaltensweisen, nicht zuletzt solchen, die eine Rolle im schulischen Miteinander und im Unterricht spielen können. In einer Längsschnittstudie an Grundschüler:innen von Hampson und Kollegen (2007) sagten die allgemeinen Persönlichkeitsmerkmale aus dem ersten Schuljahr, vor allem Neurotizismus, feindseliges Verhalten wie Ausgrenzen, Bedrohen und Lügen über die gesamte Elementarstufenzeit voraus. Ehrler und Kollegen (1999) beobachteten bei Befragten im frühen Jugendalter, dass die

Big Five-Maße (geringe) Verträglichkeit und Gewissenhaftigkeit mit sozialen Auffälligkeiten, aber auch mit Verhaltensproblemen einhergingen. Weiterhin berichteten Barbaranelli und Kollegen (2003), die Kinder im Grundschulalter und in den ersten Jahren der weiterführenden Schule untersuchten, dass Schüler:innen, die ein höheres Maß an Offenheit für neue Erfahrungen und Gewissenhaftigkeit zeigten, auch bessere Schulleistungen erzielten. Für chinesische Befragte im späten Jugend- und frühen Erwachsenenalter ermittelten schließlich Yu und Kollegen (2021) systematische Zusammenhänge der Persönlichkeitsmerkmale mit dem sozialen Wohlbefinden und der sozialen Eingebundenheit. Dass die berichteten Ergebnisse von Kindern und Jugendlichen aus unterschiedlichen Teilen der Welt kommen, spricht für die Zuverlässigkeit der Befunde.

3.3.2 Einflüsse auf die Persönlichkeitsentwicklung

Genetische Faktoren

Angesichts der frühen Ausbildung von interindividuellen Unterschieden in der Persönlichkeit und deren erheblicher Stabilität mag es kaum wundern, dass deren Bedingungen zu einem nicht unwesentlichen Teil in den Genen zu verorten sind. In verhaltensgenetischen Studien (s. Kap. 1.3) wurde ermittelt, dass sich rund 40 % der Unterschiede zwischen Individuen in ihren Persönlichkeitsmerkmalen auf genetische Faktoren zurückführen lassen, während ein etwas höherer Anteil auf Umweltbedingungen zurückgeht (Vukasović & Bratko, 2015). Das ist im Grunde ein ausgesprochen hoher Beitrag der Gene zu Unterschieden in der Persönlichkeit, zeigt aber zugleich, dass Umweltfaktoren die Persönlichkeit ebenfalls wesentlich prägen.

Umweltfaktoren

Allerdings scheint es alles andere als einfach zu sein, wirksame Umweltfaktoren im Einzelnen zu identifizieren. So prüften Borghuis und Kollegen (2017), ob parallele Veränderungen in der Persönlichkeit bei etwa Zwillingspaaren oder den Mitgliedern von Freundschaftsdyaden (dyadische oder Ko-Entwicklung) stattfinden. Solche gleichartigen Entwicklungsverläufe hätten als wechselseitige Einflüsse in den Paarlingen oder das Ergebnis geteilter Alltagserfahrungen, also als Effekte von Umweltbedingungen, gedeutet werden können – sie fanden sich aber nicht. Ayoub und Kollegen (2021) untersuchten im Rahmen einer großen Längsschnittstudie, in der Schüler:innen von der 5. bis 8. Klasse wiederholt befragt wurden, Einflüsse des elterlichen Erziehungsverhaltens auf kindliche Persönlichkeitsmerkmale. Sie fanden jedoch nur kleine und größerenteils statistisch nicht bedeutsame Effekte. Sie schließen auf Grundlage ihrer Ergebnisse jedoch den Einfluss von Umweltbedingungen auf die Persönlichkeitsentwicklung nicht aus. Vielmehr nehmen sie an, dass es nicht den einen starken Einflussfaktor gibt, sondern dass die Entwicklung bei Kindern und Jugendlichen von einer Vielzahl kleiner Einzelfaktoren angetrieben wird, die zusammenwirken und jeweils kleine Beiträge zum gesamten Erscheinungsbild der Persönlichkeit leisten.

Eher fündig wurden Forscher:innen, die Bedingungen ins Auge fassten, welche die Lebensumstände von jungen Menschen umfassend veränderten. Interessanterweise fallen diese jeweils in den Bereich der schulischen Situation. Dahmann und Anger (2014) nutzten die Umstellung der Beschulungsdauer von 13 auf 12 Jahren in einigen deutschen Bundesländern als eine Art natürliches Experiment. Sie beobachteten, dass jene Schüler:innen und jungen Erwachsenen, die eine verkürzte Beschulungsdauer von 12 Jahren erlebten, extravertierter und emotional weniger stabil waren als Gleichaltrige frühere Kohorten, die 13 Schuljahre bis zum Abitur absolvierten. Die Effekte variierten für unterschiedliche Subgruppen. Es fanden sich beispielsweise stärkere Effekte der Reform bei männlichen Jugendlichen sowie solchen, die einen problematischen Familienhintergrund aufwiesen. Mitglieder dieser Gruppen entwickelten sich eher positiv, d. h., sie wurden extravertierter und verträglicher. Nicht als natürliches Experiment kann man ein Auslandsjahr von Schüler:innen verstehen, da es, wie die Studie von Greischel und Kollegen (2016) selbst zeigt, eine erhebliche Selbstselektion derer gibt, die einen solchen heimatfernen Aufenthalt überhaupt angehen. Sie sind in ihrer Persönlichkeitsstruktur eher besser angepasst. Zugleich ergab die Untersuchung ebenfalls systematische Effekte der Gegenrichtung, also Einflüsse der Erfahrungen durch den Kontextwechsel: Bei jenen, die ins Ausland gingen, nahmen im Laufe der Zeit dort ihre Offenheit und Verträglichkeit zu und die Entwicklung des Neurotizismus wurde abgepuffert. Dabei argumentieren die Autoren allerdings, dass es nicht im engeren Sinne die schulischen Erfahrungen im neuen Kontext waren, die für die beobachteten Veränderungen verantwortlich zu sehen sind, sondern eher die mit dem Aufenthalt verbundene Umstrukturierung der sozialen Netzwerke der Jugendlichen, die den Effekt vermittelten.

3.4 Konsequenzen für den schulischen Alltag

Von Lehrkräften wird nicht nur erwartet, dass sie ihren Schüler:innen Wissen vermitteln, sondern auch die Persönlichkeits- und Identitätsentwicklung von Kindern und Jugendlichen als Ganzes fördern. Welche Schlüsse lassen sich diesbezüglich nun für den schulischen Alltag ziehen? Zunächst einmal bestätigen die vorgestellten Erkenntnisse zur Persönlichkeitsentwicklung eine Beobachtung vieler Lehrer:innen, die ihnen ihre Arbeit in der Schulklasse nicht gerade erleichtert: Es gibt nicht *den* Schüler oder *die* Schülerin. Jedes Kind ist anders in seinen Empfindungen und Reaktionsweisen und man wird seine Unterrichtsziele kaum zufriedenstellend erreichen, wenn man diesen Unterschieden nicht Rechnung trägt und nicht auf die jeweiligen Besonderheiten, jedenfalls im Rahmen des Möglichen, eingeht. Nur weil beispielsweise Kinder, die eher zurückgezogen und reserviert im Umgang mit anderen sind, nicht nach Hilfe im Unterrichtsgeschehen fragen, muss dies nicht bedeuten, dass sie Aufgaben problemlos lösen können oder den Stoff verstanden haben. Es kann auch schlichtweg daran liegen, dass es ihnen schwerer fällt, nach Unterstützung zu fragen. Es braucht also zumindest ein gewisses Bewusstsein dafür, dass sich die Kinder in ihren Reaktionsweisen und Eigenschaften unterscheiden, um eine Idee zu entwickeln, wie man auf diese Person zugeht und sie zielgenau fördern könnte. Eine Orientierung dafür, worauf man achten sollte und welches bedeutsame Persönlichkeitsaspekte sind, geben die im Big Five-Modell zusammengefassten Dimensionen.

Die Bedeutsamkeit sozialer Prozesse im Schul- und Unterrichtsgeschehen wird anhand der Selbstkonzeptentwicklung deutlich. Sei es durch konkrete Rückmeldungen, soziale Vergleiche, wahrgenommene Erwartungen oder Rollenmodelle bedingt, das Selbstkonzept von Schüler:innen entwickelt sich immer in Interaktion mit anderen. Die aufgeführten Erkenntnisse können dabei helfen, sich der eigenen Rolle und des Einflusses der eigenen Erwartungen, aber auch von Einflüssen und Dynamiken im Klassenraum gewahr zu werden. Insbesondere in Bezug auf das akademische Selbstkonzept spielen zudem auch Noten eine wichtige Rolle. Angesichts der relativ hohen Stabilität von Leistungsrückmeldungen durch Noten erhalten, grob gesprochen, jene in der oberen Leistungshälfte der Klasse zuträgliche Informationen über sich. In der unteren Hälfte ist jedoch regelmäßig das Gegenteil der Fall. Was auf den ersten Blick wie eine zwangsläufige Gegebenheit wirkt, könnte jedoch Anstoß dazu geben, sich über die Grundlage der Leistungsbewertungen Gedanken zu machen. Noten werden von den meisten Schüler:innen und vielen Eltern als eine Art 1:1-Abbild der Leistung genommen, also interpretiert als Ergebnis einer kriterialen Bezugsnorm (s. Kap. 2.3). Tatsächlich deuten sowohl die vielfach an eine Normalverteilung angenäherten Notenspiegel wie auch die fehlende Vergleichbarkeit über Fächer, Schulklassen, Schultypen oder Bundesländer hinweg an, dass tatsächlich viel stärker eine soziale Bezugsnorm bei der Notengebung Pate steht. D. h., Bewertungen erfolgen deutlich geprägt vom Leistungsumfeld innerhalb einer Schulklasse. Für das Selbstkonzept und mittelbar die Motivation von Schüler:innen wäre allerdings eine stärkere Berücksichtigung einer individuellen Bezugsnorm günstig, d. h., wenn sich Verbesserungen in der eigenen Leistung auch in besseren Noten niederschlagen würden. Dies würde in jedem Fall den Eindruck bestärken, dass sich Anstrengung lohnt.

Noten stellen eine explizite Form der Rückmeldung dar, die Jungen und Mädchen in der Schule erhalten. Sie sind bei weitem jedoch nicht die einzige. Gerade in einer Phase mit stärkeren Unsicherheiten und der Suche nach der eigenen Identität ist von einem sensiblen Gespür auch für subtilere Botschaften auszugehen. Dazu gehören offensichtlich verbale Äußerungen der Lehrkraft in der Klasse, wie häufig und zu welchen Gelegenheiten Schüler:innen aufgerufen werden, welche Aufgaben man ihnen überträgt, wie auch die Reaktionen auf ihre Einlassungen in die Unterrichtsinteraktion. Solche Reaktionen gehen bis zur Gestik und Mimik der Lehrperson, die über eine Unterrichtsstunde hinweg sicherlich schwer zu kontrollieren sind. Man sollte sich jedoch dessen bewusst sein, dass Kommunikation ein fortwährender (verbaler und nonverbaler) Prozess ist und dass diese Kommunikation ein bedeutsamer Einflussfaktor für die Entwicklung des Selbstkonzepts der Schüler:innen ist. Inhalt und Form der Kommunikation erreichen Mädchen und Jungen in der Klasse natürlich nicht ungebrochen, sondern durchlaufen den Filter der Interpretation. So zeigen einige Studien, dass Lob für eine korrekt gelöste Aufgabe bei jüngeren Schüler:innen wörtlich genommen und zu einer Attribution (s. Kap. 2.3) auf eine gute eigene Leistung verstanden wird, während kognitiv fortgeschrittenere Jugendliche dieselbe Information komplexer verarbeiten und in Relation zur wahrgenommenen Schwierigkeit der Aufgabe stellen. Wird sie als vergleichsweise leicht gesehen, ist das Ergebnis eher gegenteilig und der Effekt auf das Selbstbild negativ: Wer schon für das Lösen einer leichten Aufgabe gelobt wird, dürfte wohl eher leistungsschwach sein.

Mit der Selbstkonzept- und Identitätsentwicklung geht auch eine Art Profilbildung in den Interessen einher. Kompetenzen in, Interessen an und Vorlieben für einen Bereich schlagen sich mitunter negativ auf die Haltung gegenüber anderen Bereichen nieder. Lehrkräfte müssen davon ausgehen, dass ihre Schüler:innen nicht den Lehrangeboten in ihrer gesamten Breite Interesse entgegenbringen, sondern bestenfalls bestimmten Fächern oder Fächergruppen. Ist das nicht das eigene Fach, mag dies ein Ärgernis sein und vereinfacht das Unterrichten nicht gerade, es drückt jedoch nicht automatisch eine negative Einstellung zur Lehrperson aus. Wie ließe sich nun das Interesse von Schüler:innen, in den ersten Schuljahren allgemeiner an Schule und Lernen, in der weiterführenden Schule an einem weniger beliebten Fach, fördern? Sowohl in der Stage-Environment-Fit-Theorie (Eccles & Midgley, 1989) als auch in der Selbstbestimmungstheorie (Ryan & Deci, 2000; s. Kap. 2.7) schreiben die Autor:innen dem Erleben von Autonomie eine besondere Bedeutung zu. In einer verregelten Institution wie der Schule sind die Möglichkeiten, dass Inhalte nicht als fremdbestimmt erlebt werden, sicherlich begrenzt. Unterrichtspraktiken, die ein gewisses Maß an Diskussion und Mitbestimmung erlauben, wie Projektarbeiten oder Wochenpläne können jedoch dazu beitragen, Autonomieerleben und damit auch Interessen zu stärken. Ähnliches gilt für Gruppenarbeiten, bei denen Schüler:innen selbst den Ablauf des Geschehens mit beeinflussen können. Auch das Einholen gezielter Rückmeldungen von Schüler:innen kann diesen nicht nur das Gefühl geben, dass sie ihre Meinung sagen dürfen, sondern auch dass ihre Meinung von Belang ist. Entscheidend ist jedoch dabei, dass die Meinung der Jugendlichen tatsächlich ernst genommen wird.

Solche Erfahrungen von Autonomie kommen auch der angesprochenen Bedeutung, der Individualität von Schüler:innen Rechnung zu tragen, entgegen, ebenso wie der Förderung der, vor allem im Jugendalter, virulenten Prozesse der Identitätsentwicklung. Es wird gesucht und erprobt, teils im verbalen Austausch, teils im alltäglichen Verhalten, der Kleidung und den Peers, denen sich Jungen und Mädchen zuwenden. Für eine solche Exploration sind Freiräume erforderlich. Es können aber auch Anstöße gegeben werden, nicht im Sinne von Lösungsvorschlägen, sondern solche, die die Suche und das Probieren wie das Sammeln von Informationen anregen. Ganz explizit gehört dies laut Schulgesetzen und Lehrplänen etwa für die Berufsorientierung und die Entwicklung zu verantwortlichen, toleranten und aktiven Bürgern zu den Zielen von Schule.

Alle aufgeführten Aspekte im Auge zu behalten, ist Lehrkräften ohne Frage kaum in jeder Situation möglich. Es wäre aber schon hilfreich, mit den angesprochenen Überlegungen sensibilisiert für die Interaktionen im Klassenzimmer in den Unterricht zu gehen.

Take-Home-Message

- Selbstkonzepts-, Identitäts- und Persönlichkeitsentwicklung stellen zentrale Herausforderungen im Kindheits- und Jugendalter dar, mit Konsequenzen für schulische Leistungen ebenso wie für das psychische Wohlbefinden.
- Das Selbstkonzept als System kognitiver Repräsentationen von selbstbezogenen Informationen bestimmt, wie Schüler:innen Situationen bewerten und ihr eigenes Handeln regulieren. Für die Lernmotivation und schulische Leistungen ist vor allem das akademische Selbstkonzept bedeutsam.
- Zentrale Prozesse der Identitätsentwicklung stellen die Auseinandersetzung mit den Anforderungen und Möglichkeiten der eigenen Umwelt (Exploration) sowie das sich Festlegen auf bestimmte Optionen (Commitment) dar, wobei es für beide eine Reihe von Möglichkeiten gibt, sie anzuregen und zu fördern.

- Persönlichkeitseigenschaften beschreiben typische Reaktions- und Verhaltenstendenzen von Individuen. Auch im Kindes- und Jugendalter haben sich die sogenannten Big-Five mit den Dimensionen Offenheit, Extraversion, Neurotizismus, Gewissenhaftigkeit und Verträglichkeit als nützliche Beschreibungsdimensionen erwiesen.
- Wissen über die Entwicklungsverläufe und Einflussfaktoren kann einem als Lehrkraft helfen, sich der eigenen Rolle und Einflussnahme bewusst zu sein, normative ebenso wie abweichende Entwicklungen zu erkennen sowie Ideen für Handlungs- und Förderungsmöglichkeiten zu entwickeln.

4. Aufwachsen in einer diversen Gesellschaft

Stefanie Czempiel & Katharina Eckstein

Fallbeispiel: Lehrerin Frau Müller

Frau Müller ist Klassenlehrerin einer fünften Klasse in einer Gemeinschaftsschule (Schule von der ersten Klasse an mit mehreren Bildungsgängen und Schulabschlüssen) im großstädtischen Umfeld. Das Einzugsgebiet umfasst ein Neubauviertel mit Wohnblöcken und Einfamilienhäusern. Frau Müller unterrichtet die Fächer Deutsch und Geschichte. Sie hat im letzten Jahr die 2. Ausbildungsphase, den Vorbereitungsdienst, als Lehrerin abgeschlossen und ist nun in ihrem ersten Berufsjahr. Frau Müller ist zunächst voller Enthusiasmus und freut sich über die Aufgabe, eine „bunte Truppe" zu einer Klassengemeinschaft zusammenzuführen, die zusammenhält, sich respektiert und gegenseitig unterstützt. Das erste Halbjahr ist vergangen, Frau Müller konnte ihre Klasse kennenlernen, die als fünfte Klasse neu zusammengestellt wurde. Hier ein kleiner Eindruck von Frau Müllers Klasse: Die Klasse 5a besteht aus 25 Schüler:innen; es sind 12 Mädchen und 13 Jungen. In erster Linie fällt Frau Müller die große Bandbreite in den schulischen Leistungen in ihrer Klasse auf. Besonders die Lesekompetenz sei sehr unterschiedlich. Als Frau Müller den Kindern die Aufgabe gegeben hatte, ihr Lieblingsbuch vorzustellen, kam heraus, dass die Hälfte der Kinder noch nie ein Buch vollständig gelesen hatte. Das hat Frau Müller schockiert. Finja hat eine LRS-Diagnose und Noah hat eine diagnostizierte Aufmerksamkeits-Hyperaktivitäts-Störung ohne sonderpädagogisches Gutachten. Er ist impulsiv, spricht oft laut in die Klasse und wird manchmal aggressiv gegenüber anderen, wenn etwas nicht so läuft, wie er es haben will. Aaliyahs Eltern sind beide in der Türkei geboren. Aaliyah ist eine sehr stille Schülerin und hat erhebliche Schwierigkeiten beim Lernen; bei ihr steht ein sonderpädagogisches Gutachten im Förderschwerpunkt Lernen noch aus. Zwei syrische Kinder, die schon mehrere Jahre in der Stadt leben, können sehr gut Deutsch lesen und schreiben. Auch von anderen Fachlehrer:innen gibt es positive Rückmeldungen zu den Leistungen von Jamila und Yazan. Über den Verlauf des ersten Schuljahres fühlt sich Frau Müller oft verunsichert und überfordert mit der Klassenführung. Sie empfindet ihre Klasse als sehr unruhig in Phasen des lehrerzentrierten Unterrichtens und auch während der Einzelarbeitsphasen an vorbereiteten Aufgabenblättern. Frau Müller weiß nicht, wie sie der Diversität in ihrer Klasse gerecht werden soll. Dabei möchte sie alle Kinder bestmöglich unterstützen. Welche Ansätze könnten hilfreich sein?

4.1 Einleitung

Neben der Familie verbringen junge Menschen an kaum einem anderen Ort so viel Zeit wie in der Schule. Dabei ist Schule nicht nur ein Lernort, sondern auch ein relevanter Entwicklungs- und Sozialisationskontext, in dem junge Menschen mit unterschiedlichen persönlichen, sozialen oder kulturellen Hintergründen aufeinandertreffen. Somit spiegelt Schule auch das breitere soziale Umfeld, in dem junge Menschen aufwachsen, wider (z. B. ihre Nachbarschaft oder ihren Stadtteil) und ermöglicht es dadurch, gesellschaftliche Prozesse im Kleinen zu erfahren. In dieser ‚Miniaturgesellschaft' der Schule sammeln junge Menschen somit unter anderem Erfahrungen im Umgang mit Diversität und Offenheit oder gegebenenfalls auch Diskriminierung und Intoleranz. Darüber hinaus hat Schule im Rahmen ihres Bildungsauftrages das explizite Ziel, junge Menschen zu weltoffenen, toleranten und demokratischen Bürger:innen zu erziehen (z. B. § 2 des Thüringer Schulgesetzes; ThürSchulG, 2021). Die Vermittlung von gesellschaftspolitischen Inhalten und demokratischen Prinzipien ist daher auch Teil des offiziellen schulischen Lehrplans. Es ist das Ziel dieses Kapitels, einen Überblick über den Umgang mit und das Erleben von Diversität im Kontext Schule zu geben, um auf dieser Grundlage die Auswirkungen auf die persönliche, schulische und soziale Entwicklung junger Menschen darzulegen. Dabei werden vor allem zwei Dimensionen von Diversität im schulischen Umfeld vertiefend besprochen: (1) Diversität und inklusive Schule in Hinblick auf die Diversitätsdimension Behinderung und (2) Diversität in Bezug auf die Diversitätsdimension der ethnischen/kulturellen Herkunft und der Nationalität.

4.1.1 Aspekte von Diversität und Inklusion

Bei der Betrachtung von Diversität werden in Forschung und Praxis häufig die Kerndimensionen Alter, Geschlecht, ethnische Herkunft und Nationalität, soziale Herkunft, sexuelle Orientierung und Identität, sowie geistige und körperliche Fähigkeiten genannt. Dabei ist jedoch zu berücksichtigen, dass diese nicht isoliert nebeneinanderstehen, sondern jede Person verschiedene Facetten von Diversität ausmachen, die wiederum miteinander verknüpft sind (*Intersektionalität*). Auch sollte unterschieden werden, ob Diversitätsmerkmale von außen zugeschrieben werden oder ob Personen sich selbst damit identifizieren. Vor allem für Jugendliche ist die Suche nach der eigenen Identität eine zentrale Entwicklungsaufgabe (s. Kap. 3), die auch Fragen nach einer diversitätsbezogenen Identität (z. B. kulturelle Identität, geschlechtliche Identität) hervorbringt. Jugendliche Schüler:innen sind daher durchaus empfänglich für diversitätsbezogenen Themen. Zugleich haben sich diversitätsbezogene Einstellungen oft vor dem Eintritt in das Jugendalter weitgehend gefestigt. Das gilt vor allem für Einstellungen gegenüber Personengruppen, die einer gesellschaftli-

Intersektionalität

chen Minorität angehören. Empirische Studien zeigen, dass Grundschulkinder bereits stabile Vorurteile etwa in Bezug auf den ethnisch-kulturellen Hintergrund, Behinderung oder das Geschlecht von Personen berichten (Rabe & Beelmann, 2011). Diese nehmen über den Verlauf des Kindes- und Jugendalters weiter zu (Crocetti et al., 2021). Neben der Offenheit für diversitätsbezogene Themen haben sich somit im Jugendalter zugleich robuste soziale Stereotype und Vorurteile herauskristallisiert.

Inklusion

Ein mit Diversität eng verbundener Begriff ist *Inklusion*. In einem weiten Verständnis des Begriffs strebt Inklusion an, die gesellschaftliche Teilhabe aller sicherzustellen und somit einer Benachteiligung für marginalisierte Gruppen entgegenzuwirken. Inklusion ist demnach ein politischer Prozess, der an Menschenrechten und demokratischen Werten orientiert und eng mit Demokratieentwicklung verbunden ist. Im engeren Sinne bezieht sich Inklusion auf die Förderung sozialer Teilhabe und gesellschaftlicher Partizipation von Menschen mit Behinderungen gemäß der UN-Behindertenrechtskonvention (Kracke, 2014). Dies umfasst im Besonderen die inklusive Gestaltung des Bildungssystems als wichtigen Entwicklungskontext für Kinder und Jugendliche (Artikel 24, UN-Behindertenrechtskonvention). Für die Pädagogik ist Inklusion eine zentrale Leitidee, die auf die partizipative Gestaltung von Gemeinschaft in Akzeptanz der Diversität zielt: „Inklusion wird als Prozess (nicht Ergebnis) des Eingehens auf die Verschiedenheit des Bedarfs aller Lernenden gesehen, durch Erhöhung der Teilhabe an Lernprozessen, Kulturen und Gemeinschaften und die Reduzierung von Ausschlüssen aus dem Bildungswesen und innerhalb des Bildungswesens" (Biewer, 2010, S. 124 f.).

Integration

Der Begriff *Integration* steht ebenfalls im engen Zusammenhang mit Diversität. Jedoch zeigen sich begriffliche Akzentuierungen je nach betrachtetem Forschungsbereich. Im Zusammenhang von Bildungschancen von Menschen mit Behinderungen war der Begriff Integration lange gebräuchlich, wird aber inzwischen mit der sog. Zwei-Gruppen-Theorie verbunden, also der Vorstellung, dass es zwei Gruppen – zumeist eine Minorität und eine Majorität – gibt, die sich aufgrund einer Kategorie unterscheiden. Im Gegensatz dazu impliziert der Begriff Inklusion die Anerkennung und Wertschätzung von Vielfalt. Im inklusiven Verständnis ist das Ziel, die Unterschiede aller Beteiligten ohne Zuschreibung von Kategorien wahrzunehmen und das System, z. B. die Schule, an die verschiedenen Bedürfnisse anzupassen, nicht umgekehrt. In der Migrationsforschung beschreibt Integration ein Merkmal des Akkulturationsprozesses (Veränderungen infolge des Aufeinandertreffens verschiedener Kulturen). Integration ist gegeben, wenn Personen mit Migrationserfahrung sich nicht nur an die Werte, Normen und Praktiken der Mehrheitskultur anpassen (Assimilation), sondern zugleich auch Charakteristika ihrer Herkunftskultur aufrechterhalten können (Berry et al., 2006).

4.1.2 Entwicklungskontext Schule

Das Jugendalter ist eine Phase, in der sowohl die Auseinandersetzung mit als auch das Verständnis von gesellschaftlichen und politischen Themen rasant zunimmt (Impressionable Years Hypothese; Sears & Levy, 2003). Angeregt wird diese Entwicklung vor allem durch die für diese Altersphase charakteristischen kognitiven, sozial-kognitiven und identitätsbezogenen Veränderungen (Metzger & Smetana, 2010). Im Zuge dieser können nicht nur abstraktere Themen und Diskurse besser verstanden werden, es treten auch Fragen nach der eigenen sozialen und politischen Identität deutlicher hervor (Fend, 2003). Diese Entwicklung ist stark verwoben mit den alltäglichen Erfahrungen, die junge Menschen in ihrem unmittelbaren Umfeld machen, wobei neben der Familie und dem Freundeskreis der Schule eine zentrale Bedeutung zugesprochen wird.

Gemäß Bildungsauftrag haben Schulen nicht nur den Anspruch, Fachwissen und unterrichtsbezogene Kompetenzen zu vermitteln, sondern auch die politische und soziale Entwicklung junger Menschen zu begleiten (Eckstein & Noack, 2018). Somit ist Schule ebenfalls ein relevanter Ort der demokratischen Bildung und Erziehung, mit dem Ziel junge Menschen auf das Zusammenleben in einer offenen und pluralistischen Gesellschaft vorzubereiten. In diesem Sinne fungiert Schule als Modell der Gesellschaft und setzt einen Rahmen, in dem Kinder und Jugendliche lernen, der Vielfalt von Menschen zu begegnen, Bedürfnisse von anderen zu berücksichtigen und miteinander verantwortungsvoll umzugehen (Eckstein et al., 2021). Schule beeinflusst Lernen und Entwicklung auf unterschiedliche Art und Weise, wobei vor allem formal-curriculare von informellen Lernerfahrungen unterschieden werden. Unter die formal-curricularen Lernerfahrungen wird dabei die explizite und intendierte Vermittlung von gesellschaftspolitischen Inhalten und demokratischen Prinzipien subsummiert. Dies beinhaltet sowohl den politisch-bildenden Unterricht in Form eines separaten Schulfachs (z. B. Sozialkunde in Thüringen oder Gemeinschaftskunde in Sachsen) als auch mittels fachübergreifender Lernformate. Curriculare Faktoren umfassen sowohl strukturelle (z. B. Stundenanzahl) als auch inhaltliche (z. B. im Unterricht besprochene Themen) und methodische Aspekte (z. B. konkrete Lehr- und Lernmethoden). Obwohl es eine Reihe empirischer Hinweise auf Zusammenhänge zwischen strukturellen, inhaltlichen und methodischen Merkmalen der curricularen politischen Bildung an Schulen und dem gesellschaftspolitischen Wissen, Einstellungen (z. B. Niemi & Junn, 1998) sowie Verhaltensbereitschaften (z. B. politisches Engagement, Wray-Lake & Sloper, 2016) von Schüler:innen gibt, wird deren Bedeutung für das Erreichen der gesetzten schulischen Bildungsziele nach wie vor kontrovers diskutiert (Detjen, 2015). So stehen den Befunden Ergebnisse gegenüber, die die Wirksamkeit von curricularer politischer Bildung nicht bestätigen konnten (z. B. Noack, 2006; Strohmeier et al., 2007).

Jenseits des offiziellen Curriculums stellen nonformale und informelle Merkmale des Schulkontexts einen weiteren als wesentlich betrachteten Wirkfaktor dar. Die entsprechenden Lernprozesse sind im Gegensatz zu formalen häufig beiläufig und teils nicht intendiert. So können zum Beispiel auf den ersten Blick unpolitische Erfahrungen, wie das Verteidigen des eigenen Standpunkts vor der Klasse oder das Aushandeln eines Kompromisses zwischen Schüler:innen und Lehrenden eine Form des demokratischen Kontakts und Miteinanders darstellen. Zudem bietet der Schulkontext über den Klassenrat, die Wahl der Klassensprecher:innen, Schüler:innenparlamente oder extracurriculare Angebote oft zahlreiche weitere Möglichkeiten, Erfahrungen mit demokratischen Strukturen und Prinzipien zu sammeln. Diese erlauben es Schüler:innen wiederum, politische Prozesse ‚im Kleinen' zu erfahren und können auf diesem Weg ihre Sicht auf gesellschaftliche und politische Themen beeinflussen. In der Tat zeigt sich, dass das Erleben eines demokratischen, partizipativen und sozial-inklusiven Schulkontexts soziale und politische Einstellungen, Interessen und Verhaltensbereitschaften im Jugendalter beeinflusst (Eckstein & Noack, 2018). Theoretisch lässt sich die Wirkung solch nonformaler schulischer Erfahrungen unter anderem über Prozesse des sozialen Lernens erklären. Schulen spiegeln darüber hinaus auch das soziale Umfeld wider, in dem junge Menschen aufwachsen. So bringt Schule junge Menschen mit unterschiedlichem Hintergrund zusammen und fördert somit das Lernen über soziale Interaktion oder Gruppenprozesse (Dessel, 2010). Ein Aspekt, der in diesem Zusammenhang häufig berücksichtigt wird, ist zum Beispiel die ethnisch-kulturelle Zusammensetzung von Schulen. Im Einklang mit traditionellen sozialpsychologischen Theorien können kulturell diverse Schulen nicht nur zur Bildung einer gemeinsamen Schul- oder Gruppenidentität beitragen (Gaertner & Dovidio, 2000), sondern auch Möglichkeiten für positive Kontakte zwischen den Schüler:innen unterschiedlicher Hintergründe bieten (Allport, 1954). Als solche liefern diverse Schulsettings Möglichkeiten, Normen der Toleranz und des Respekts direkt umzusetzen, was wiederum zur Entwicklung positiverer Intergruppeneinstellungen und -beziehungen beitragen kann (Thijs & Verkuyten, 2014).

Soziales Lernen
Kontexte, wie z. B. das familiäre oder schulische Umfeld, beeinflussen Entwicklung unter anderem durch Prozesse des *Sozialen Lernens.* Soziales Lernen wird dabei in erster Linie mit den Arbeiten von Bandura zum *Lernen am Modell* in Verbindung gebracht (Sozial-Kognitive Lerntheorie; Bandura, 1977, s. auch Kap. 1). Ausgehend von der Forschung zur Nachahmung aggressiver Verhaltensweisen bei Kindern, konnte gezeigt werden, dass Lernen nicht nur durch direkte Erfahrungen in der Interaktion mit anderen stattfindet, sondern auch durch das Beobachten anderer initiiert wird (*Beobachtungslernen*). Besonders nahestehende Personen wie Eltern und Freund:innen aber auch Lehrende oder Mitschüler:innen können somit wichtige Rollenvorbilder (Modelle) sein, deren Einstellungen und Verhaltensweisen die Entwicklung junger Menschen beeinflussen. Lernen findet somit in der ständigen Auseinandersetzung mit der Umwelt statt, wobei Banduras Ansatz Lernen zugleich als einen aktiven und kognitiv gesteuerten Prozess betrachtet (Bandura, 1986).
Annahmen zum sozialen Lernen sind darüber hinaus aber auch in der sozialpsychologischen Forschung zu Intergruppenbeziehungen verwurzelt (Over & McCall, 2018). Im Zuge der *Kontakthypothese* zeigte Allport (1954), dass Kontakt zwischen Mitgliedern verschiedener Gruppen vermittelt über Prozesse des sozialen Lernens, Einstellungen und Beziehungen zwischen Gruppenmitgliedern beeinflussen kann. Intergruppenkontakt ist des Weiteren besonders förderlich, wenn die Gruppenmitglieder während des Kontakts einen gleichwertigen Status besitzen, gemeinsame Ziele verfolgen, zur Erreichung ihrer Ziele kooperieren und von Autoritäten unterstützt werden. Meta-analytische Arbeiten konnten die Annahmen der Kontakthypothese in Bezug auf Intergruppenbeziehungen weitgehend bestätigen (Pettigrew & Tropp, 2006).

4.2 Diversität im schulischen Kontext

4.2.1 Diversität und inklusive Schule in Hinblick auf die Diversitätsdimension von Behinderung

Sonderpädagogischer Förderbedarf

Deutschland entwickelt im europäischen Vergleich nur langsam ein inklusiveres Bildungssystem, wie die jährlich veröffentlichten bildungsstatistischen Analysen der Bertelsmann-Stiftung zeigen (Klemm, 2022). Laut einer Studie basierend auf Daten aus dem Schuljahr 2020/21 liegt die Förderquote bei 7,7 %, das heißt, knapp 8 Prozent aller Schüler:innen in Deutschland (in absoluter Zahl: 567.908 Schüler:innen) wurde sonderpädagogischer Förderbedarf (SPF) attestiert. Die Inklusionsquote liegt mit 3,5 % (Schüler:innen mit SPF, die an allgemeinen Schulen lernen) unter der Exklusionsquote von 4,3 % (Schüler:innen mit SPF, die an Sonderschulen unterrichtet werden). Der Inklusionsanteil sagt aus, wie viele der Schüler:innen mit SPF an allgemeinen Schulen lernen: 44,7 % (absolut: 254.051 Kinder und Jugendliche). Die Verteilung der Förderschwerpunkte zeigt, dass *Lernen* mit 39,9 % der häufigste Förderschwerpunkt ist, gefolgt von Förderbedarf in der *emotional-sozialen Entwicklung* mit 18,1 % und in der *geistigen Entwicklung* mit 17,5 %. Den Förderschwerpunkt *Sprache* haben 10,4 % der Schüler:innen mit SPF und *körperlich-motorische Entwicklung* 6,9 %. Der Förderschwerpunkt *Hören* kommt in 3,8 % der Fälle vor und *Sehen* zu 1,7 %. 1,6 % der Fälle sind übergreifende Förderschwerpunkte oder ohne Zuordnung. Im zeitlichen Vergleich zum Schuljahr 2008/09 zeigt sich, dass inzwischen mehr Kinder und Jugendliche ein sonderpädagogisches Gutachten ausgestellt bekommen haben. Zugleich konnte die Zahl der Förderschulen und Schüler:innen an Förderschulen gesenkt werden. Zwischen den Bundesländern gibt es deutliche Unterschiede: in Sachsen-Anhalt ist die Exklusionsquote mit 6,5 % am höchsten, in Bremen mit 0,8 % am niedrigsten (Klemm, 2022). Die Förderquoten variieren erheblich zwischen den verschiedenen Schularten: Inklusion wird vor allem an Grund- und Gesamtschulen realisiert und ist an Gymnasien eher eine Ausnahme.

Sonderpädagogischer Förderbedarf

Sonderpädagogischer Förderbedarf (SPF) ist die schulische Kategorie für Behinderung (Sturm, 2016). Laut Kultusministerkonferenz (KMK, 1994) liegt SPF vor, wenn Kinder und Jugendliche „in ihren Bildungs-, Entwicklungs- und Lernmöglichkeiten so beeinträchtigt sind, dass sie im Unterricht der allgemeinen Schule ohne sonderpädagogische Unterstützung nicht hinreichend gefördert werden können“ (S. 5). Diese Definition ist unscharf und liegt damit im Ermessen von Lehrkräften, Sonderpädagog:innen und Gutachter:innen. Deutschlandweit gibt es keine einheitlichen Standards zur Zuschreibung von SPF. Das erklärt die teilweise sehr variierenden Förderquoten in Bundesländern und Landkreisen.

Behinderung

Behinderung ist alltagssprachlich und fachwissenschaftlich ein vielschichtiger Begriff. Das medizinische Modell versteht Behinderung als Schädigung des Körpers, der eine Dysfunktion in Abweichung vom gesunden Körper darstellt, und damit als eher individuelles Merkmal einer Person. Das soziale Modell, das die *Disability Studies* vertreten, sieht dagegen die Ursache von Behinderung in gesellschaftlichen Benachteiligungen

und Rahmenbedingungen. In diesem Verständnis entsteht eine Behinderung durch fehlende Anpassung des Umfelds an das Individuum. Für die Gestaltung von Schule und Lernarrangements ist das soziale Modell von Behinderung maßgeblich.
Befunde zur Leistungsentwicklung von Schüler:innen mit und ohne sonderpädagogischen Förderbedarf in inklusiven Schulkontexten liegen aus groß angelegten Vergleichsstudien des Instituts zur Qualitätsentwicklung im Bildungswesen (IQB) vor (Kocaj et al., 2014; Kuhl, Kocaj & Stanat, 2022). Es zeigt sich, dass inklusive Settings besonders für Schüler:innen mit den sonderpädagogischen Förderschwerpunkten Lernen, Sprache und emotional-soziale Entwicklung lernförderlicher sind als Förderschulen. In inklusiven Klassen erreichen Schüler:innen mit SPF etwas höhere Schulabschlüsse als Gleichaltrige in Förderschulen (Hollenbach-Biele & Klemm, 2020). Vermutet wird, dass sich der höhere Anregungsgehalt durch ein generell höheres Anforderungsniveau, höhere Erwartungen der Lehrkräfte und durch Rollenmodelle der Schüler:innen ohne Förderbedarf positiv auf die Leistungsentwicklung auswirkt. Eine weitere zentrale Erkenntnis ist, dass Schüler:innen ohne SPF in ihrer Leistungsentwicklung in Unterrichtssettings mit Schüler:innen mit SPF nicht benachteiligt werden (Kuhl, Kocaj & Stanat, 2022).

Mit Blick auf psychosoziale Outcomes wie motivationale Aspekte (z. B. akademisches Selbstkonzept) und soziale Eingebundenheit sind die Ausprägungen für Schüler:innen mit SPF in allgemeinen Schulen geringer als in Förderschulen (Ruijs & Peetsma, 2009). Diese Unterschiede zeigen längsschnittliche Untersuchungen allerdings weniger deutlich als Querschnittsbefragungen (Neumann et al., 2017). Diese Befunde sind insofern nicht überraschend, da allgemeine Schulen als Entwicklungskontext durch eine höhere Heterogenität gekennzeichnet sind, v. a. in Bezug auf Schulleistungen. Dies kann Einfluss auf das Selbstkonzept von Schüler:innen mit SPF haben (z. B. durch den Bezugsgruppeneffekt), die aber ein realistischeres Selbstbild in Auseinandersetzung mit dem sozialen Umfeld entwickeln als in kleineren Klassen an Sonderschulen (Schonraum-Argument).

Für die Effekte von inklusiven Settings auf Kinder und Jugendliche ohne SPF ist die Befundlage im Hinblick auf psychosozialen Outcomes nicht eindeutig. Es gibt zum einen Studien, die keine Unterschiede finden, und zum anderen Studien, die Unterschiede zeigen, die aber gering ausfallen. So fanden z. B. Kuhl, Kocaj & Stanat (2022) und Schwab und Kolleg:innen (2015) keine Unterschiede in der Lernmotivation, im akademischen Selbstkonzept, der sozialen Integration und im schulischen Wohlbefinden in inklusiven Settings gegenüber Klassen ohne Schüler:innen mit SPF. Andere Untersuchungen wiederum zeigen, dass Schüler:innen ohne SPF in inklusiven Klassen eine geringere Lernmotivation und mehr Verhaltensauffälligkeiten aufweisen können, besonders wenn Schüler:innen mit dem Förderschwerpunkt sozial-emotionale Entwicklung in der Klasse unterrichtet werden (Gottfried, 2014). Auch eine repräsentative Studie mit IQB-Ländervergleich-Daten aus dem Jahr 2011 zeigt ungünstige Effekte bei Schüler:innen ohne SPF, die in der 4. Klassen zusammen mit Schüler:innen mit dem Förderschwerpunkt emotional-soziale Entwicklung unterrichtet werden: Kinder ohne SPF gaben ein geringeres Selbstkonzept im Fach Deutsch, eine geringere Lernfreude und mehr Langeweile an (Kuhl, Kocaj & Stanat, 2022). Diese Effekte fallen aber gering aus. Im Längsschnitt kann sich dadurch in Grundschulklassen das Klassenklima ungünstig entwickeln im Vergleich zu Parallelklassen ohne Schüler:innen mit dem Förderschwerpunkt emotional-soziale Entwicklung (Textor, 2015), in denen externalisierende problematische Verhaltensweisen und Unterrichtsstörungen seltener vorkommen.

Zur Erklärung der unterschiedlichen Befunde lassen sich die Kompetenzen der Lehrkräfte heranziehen. So zeigte Gottfried (2014) in US-amerikanischen Schulen, dass es auf die Lehrkraft ankommt. Wenn Lehrkräfte mehr Berufserfahrung mit Schüler:innen mit SPF hatten und mehr Fortbildungen besucht hatten, gab es geringere negative Effekte durch die Anwesenheit von Schüler:innen mit SPF. Ebenso zeigte Huber (2011), dass sich Lehrerfeedback sowohl eher förderlich als auch eher hinderlich auf Inklusion auswirken kann. Achten Lehrkräfte auf einen wertschätzenden Umgang in der Klasse und geben mehr positives als negatives Feedback, fühlten sich alle in der Klasse unabhängig von ihrer Leistungsfähigkeit wohl.

Soziale Integrationsprozesse

Zur Erklärung sozialer Integrationsprozesse in einer Schulklasse oder Gruppe sind zwei Theorien wichtig, die sich widersprechende Annahmen und Voraussagen machen: Die Theorie der sozialen Vergleichsprozesse (Festinger, 1954) und die Theorie integrativer Prozesse (Reiser, Klein & Kreie, 1986). Die Theorie der sozialen Vergleichsprozesse geht davon aus, dass sich Menschen mit anderen vergleichen, um mehr über eigene Fähigkeiten herauszufinden und sich in einer Gruppe einzuordnen. Dabei vergleichen sich Menschen bevorzugt mit in relevanten Dimensionen ähnlichen Personen. Gelingt es nicht, Ähnlichkeiten festzustellen, wird sich die Person ausgeschlossen fühlen oder bestrebt sein, die Gruppe zu verlassen. Im Gegensatz dazu sagt die Theorie integrativer Prozesse aus, dass je höher die Heterogenität einer Gruppe ist, desto weniger wahrscheinlich seien Ausgrenzungsprozesse, da die hohe Diversität der Gruppe individuelle Unterschiede nicht mehr zum Tragen bringt und der Anpassungsdruck minimiert wird. Beide Theorien sind zusammen zu denken und vereinbar, wenn man ihren Hintergrund betrachtet: Die Theorie der sozialen Vergleichsprozesse beschreibt ein sozialpsychologisches Phänomen, das unabhängig vom Kontext Schule auftritt. Die Theorie integrativer Prozesse entstammt der Pädagogik und ist an Werten orientiert. Dass sich der schulische Kontext pädagogisch bewusst gestalten lässt und es auch hier auf die Kompetenzen der Lehrkraft ankommt, zeigen empirische Befunde dazu (Huber, 2011). Frau Müller aus dem Fallbeispiel am Anfang des Kapitels könnte mit beiden Theorien auf ihre Klasse schauen.

Langfristige Wirkungen inklusiver Settings zeigt die Langzeitstudie von Eckhart und Kolleg:innen (2011), die junge Erwachsene befragt haben, die bereits als Kinder mit SPF im Lernen in der Primarstufe in Regelschulen vs. Sonderschulen unterrichtet wurden. Im Alter von 18 Jahren hatten die jungen Erwachsenen, die eine inklusive Schulen besucht hatten, deutlich häufiger einen Schulabschluss erreicht, waren in höhere Ausbildungsgänge aufgenommen, verfügten über größere soziale Netzwerke, ein höheres allgemeines Selbstwertgefühl und höhere Fähigkeitsselbstkonzepte.

Zusammenfassend kann angenommen werden, dass eine inklusive Schule und ein inklusiver Unterricht einen Entwicklungskontext bieten können, der es allen Kindern und Jugendlichen ermöglicht, Erfahrungen mit Diversität zu sammeln und dabei auch zu erleben, dass sie selbst als Individuen wahr- und angenommen werden. Dafür ist entscheidend, wie differenziert, verbindend und unterstützend die Lehrkraft den Unterricht gestaltet. Die Förderung sozialer Kompetenzen und sozialer Eingebundenheit sowie die Akzeptanz von Vielfalt sind klar formulierte Ziele inklusiver Unterrichtsgestaltung, auf die in Kap. 4.3 näher eingegangen wird.

4.2.2 Ethnisch-kulturelle Diversität und Nationalität

Mehr als ein Drittel aller Schüler:innen an deutschen Schulen besitzt nach Angaben offizieller Statistiken einen Migrationshintergrund (d. h., sie selbst oder mindestens ein Elternteil wurden nicht mit deutscher Staatsangehörigkeit geboren; Destatis, 2023). Kulturelle Diversität gehört somit zum Alltag der meisten Schulen, wobei jedoch zu berücksichtigen ist, dass es starke regionale Schwankungen gibt, vor allem zwischen den ostdeutschen und den westdeutschen Bundesländern (Destatis, 2023). Zugleich verdeutlichen nationale und internationale Vergleichsstudien wiederholt, dass Schüler:innen mit Migrationserfahrung in Hinblick auf ihre schulische Leistungsentwicklung schlechter abschneiden als Schüler:innen ohne Migrationserfahrung. Dies spiegelt sich unter anderem in den Noten, den fachspezifischen Kompetenzen, der besuchten Schulform oder dem erreichten Schulabschluss wider und ist im internationalen Vergleich in Deutschland besonders stark ausgeprägt (OECD, 2019). Bei den Befunden ist jedoch zu berücksichtigen, dass sie auch im Zusammenhang mit sozialen und wirtschaftlichen Hintergrundfaktoren stehen (z. B. finanzielle Situation, Bildungsgrad der Eltern, zuhause gesprochene Sprache; OECD, 2019) und Bildungsungerechtigkeit somit stets in ihrer Vielschichtigkeit betrachtet werden sollte. Wie eingangs erläutert wird dem Mikrokontext Schule eine zentrale Rolle in der Vorbereitung auf das Zusammenleben in einer diversen Gesellschaft zugeschrieben. Schulische Erfahrungen werden vor diesem Hintergrund kontrovers diskutiert. Zum einen zeigt sich, dass Schule ein Ort ist, an dem junge Menschen mit Migrationshintergrund frühe Erfahrungen mit Diskriminierung und Rassismus machen (Beigang et al., 2017). Zum anderen können diverse Schulkontexte jedoch auch zahlreiche Chancen eröffnen, etwa dass Schüler:innen verschiedener kultureller und ethnischer Hintergründe gemeinsam voneinander und miteinander lernen.

Im Einklang mit sozialpsychologischen Theorien zu Intergruppenbeziehungen (z. B. Kontakthypothese; s. Kasten S. 88) zeigt sich, dass kulturell diverse Schulsettings durchaus mehr Möglichkeiten für positive Intergruppenkontakte liefern, was wiederum Vorurteile reduzieren und Toleranz gegenüber verschiedenen Lebensstilen, Traditionen oder religiösen Überzeugungen fördern kann (Miklikowska et al., 2021). Und auch wenn Schüler:innen dazu neigen, Freundschaften innerhalb der eigenen sozialen oder kulturellen Gruppe zu schließen (Zander, 2022), ist die absolute Zahl an interethnischen Freundschaften in diversen Schulsettings dennoch höher (Thijs & Verkuyten, 2014). Generell bleibt jedoch festzuhalten, dass das Befundmuster hinsichtlich der Auswirkung kultureller Diversität für die schulische, soziale und emotionale Entwicklung von Schüler:innen komplex ist, da die Effekte im Wesentlichen von den konkreten schulischen Bedingungen abhängen und vor diesem Hintergrund betrachtet werden sollten.

Der Umgang mit ethnisch-kultureller Diversität kann dabei bewusst im Rahmen des Unterrichts thematisiert und mit Lerninhalten verknüpft sein oder auch ganz beiläufig durch das vorherrschende Schul- und Klassenklima transportiert werden (s. Kap. 4.1.2). In Bezug auf letzteres werden in der Literatur vor allem zwei Ansätze unterschieden: (1) die Schaffung eines Klimas der Gleichberechtigung und Inklusion sowie (2) die Betonung und Wertschätzung kultureller Vielfalt (kultureller Pluralismus; Schachner, 2019). Der erste Ansatz hat das primäre Ziel, kulturelle Unterschiede zu überwinden und Gemeinsamkeiten zwischen allen Schüler:innen hervorzuheben, um somit ein gerechtes und faires Schulumfeld zu schaffen und Diskriminierungserfahrungen vorzubeugen. Der zweite Ansatz hingegen fokussiert die Betonung und Wertschätzung kultureller Vielfalt. In diesem Sinne werden diverse Klassen als eine Ressource betrachtet, die es ermöglicht, etwas über kulturelle Vielfalt zu lernen (z. B. über unterschiedliche Bräuche oder Traditionen) und das kulturelle Bewusstsein der Schüler:innen zu schärfen (Pevec & Schachner, 2020). Beide Ansätze können dazu beitragen, schulische Bedingungen zu schaffen, die einen positiven Kontakt zwischen Schüler:innen verschiedener ethnisch-kultureller Hintergründe begünstigen. Das kann beispielsweise durch gemeinsame Ziele in Gruppenarbeiten oder kooperative Lernformate, welche ein Klima der Gleichberechtigung und Inklusion stärken, geschehen oder auch durch das Bewusstsein und Interesse Lehrender an Diversität, welche die Wertschätzung kultureller Vielfalt betont. Der Umgang mit Diversität wird daher in fast allen Bereichen des schulischen Alltags reflektiert, wie dem Miteinander unter Schüler:innen, den Beziehungen zwischen Schüler:innen und Lehrenden, den geteilten Normen in der Klasse oder auch der Schulkultur (Pevec & Schachner, 2020). Eine wachsende Zahl an wissenschaftlichen Studien spricht für die positive Wirkung der beiden Ansätze Gleichbehandlung und Inklusion sowie Wertschätzung kultureller Vielfalt mit Blick auf die persönliche (z. B. psychisches Wohlbefinden, schulische Verbundenheit und Motivation) und die soziale (z. B. interethnische Freundschaften, tolerante Einstellungen) Entwicklung von Schüler:innen. Zugleich ist die Befundlage vielschichtig. So zeigen sich teils differenzielle Effekte des Ansatzes der Gleichbehandlung/Inklusion und Wertschätzung kultureller Vielfalt für Schüler:innen mit und ohne Migrationserfahrung oder in Abhängigkeit des betrachteten Outcomes (für einen Überblick s. Schachner, 2019). Aktuelle Arbeiten weisen zudem darauf hin, dass vor allem eine dynamische Kombination aus beiden Ansätzen vorteilhaft ist, indem beispielsweise ein Klima der Gleichbehandlung/Inklusion die Grundlage für ein Klima der Wertschätzung kultureller Vielfalt schafft (Pevec & Schachner, 2020). Wichtig ist dabei, dass kulturelle Zugehörigkeiten weder ausgeblendet (Konzept der Colorblindness) noch zu sehr stereotypisiert werden. Vielmehr sollten ethnische und kulturelle Zugehörigkeiten als dynamisch, interaktiv und facettenreich erlebt werden (Polykulturalismus; Schachner, 2019).

Lehrenden kommt bei der Umsetzung eines diversitätssensiblen Miteinanders eine Schlüsselfunktion zu. Diese erweist sich zudem als vorteilhaft für Lehrende selbst. So konnte gezeigt werden, dass die

Wertschätzung kultureller Vielfalt mit einer erhöhten Selbstwirksamkeit und Motivation bei (angehenden) Lehrenden einhergeht, in kulturell diversen Schulsettings zu unterrichten (Hachfeld et al., 2015). Ein bewusster und reflektierter Umgang von Lehrenden mit diversitätsbezogenen Themen erscheint nicht zuletzt vor dem Hintergrund relevant, dass zwar die meisten Schulklassen kulturell divers sind, jedoch nur ca. 13 % des Lehrpersonals selbst einen Migrationshintergrund besitzt (Mediendienst Integration, 2022).

Zusammenfassend unterstreichen sowohl theoretische Annahmen als auch empirische Befunde, dass ein kulturell diverses Schulumfeld Herausforderungen aber auch Chancen mit sich bringen. Zur Förderung eines offenen und toleranten Miteinanders können verschiedene Ansätze herangezogen werden, wie die Schaffung eines Klimas der Gleichbehandlung und Inklusion sowie der Wertschätzung kultureller Vielfalt. Auch wenn es nicht einfach ist, ein bestehendes Schul- oder Klassenklima zu verändern, erlauben es diese Ansätze, konkrete und gezielte Initiativen für die schulische Praxis abzuleiten (für weitere Informationen s. z. B. Pevec & Schachner, 2020).

4.3 Implikationen für die Schulpraxis

Um für alle Kinder und Jugendliche Aufwachsen und Lernen in und an einem diversen und inklusiven Umfeld zu gewährleisten, gilt es, Schule und Unterricht pädagogisch bewusst zu gestalten und zu entwickeln. Schulische Settings diversitätssensibel zu gestalten ist eine komplexe Aufgabe, die auf allen Ebenen des deutschen Bildungssystems Transformationsprozesse erfordert. Dieser Anspruch wird häufig als die herausforderndste Innovation für das deutsche Schulsystem der vergangenen 15 Jahre beschrieben. Andererseits gibt es bereits viele Best-Practice-Beispiele in Deutschland und zahlreiche wissenschaftlich untersuchte Erfahrungen im internationalen Kontext. Daraus lassen sich klare Hinweise auf Gelingensfaktoren und Rahmenbedingungen auf struktureller, personeller und organisationaler Ebene ableiten. Der Überblick von Dyson (2010) zeigt, dass Schulleitungen eine zentrale Verantwortung dafür tragen, dass Diversität als Chance oder als Bedrohung für die Weiterentwicklung einer Schule wahrgenommen wird. Tritt die Schulleitung mit klarer Haltung auf, setzt Impulse für Fortbildungen und Unterrichtsentwicklung, bezieht sie Lehrkräfte und Eltern in Steuerungsprozesse ein, kann inklusive Schulentwicklung gelingen. Schulorganisatorisch ist wichtig, dass es Strukturen für die Kooperation von Lehrkräften gibt wie verbindliche, regelmäßige Teamberatungen. Multiprofessionelle Teams an Schulen setzen sich neben Lehrkräften aus Förderpädagog:innen, Schulsozialarbeiter:innen, ggf. Therapeut:innen und weiterem pädagogischen Personal wie Schulbegleiter:innen zusammen. Die Kooperation aus verschiedenen professionellen Perspektiven ist zentral, um Schule und Unterricht diversitätssensibel und differenziert zu gestalten. Mehrere Perspektiven im Kollegium erleichtern Diagnostik, Förderplanung und Unterrichtsplanung im Team, da das professionelle Wissen geteilt und die Kompetenzen des einzelnen erweitert werden. Um soziales Lernen der Schüler:innen zu ermöglichen, müssen Lehrkräfte die Verantwortung für die Gestaltung positiver Beziehungen zwischen Schüler:innen übernehmen. Eine Möglichkeit, die Lehrkräfte als Interaktionsmanager:innen im Unterricht nutzen können, ist dabei der Einsatz integrativer sozialer Lernformen. So kann z. B. in Projekten oder Expertenpuzzles kooperatives Lernen ermöglicht werden. Im Gegensatz zu unstrukturierter Gruppenarbeit ist es hierbei wichtig, die fünf Basiselemente kooperativen Lernens zu berücksichtigen: (1) Die Aufgabe ist nur dann kooperativ, wenn eine *positive Interdependenz* besteht, d. h., dass alle Gruppenmitglieder zur erfolgreichen Lösung der Aufgaben beitragen. (2) Es besteht eine *individuelle Verantwortlichkeit*, d. h., Teilaufgaben müssen verteilt und koordiniert werden. (3) *Direkte Interaktion* zwischen den Gruppenmitgliedern ist wichtig, um einen intensiven verbalen Austausch anzuregen. (4) Ein gezieltes *Training sozialer Kompetenzen* ist Voraussetzung für eine erfolgreich bewältigte Gruppenarbeit. Schüler:innen verfügen nicht von allein über die Fähigkeiten, eine Gruppe zu organisieren, mögliche Konflikte zu lösen oder verschiedene Standpunkte zu integrieren. (5) Ebenso grundlegend ist die *Gruppenreflexion*. Während und/oder am Ende der Gruppenarbeit analysiert die Gruppe ihre Arbeitsweise und mögliche Schwierigkeiten, um aus dem gemeinsamen Prozess zu lernen. Zum sozialen Lernen gibt es zahlreiche praktische Handreichungen mit Übungen für verschiedene Altersgruppen, z. B. Dosch und Grabe (2014) für die Grundschule oder Oberländer, Kunde und Dörger (2005) für die Sekundarstufe I. In der Praxis bewährt haben sich Tandem- oder Helfersysteme (Tutoring), in denen Kinder oder Jugendliche die Verantwortung übernehmen, ein anderes Kind nicht nur fachlich zu unterstützen. Hierbei z. B. bewusst einem Kind mit Sprachförderbedarf einem sprachlich kompetenten Kind zur Seite zu stellen, wäre eine Möglichkeit der Förderung sowohl kognitiver als auch sozialer Kompetenzen. Ebenfalls etabliert ist der Klassenrat als partizipatives Instrument, soziales Lernen zu fördern. Im Klassenrat werden die Perspektiven der Kinder und Jugendlichen einbezogen, Regeln für das Miteinander gemeinsam ausgehandelt und eigene Verantwortung für das Klassenklima wird übernommen. Partizipation kann auf Ebene der Schule im Rahmen von Schüler:innenparlamenten oder Vollversammlungen als Teil demokratischer Bildung erlebbar werden.

Neben sozialen Aspekten der Unterrichtssettings ist die Differenzierung von Lernzielen und Aufgaben auf kognitiver Ebene zentral. Methoden individueller Förderung wie pädagogisch-psychologische Diagnostik, Binnendifferenzierung, individuelle Leistungsrückmeldungen und das Verwenden einer individuellen oder curricularen Bezugsnorm (Rheinberg & Fries, 2018; s. auch Kap. 3) in der Leistungsbewertung sind förderlich im inklusiven Unterricht. Ein Beispiel für ein diversitätssensibles Unterrichtsplanungsinstrument für alle Fächer, das offenen, schülerzentrierten Unterricht klar strukturiert und zu jedem Thema sowohl praktisch-anschauliche als auch kognitiv anspruchsvolle Aufgaben in mehreren Anforderungsbereichen anbietet, ist die Differenzierungsmatrix (Sasse & Schulzeck, 2021). Außerdem kann digital gestützter Unterricht Differenzierung erleichtern (Schulz, 2018; s. Kap. 5). Differenzierte Unterrichtsplanung gelingt am besten im kooperativen Arbeiten. Kooperative Strukturen sollten konzeptionell auf Schulebene verankert sein, z. B. im Team-Kleingruppen-Modell.

Differenzierungsmatrix

Um Schulentwicklung in Richtung Inklusion zu reflektieren und Organisationsentwicklung anzustoßen, empfiehlt sich die Arbeit mit dem Index für Inklusion (Booth & Ainscow, 2002), durch die alle Ebenen einer Schule aus Schüler:innen-, Lehrer:innen- und Elternperspektive evaluiert werden können. Der Index für Inklusion basiert auf einem weiten Verständnis von Inklusion und Diversität, sodass er ebenfalls ein geeignetes Mittel ist, eine kulturresponsive Schule zu entwickeln. Um Interkulturalität an der Schule spezifisch in den Blick zu nehmen, kann auf wissenschaftliche fundierte, praxiserprobte Konzepte und Strategien wie das *Culturally Responsive Classroom Management* zurückgegriffen werden (Weinstein et al., 2003). Im Kontext der Förderung von Deutsch als Zweitsprache ist es zum einen wichtig, gezielte Deutsch-Förderung und auch Kurse in der Familien- bzw. Herkunftssprache anzubieten, um die sprachliche Kompetenz, die Sozialisation in die Familienkultur und damit möglichst auch die Identitätsentwicklung zu fördern. Zwei- bzw. Mehrsprachigkeit kann von schulischer Seite als Bereicherung verstanden und adressiert werden.

Bezugnehmend auf das eingangs dargestellte Fallbeispiel wird deutlich, dass es zahlreiche Ansätze gibt, die Frau Müller dabei unterstützen können, der Vielfalt in ihrer Klasse gerecht zu werden. Dabei ist es jedoch wichtig, dass sie sich nicht allein vor diese Herausforderung gestellt sieht, sondern, dass es ein breites Netz an Initiativen und Kooperationen auf organisationaler Ebene gibt, z. B. eine schulinterne Beratungsstruktur.

4.4 Fazit und Ausblick

Ziel des Kapitels war zu zeigen, dass Schulen und Schulklassen zunehmend diverser werden und einen wichtigen Entwicklungskontext für alle Kinder und Jugendliche bieten. Transformationsprozesse in der Gesellschaft, z. B. Migrations- und Fluchtbewegungen oder Inklusion, wirken sich unmittelbar auf den Mikrokosmos Schule aus. Daher wird dem System Schule Innovationskraft und Veränderungsbereitschaft abverlangt. Diversität, die in Gruppen und Schulen immer schon vorhanden war, gerät stärker in den Blick und wird von Forschung und Praxis wahrgenommen. Die Wahrnehmung und Reflexion von Diversität bieten viele Chancen und zugleich Herausforderungen für Schule. Lehrkräften kommt bei der Gestaltung von Schule und Unterricht eine Schlüsselfunktion zu. Durch ihre Rolle, ihre vorgelebten und explizierten Normen können sie schulische Settings so diversitätssensibel und wertschätzend gestalten, dass Diskriminierungserfahrungen und sozialer Ausgrenzung entgegengewirkt werden kann und ein förderlicher, anregungsreicher Entwicklungskontext für das Aufwachsen von Kindern und Jugendlichen geboten wird. Dafür ist zum einen Wissen nötig, das bereits im Lehramtsstudium an der Universität angebahnt und aufgebaut werden muss, aber auch persönliche Haltung und Offenheit, die mit Selbstwirksamkeitserleben und praktischen Erfahrungen während der Berufstätigkeit verknüpft werden. Fortbildungen und kooperatives Arbeiten im multiprofessionellen Team fördern Reflexion und Kompetenzerwerb während des gesamten Berufslebens.

Take-Home-Message

- Gesellschaft ist vielfältig. Kinder und Jugendliche wachsen in Entwicklungskontexten auf, die von Diversität geprägt sind.
- Schule ist ein Ort sozialen Lernens, politischer Sozialisation und demokratischer Bildung.
- Schulische Settings können so gestaltet werden, dass Vielfalt als Normalität und Bereicherung betrachtet wird. Diversität kann pädagogisch konstruktiv bearbeitet werden, um Benachteiligungen und Ausgrenzung vorzubeugen.

5. Mit digitalen Medien aufwachsen und lernen

Julia Dietrich & Dorit Weber-Liel

Fallbeispiel: Enie – die Computerspielerin

Enie, 15 Jahre alt, besucht ein Gymnasium. Sie zeigte schon früh ein außergewöhnliches Interesse an Programmierung. Ihr Talent in diesem Bereich brachte ihr Anerkennung ein, jedoch fand sie es schwer, Anschluss zu ihren Mitschülerinnen zu finden. Die meisten Mädchen ihrer Klasse interessierten sich hauptsächlich für Mode und Influencer aus diesem Bereich, während Enie ihre Leidenschaft für das Coden entdeckte.

Bei ihrer Suche nach Gleichgesinnten stieß Enie auf einen Influencer, der nicht nur über Programmierung sprach, sondern auch politische Ansichten teilte, die ihr neu waren. Begeistert von seiner Persönlichkeit und seinen Fähigkeiten in der Programmierung, folgte Enie seinen Posts und Kommentaren auf verschiedenen Plattformen. Sie erkannte nicht, dass dieser Influencer auch hin und wieder kontroverse Ansichten äußerte, darunter Verschwörungstheorien. Enie, bisher wenig politisch interessiert, übernahm viele seiner Ansichten und begann, seine politischen Überzeugungen in sozialen Medien zu vertreten.

Die Nutzung digitaler Medien dominiert den Alltag nicht nur von Enie, sondern den aller Menschen in den westlichen Industrieländern. Digitalisierungsprozesse verändern die Lebenswelt von Kindern und Jugendlichen, Familien und Lehrkräften. Für das Lernen in der Schule stehen sehr verschiedene digitale Medien und Anwendungen zur Verfügung, die jeweils unterschiedliche didaktische Potentiale haben. Eine Übersicht über die Arten von Anwendungen – wie Lernmanagementsysteme, intelligente tutorielle Systeme und weitere – haben wir im Online-Anhang zusammengestellt (Online-Anhang 1), und geben hier eine allgemeine Definition des Begriffs digitale Medien.

Digitale und soziale Medien

Digitale Medien sind Inhalte (Bilder, Video, Audio, Text), die für eine Speicherung auf technischen Trägermedien und für eine Verwendung auf Mediengeräten wie Computern, Tablets, Smartphones, Smart-TV-Geräten, digitalen Radioempfängern usw. codiert wurden.

Digitale Medien, die über das Internet soziale Vernetzung und den Austausch medialer Inhalte (Texte, Bilder, Videos) ermöglichen, werden als soziale Medien bezeichnet. Sie ermöglichen es Individuen, ausgewählte Informationen für Einzelne oder Gruppen zugänglich zu machen. Im Unterschied zu nicht vernetzten Medien sind die über soziale Medien geteilten Informationen replizierbar, veränderbar, meist dauerhaft verfügbar und durch Suchmaschinen auffindbar (Taddicken & Schmidt, 2017).

Neben den zur Verfügung stehenden digitalen Medienangeboten, dem Mediengebrauch und -erziehung in der Familie sind Alter und Entwicklungsstand entscheidend dafür, wie Kinder und Jugendliche Medieninhalte nutzen, Medienerfahrungen verarbeiten und welche Ergebnisse und Konsequenzen sich auf ihr Lernen und ihre Entwicklung ergeben. Solche umfassenden Prozesse der Entwicklung und des Lernens im Kontext Medien werden in der medienpädagogischen Forschung als Medienaneignung bezeichnet (Details dazu im Online-Anhang 2). Aus psychologischer Sicht beschreiben wir in diesem Kapitel, wie Kinder und Jugendliche mit digitalen Medien aufwachsen, digital kompetent werden und mit digitalen Medien lernen.

5.1. Mit digitalen Medien aufwachsen

Welche Rolle digitale Medien für das Aufwachsen der Kinder und Jugendlichen in Deutschland spielt, lässt sich zuerst einmal quantitativ erfassen. Dazu gibt es eine Reihe von Studien, die in regelmäßigen Abständen aktuelle Daten über Kinder und Jugendliche im Kontext von Digitalisierung liefern (z. B. JIM-Studie, KIM-Studie, Shell-Studie, AID:A, SINUS-Jugendstudie, Bitkom-Studie).

5.1.1 Mediennutzung

In Familien in Deutschland gibt es eine bunte Vielfalt an digitalen Geräten: TV-Geräte, PC und Laptop, Tablet, mobile und festinstallierte Spielekonsolen, Smartphones, Radios, Smartwatches, Digitalkameras usw. Ein Grund dafür, dass Familien insgesamt, weitgehend unabhängig von den sozioökonomischen Verhältnissen, über eine gute Ausstattung mit internetfähigen Mediengeräten verfügen, ist die Entwicklung technischer Innovationen hin zu einer Massentauglichkeit (Moser, 2014).

Soziale Unterschiede

Obwohl Gerätebesitz und Zugang zum Internet an sich keine sozialen Privilegien mehr darstellen, spielen soziale Unterschiede für die medienbezogene Entwicklung von Kindern eine Rolle. Sie zeigen sich erstens in der Vielfalt der Zugänge, also über wie viele Kanäle Internetinhalte konsumiert werden können (Albert et al., 2015). Zweitens wird die Geräteauswahl von Faktoren wie Berufstätigkeit und Bildungsstand der Eltern beeinflusst. Eltern mit einem niedrigeren Bildungsabschluss haben weniger Geräte insgesamt angeschafft, investieren aber mehr in Spielekonsolen. Dagegen stellen Eltern mit höherem formalen Bildungshintergrund eine breitere Medienausstattung bereit (vgl. Behrens & Rathgeb, 2012). Je nach den vorhandenen Bildungsressourcen im sozialen, kulturellen und materiellen Bereich ergeben sich für Kinder und die Entwicklung ihrer Medienkompetenzen also unterschiedliche Chancen (soziale Ungleichheiten).

Digital Divide
Mit den Begriffen Digital Divide (Digitale Spaltung) und Digital Inequality (Digitale Ungleichheit) werden soziale Ungleichheiten bezeichnet, die sich aus den unterschiedlichen Bildungsressourcen der Familien ergeben und im Kontext von Digitalisierung wirken. Digitale Spaltung beschreibt die sozialen Unterschiede hinsichtlich des Zugangs zu digitalen Inhalten und Anwendungen. Für Familien in Deutschland betrachtet, hat sich hier die Kluft stark reduziert. Digitale Ungleichheit bezieht sich auf die Möglichkeiten der Nutzung digitaler Medien, die aufgrund von Bildungsunterschieden bestehen (Kutscher, 2014).

Entwicklung der Gerätenutzung

Am weitesten verbreitet ist das Smartphone. Ab einem Alter von 12 Jahren verfügen nahezu alle Kinder und Jugendlichen über ein eigenes Smartphone. Hier wird von einer Vollversorgung gesprochen. Auch bei weiteren digitalen Geräten wie PC, Laptop, Tablet und TV steigt der persönliche Gerätebesitz mit zunehmendem Alter (Details dazu im Online-Anhang 3). Genauso steigt der Stellenwert von Medien in der Freizeitgestaltung, z. B. für die Kommunikation mit Freunden, für Gaming, Musik hören, Videos ansehen usw.

Ab einem Alter von 6 Jahren verfügen Kinder bereits in einem bedeutenden Maß über eigene Geräte, womit auch die alleinige Mediennutzung steigt. Das Smartphone hat den Fernseher als bisherigen Spitzenreiter abgelöst. 69 % der 6- bis 13-Jährigen spielen am Smartphone hauptsächlich allein, bei der alleinigen Fernsehnutzung sind es 54 % (Rathgeb & Behrens, 2020). Kinder unter 12 Jahren nutzen das Smartphone zur Unterhaltung und vorrangig für interpersonale Kommunikation, z. B. den Anruf der Eltern, Kommunikation mit Freunden.

Mit zunehmendem Alter wird vermehrt auf Internet-Inhalte zugegriffen. Sind es bei den 12- bis 13-Jährigen 176 Minuten pro Tag, steigt die Zahl bei den 14- und 15-Jährigen auf 196 Minuten und bei den 18- bis 19-Jährigen sogar auf 233 Minuten (Rathgeb & Schmid, 2022).

5.1.2 Erklärungen für die Attraktivität des Internets

Operante Konditionierung

Psychologische Studien haben eine Reihe von Mechanismen identifiziert, die erklären können, warum Kinder und Jugendliche ihre Zeit mit digitalen Geräten und Anwendungen verbringen. Ein prominentes Beispiel ist die *operante Konditionierung* (Buhl et al., 2021). Diese findet statt, wenn durch Scrollen oder Klicken auf dem Smartphone immer wieder neue Informationen auftauchen, auf gepostete Nachrichten eine Antwort oder ein Like folgen. Medien, die in dieser Weise unterhaltsam oder belohnend sind, können die Freisetzung von Dopamin im Gehirn fördern. Dopamin ist ein Neurotransmitter, der mit Vergnügen und Motivation in Verbindung gebracht wird. Wenn wir unterhaltsame Inhalte konsumieren, führt dies zu einer angenehmen Empfindung, einer Belohnung. Mancher Blick aufs Smartphone wird nicht mit einer neuen Information belohnt, weshalb man auch von einer intermittierenden Verstärkung spricht, einer auf Hoffnung basierenden, sehr stabilen Konditionierung (Buhl et al., 2021).

Flow-Erleben

Ein weiteres Beispiel ist das Flow-Erleben, zu dem es durch den spielerischen Charakter von Tätigkeiten wie Scrollen, Wischen oder Klicken kommen kann. Der Zustand des Flow wird als vollkommenes Aufgehen in einer Tätigkeit (Absorbiertsein) beschrieben (Nakamura & Csikszentmihalyi, 2014). In Computerspielen konnte beobachtet werden, dass die Spieler:innen Schwierigkeiten hatten, ihre Nutzungszeit einzuschätzen, was mit einer zeitverzerrten Wahrnehmung im Zusammenhang mit Flow-Erleben erklärt wird (Trivedi & Teichert, 2017).

Neben diesen beiden Beispielen haben psychologische Studien weitere Mechanismen identifiziert, die in sozialen Netzwerken oder Computerspielen wirken. Wir beschreiben diese im Online-Anhang 4.

5.1.3 Soziale Medien und Entwicklungsaufgaben des Jugendalters

Dass besonders Jugendliche die Nutzung sozialer Medien attraktiv finden, wird aus entwicklungspsychologischer Perspektive mit deren Unterstützungspotenzial in Bezug auf die zu bewältigenden *Entwicklungsaufgaben* erklärt (Valkenburg & Peter, 2011). Über das Konzept der Entwicklungsaufgaben nach Havighurst (1972) haben Sie bereits in Kap. 1 gelesen. Es gibt verschiedene Ansätze zur Beschreibung aktueller Entwicklungsaufgaben, die auf denen von Havighurst aufbauen und aktuell gesellschaftliche Anforderungen berücksichtigen (Grob & Jaschinski, 2003; Quenzel, 2015; Albert et al., 2015). Als besondere Anforderung des digitalen Zeitalters wird beispielsweise in der Shell Jugendstudie explizit benannt, dass Jugendliche Strategien für einen produktiven Umgang mit Konsum-, Freizeit- und Medienangeboten entwickeln (Entwicklungsaufgabe: Konsumieren). Mediennutzung ist dabei sowohl Entwicklungsaufgabe als auch Potenzial. Soziale Medien beeinflussen insbesondere die Bewältigung von drei Entwicklungsaufgaben: Identitätsentwicklung, Selbstoffenbarung als Grundlage für die Gestaltung von Peerbeziehungen und die Entwicklung der Sexualität (Braun et al., 2018). Die Erkundung und Erprobung des eigenen Selbst (z. B. Wünsche, Werte, Einstellungen und Kompetenzen) als wesentliches Element der Identitätsbildung steht für die Jugendlichen im Mittelpunkt (Glüer, 2018): Jugendliche „experimentieren" und probieren aus (s. Kap. 3), so auch Enie im Fallbeispiel. In Medienangeboten sind Stereotype, Verhaltensweisen und Rollen repräsentiert, die wichtige Ausgangspunkte für die eigenen Erprobungs- und Aushandlungsprozesse darstellen (Hajok, 2020). Eine besondere Bedeutung haben hier Vorbilder und Idole, bei Enie ist es der Influencer, dem sie folgt. Bei den 6- bis 13-Jährigen waren es vorrangig Personen aus Film und Fernsehen (41 %), aus dem Sportbereich (23 %) und der Musikbranche (16 %). Influencer:innen aus den sozialen Medien werden nur von 6 % der Befragten genannt (Rathgeb & Behrens, 2020). Mit zunehmendem Alter wächst deren Bedeutung. So folgt ab einem Alter von 16 Jahren die Hälfte aller in sozialen Medien aktiven Personen Influencer:innen, wobei der höchste Wert mit 81 % für die Gruppe der 16- bis 29-Jährigen ermittelt wurde (Destatis, 2022). Influencer:innen teilen in ihren Medienbeiträgen eine große Menge an persönlichen Informationen, wodurch bei den Jugendlichen, die ihnen folgen, ein Gefühl von Nähe und Vertrautheit entsteht. Dementsprechend hoch ist auch der Einfluss auf die Ausbildung von Werten, Verhalten, Einstellungen usw. im Rahmen der Identitätsentwicklung.

Identitätsentwicklung und Entwicklung von Peerbeziehungen

Im Jugendalter gewinnen auch Gleichaltrige als Bezugsgruppe an Bedeutung. Parallel dazu steigt die Nutzungsintensität sozialer Netzwerke, die für den Aufbau und die Gestaltung von Peerbeziehungen wichtige Erfahrungsräume und Orientierungspunkte darstellen. Ausgehend von ihren spezifischen Interessen und Intentionen suchen Jugendliche in den sozialen Medien nach „virtuellen Orten" als Treffpunkte, um sich mit Gleichaltrigen durch die Erprobung sozialer Verhaltensweisen und durch das Austesten von Grenzen im Umgang mit anderen Jugendlichen eigene soziale Muster anzueignen (Schorb, 2014).

Eine Funktion von Medien, die für die Beziehungsgestaltung und die Exploration des eigenen Selbst Bedeutung hat, ist das Impression Management (Selbstdarstellung). Die sozialen Medien, genauer gesagt soziale Netzwerke, bieten viele Möglichkeiten für Selbstdarstellung und Selbstinszenierung. Jugendliche nutzen z. B. die Möglichkeiten, das Alter zu verändern, das Geschlecht oder ihr sexuelles Interesse, sowie auch die Möglichkeit, die Identität einer berühmten Person oder einer Fantasiegestalt anzunehmen (Gross, 2004).

Impression Management
Impression Management bedeutet, spezifische Aspekte der eigenen Identität zu variieren und entsprechend der eigenen Vorstellungen anzupassen, um die Wahrnehmung durch andere in sozialen Situationen gezielt zu beeinflussen (Glüer, 2018).

Selbstdarstellung steht in einem Spannungsverhältnis zu Selbstoffenbarung, womit die Fähigkeit gemeint ist, einer anderen Person etwas über sich selbst, z. B. eigene Gedanken, Gefühle oder Erfahrungen, mitzuteilen. Als essenzielle Voraussetzung für die Gestaltung freundschaftlicher und romantischer Beziehungen ist die Selbstoffenbarung sehr eng mit der Identitätsbildung verbunden, da sie durch eine Verknüpfung der Innen- und der wahrgenommenen Außenperspektive entsteht. In sozialen Medien können über Funktionen wie das Liken, das Teilen von Inhalten und Kommentieren oder über Freundelisten soziale Anerkennung vermittelt werden.

Entwicklung der Sexualität

Die Entwicklung der Sexualität ist mit Aufgaben wie der Annahme der körperlichen Veränderungsprozesse und einer aktiven Auseinandersetzung damit verbunden. Es werden persönliche Skripts von Sexualität ausgebildet, gemeint sind individuelle, internalisierte Schemata oder Muster, die Einstellungen, Erwartungen, Vorstellungen und Verhaltensweisen im Zusammenhang mit Sexualität beeinflussen. Für die Ausbildung solcher Skripte von Sexualität ist neben den eigenen Beziehungserfahrungen auch der Einfluss sexualitätsbezogener medialer Darstellungen bedeutsam (Hajok, 2020). Dieser Einfluss kann dann unterstützend für die Entwicklung sein, wenn z. B. im medialen Raum eine Art Probehandeln stattfindet. Sind Jugendliche noch nicht bereit für echte romantische Beziehungen, kann über das Schwärmen für einen Star eine imaginäre Beziehung aufgebaut werden, in der ohne reziproke Auseinandersetzung auch keine Konsequenzen zu befürchten sind (Fritzsche, 2003). Charakteristisch für soziale Medien im Vergleich zu Printmedien ist, dass durch das Folgen in sozialen Netzwerken stärker ein Gefühl von Nähe und Vertrautheit entwickelt werden kann.

5.1.4 Potenziale und Risiken

Kinder und Jugendliche sind in besonderem Maße von den Inhalten und Wirkmechanismen digitaler Medien beeinflussbar, da ihre Einstellungen und ihre Lebensentwürfe noch nicht gefestigt sind und sie auf keine langfristigen Medienerfahrungen zurückgreifen können (Fleischer & Grebe, 2014). Um die Potenziale und Risiken, die mit der Nutzung des Internets verbunden sind, einzuschätzen, muss medienbezogenes Verhalten in seiner Komplexität, also unter Einbeziehung vieler Bedingungen und Wirkfaktoren betrachtet werden. In diesem komplexen Wirkgefüge kann auf die Frage, inwiefern digitale Medien zu einem entwicklungsförderlichen Alltag von Kindern beitragen oder deren Entwicklung primär gefährden, keine einfache Antwort folgen. In der Medienwirkungsforschung, die Veränderungen von Denken und Verhalten aufgrund von Mediennutzung untersucht, ist das eine große Streitfrage (Süß et al., 2018). Einige übereinstimmende Erkenntnisse lassen sich aber durchaus in der vielfältigen Studienlandschaft der Medienwirkungsforschung ausmachen. Im Folgenden werden ausschnittartig einige Befunde zu positiven und negativen Effekten der Nutzung digitaler Medien dargestellt. Um belastbare Aussagen darüber treffen zu können, ob tatsächlich die Mediennutzung ursächlich für bestimmte Wirkungen ist oder ob gefährdete Kinder und Jugendliche ein besonderes Nutzungsverhalten entwickeln, braucht es noch mehr längsschnittlich angelegte Studien.

Einfluss auf die kognitive Entwicklung

Eine Anzahl von Studien zeigt, dass Medieninhalte aus dem TV-Bereich, wenn sie bezüglich Themenauswahl und Gestaltung passend für die Zielgruppe aufbereitet und mit einem angemessenen Nutzungsverhalten kombiniert werden, positive Auswirkungen auf *Wissen und Fähigkeiten* haben können (z. B. Wissenssendungen wie „Wissen macht Ah"). Im Bereich der digitalen und sozialen Medien zeigen sich positive und negative Effekte. Bei 12- und 13-Jährigen mit anfänglich geringen Leseleistungen konnten positive Effekte auf die Lesefähigkeit durch das Surfen im Internet beobachtet werden. Keinen Einfluss hatte die Nutzung des Internets, wenn die Jugendlichen bereits über durchschnittliche oder hohe Lesefähigkeiten verfügten (Jackson et al., 2017). Für den Einfluss von Computerspielen auf die kognitiven Leistungen fanden sich positive Effekte in der Verbesserung der visuell-räumlichen Wahrnehmung (Ferguson, 2007). Schüler:innen, die vermehrt Computerspiele mit Gewaltinhalten konsumierten, schnitten allerdings schlechter in Bezug auf ihre Schulnoten ab (Gentile et al., 2004).

Ein Zusammenhang von Smartphone-Nutzung und schulischen Leistungen konnte für die Altersgruppe der 12-Jährigen nicht festgestellt werden (Jackson et al., 2011). Bei älteren Jugendlichen zeigte sich dagegen ein negativer Zusammenhang zwischen Smartphone-Nutzung und Abschlussnoten (Lepp et al., 2014). Ein weiterer Effekt, der im Zusammenhang mit der ständigen Verfügbarkeit eines Smartphones in Verbindung steht, ist die Einschränkung kognitiver Prozesse beim Lernen. So konnte in einer Studie mit 520 Studierenden nachgewiesen werden, dass bereits die Anwesenheit eines Smartphones die verfügbare Arbeitsgedächtniskapazität und die funktionale fluide Intelligenz negativ beeinflussen kann. Auch wenn es selbst nicht in die Hand genommen wurde und die Aufmerksamkeit bei den zu erledigenden Aufgaben lag, standen weniger kognitive Ressourcen zur Verfügung (Ward et al., 2017).

Einfluss auf das Sozialverhalten

Über Modell-Lernen kann erklärt werden, dass Medien das Verhalten von Kindern und Jugendlichen beeinflussen können (s. Lerntheorie nach Bandura in Kap. 2). Bei Kindern und Jugendlichen sind der kognitive Entwicklungsstand, Motive und Vorerfahrungen entscheidend dafür, welche Wirkungen Medieninhalte haben.

Medien können die Ausprägung *prosozialer Verhaltensweisen* beeinflussen. Prosoziales Verhalten umfasst absichtsvolle und freiwillige Handlungen, die mit positiven Effekten für eine andere Person verbunden sind. Für den TV-Bereich zeigen viele ältere Studien positive Effekte prosozialer Modelle im Fernsehen auf die Entwicklung hilfsbereiten, kooperativen, empathischen und toleranten Verhaltens (Mares & Woodard, 2005).

Weit mehr Studien als zur Ausprägung prosozialen Verhaltens gibt es zum Zusammenhang zwischen Gewaltinhalten und *aggressivem Verhalten* bei Kindern und Jugendlichen. Die Darstellung von Gewalt in Medien wie Film, Musik und Computerspielen ist ein bedeutsames Phänomen. Im Bereich des Gaming fordern über die Hälfte aller Computerspiele zu Gewaltaktionen auf, wobei für 90 % davon eine Altersfreigabe ab 10 Jahren gilt (Anderson et al., 2007). Inzwischen gibt es eine relativ hohe Dichte an Studien, die den Zusammenhang zwischen der Nutzung gewalthaltiger Fernsehangebote und der Ausbildung aggressiver Verhaltensmuster untersucht haben. Sowohl bei Gewaltkonsum in Film und Fernsehen als auch in Computerspielen hat sich die Ansicht eines sich selbst verstärkenden Prozesses durchgesetzt: Personen mit aggressivem Potenzial spielen vermehrt gewalthaltige Computerspiele, was wiederum deren Gewaltbereitschaft erhöht und den weiteren Konsum von Computerspielen wahrscheinlicher macht (Braun et al., 2018). Interessant ist, dass durch gewalthaltige Computerspiele nicht nur negative Gefühle sowie aggressive Gedanken und Einstellungen gesteigert, sondern auch Empathie und Hilfeverhalten reduziert werden (Anderson et al., 2010). Es lässt sich festhalten, dass

Gewaltinhalte unabhängig davon, ob sie in Filmen, Fernsehbeiträgen, Musikvideos oder Computerspielen vorkommen, einen negativen Effekt auf die Entwicklung von Kindern und Jugendlichen haben können. Computerspielen wird dabei eine höhere Wirksamkeit hinsichtlich einer Verhaltensänderung zugeschrieben als anderen Medien (Carnegy & Anderson, 2005). Allgemeingültige Aussagen lassen sich nicht treffen, da eine Reihe von Faktoren existiert, die den komplexen Prozess der Mediennutzung beeinflussen. Neben Geschlecht, Alter, dispositionalen Merkmalen und sozioökonomischen Verhältnissen gibt es weitere Aspekte wie die Attraktivität des Vorbildes, Realitätsgehalt der Darstellung, Auswirkungen auf das Opfer, Belohnung, die Möglichkeit zur Selbsterschaffung und Identifikation mit einem Avatar (Braun et al., 2018). Insgesamt sind männliche Personen mit höherem Aggressionspotenzial und wenig Empathie eher von den Auswirkungen gewalthaltiger Computerspiele betroffen.

Einfluss auf gesundheitliche Aspekte

Jugendliche mit hoher Social-Media-Nutzung zeigten anfangs eine höhere kortikale Grunddicke im seitlichen Präfrontalkortex und eine stärkere Abnahme über das Jugendalter hinweg (Achterberg et al., 2022). Eine höhere kortikale Dicke wird mit einer erhöhten Empfindlichkeit gegenüber sozialen Hinweisen erklärt. Änderungen in der kortikalen Dicke sind demnach weniger von genetischen Dispositionen abhängig, sondern stärker von kontextuellen, sozialen und ökologischen Einflüssen, wie z. B. der Nutzung sozialer Medien. In Bezug auf körperliche Veränderungen gibt es Aussagen längsschnittlicher Untersuchungen, die einen Zusammenhang zwischen Nutzungsintensität von Fernsehinhalten in der Kindheit und späterer Fettleibigkeit (Adipositas) beobachtet haben (DGKJ, 2022). Der als Erklärung herangezogene Bewegungsmangel ist im Kontext weiterer Faktoren wie Freizeitverhalten, Sozialverhalten und familiärer Situation zu betrachten, weshalb eindimensionale Kausalzusammenhänge kritisch gesehen werden sollten. Zu weiteren Risiken zählen Schlafstörungen, Augenerkrankungen, Bullying und das Entstehen einer Internetnutzungsstörung (ebd.).

Exzessives oder suchtartiges Verhalten

Bezüglich der Nutzungsintensität von Medieninhalten wird zwischen einer *funktionalen Mediennutzung* und einer Übernutzung unterschieden. Von funktional wird gesprochen, wenn eine Person ein Anliegen zielgerichtet und selbstgesteuert mit Hilfe von Medien umsetzt, wobei die Intensität bis hin zu einer exzessiven Nutzung reichen kann. Dabei wird das Medium als passend eingeschätzt, die Konsequenzen nicht als gravierend negativ erlebt und das Verhältnis von Kosten und Nutzen als positiv eingeschätzt. Demgegenüber steht eine *Übernutzung* bzw. suchtartiges Medienverhalten, wobei im wissenschaftlichen Kontext eher von Internetnutzungsstörung gesprochen wird. Eine geringe Handlungskontrolle bis hin zum Kontrollverlust, Wahrnehmung negativer Konsequenzen und Entzugserscheinungen sind einige Merkmale. Zwischen einer funktionalen Nutzung und einer Nutzungsstörung wird ein Kontinuum angenommen, das von funktionaler/normaler Nutzung über eine exzessiv-funktionale, exzessiv-dysfunktionale oder problematische bis hin zu einer pathologischen oder Übernutzung reicht (DGKJ, 2022).

In zahlreichen Studien zu exzessiver TV-Nutzung wird von „Vielsehern" gesprochen. Im Zusammenhang mit Internetnutzung wird von Intensivnutzern gesprochen, wenn das Internet pro Tag 3 Stunden oder länger genutzt wird. Die geschätzte Prävalenzrate für Übernutzung des Internets bei Jugendlichen in Deutschland liegt bei 2,6 % (Wartberg et al., 2020). Die Zahl beschreibt das äußere Ende des Kontinuums verschiedener Nutzungsintensitäten. Auch bei geringerer, aber dennoch problematischer Internetnutzung können einige negative Auswirkungen für Kinder und Jugendliche erwartet werden. Dazu gehören niedrigere Lebenszufriedenheit, höhere Auftretenswahrscheinlichkeit einer Depression, soziale Isolierung oder Vernachlässigung alltäglicher Aufgaben (Keles et al., 2015). Es gibt eine Reihe von Studien, die im komplexen Wirkgefüge der Mediennutzung weitere Einflüsse feststellen. So konnte das Zusammenspiel von exzessiver Mediennutzung, Ängstlichkeit, Depressionen und Schlafqualität belegt werden, wobei die Wirkrichtung noch nicht klar ist (Woods & Scott, 2016). Es konnte ebenso gezeigt werden, dass bei Jugendlichen eine übermäßige Nutzung sozialer Medien (mehr als 4 Stunden pro Tag) signifikant mit einer Verringerung des Selbstwertes und einem verstärkten Auftreten von Hyperaktivität und Verhaltensproblemen verbunden ist (McNamee et al., 2021). Bezüglich eines exzessiveren Medienkonsums wurden in einer Meta-Analyse Daten von 67.000 Jugendlichen im Alter von 12 bis 18 Jahren ausgewertet. Es wurden kleine bis mittlere Effekte auf häufigeres riskantes Verhalten einschließlich Substanzkonsum und riskantem Sexualverhalten festgestellt (Vanucci et al., 2020).

Im öffentlichen Sprachgebrauch wird mit dem Begriff *Sucht* zum Teil leichtfertig umgegangen. Schnell wird bei einer exzessiveren Nutzung von Computerspielen, sozialen Medien oder dem Smartphone überhaupt von Internetsucht oder Smartphonesucht gesprochen. Eine Ursache dafür könnte in der Uneinheitlichkeit von Begriffen und Definitionen sowie in dem Fehlen etablierter Messkriterien liegen (Buhl et al., 2021). Eine diagnostische Grundlage für Ärzt:innen und Therapeut:innen gibt es seit 1. Januar 2022 für die Computerspielstörung sowie für riskantes Computerspielen. Beide Störungsbilder sind in der „International Statistical Classification of Diseases and Related Health Problems" der Weltgesundheitsorganisation (ICD-11) als anerkannte Krankheiten enthalten.

5.1.5 Handlungsoptionen

Entwicklung digitaler Medienkompetenz

Die erfolgreiche Bewältigung der Entwicklungsaufgaben, mit denen Heranwachsende in einer von Digitalisierung geprägten Gesellschaft konfrontiert sind, steht im Zusammenhang mit kompetenter Mediennutzung. Grundlage dafür ist die frühzeitige Entwicklung digitaler Medienkompetenz. Durch digitale Kompetenzen können Kinder und Jugendliche negative Auswirkungen vermeiden und zugleich die Vorteile der vielfältigen Medienlandschaft nutzen. Was unter digitalen Kompetenzen zu verstehen ist, besprechen wir im zweiten Teil dieses Kapitels.

Elterliche Medienkompetenz

In diesem Prozess spielen die Eltern eine wichtige Rolle, für die es ein erster wichtiger Schritt ist, sich ihrer Verantwortung bewusst zu werden. Zentral ist das Wissen der Eltern zu den Funktionen von Medien, den psychologischen Mechanismen, die bei der Nutzung zum Tragen kommen, und den Auswirkungen eines übermäßigen oder altersunangemessenen Medienkonsums. Es ist ausschlaggebend dafür, wie Eltern die mit der Medienerziehung ihrer Kinder verbundenen Aufgaben wahrnehmen und ausführen (DGKJ, 2022). Digital kompetente Eltern hätten idealerweise ein Verständnis davon, dass Kinder und Jugendliche Zielgruppen von Angeboten und Werbung sind und wie diese durch Algorithmen personalisiert werden. Sie könnten mit diesem Wissen ihre Kinder bei der Entwicklungsaufgabe ‚Konsumieren' unterstützen. Zwei medienerzieherische Ansätze werden in der Literatur unterschieden: (a) restriktive Medienerziehung und (b) gemeinsame bzw. begleitende Mediennutzung (Naab, 2021). Letzteres gilt als das günstigere Verhalten. Eltern, die über ein geringes Einkommen verfügen, einen niedrigen Bildungsabschluss haben oder alleinerziehend sind, empfinden die Aufgaben, die mit der Medienerziehung ihrer Kinder verbunden sind, allerdings oft als herausfordernd oder belastend. Für die Entwicklung einer elterlichen Medienkompetenz ist ein vielfältiges und umfangreiches Fortbildungsangebot Voraussetzung, was als gesellschaftlicher und politischer Auftrag formuliert werden muss. In den Empfehlungen eines Expertengremiums aus 150 Fachleuten aus Wissenschaft und Praxis werden als sozial robuste Orientierungen für den Umgang mit sozialen Medien auch Medienkompetenzbildung von Eltern sowie die Einrichtung institutioneller Hilfe- und Informationsstellen genannt (Projekt DiDat, Sindermann et al., 2021).

Durch den Besitz von Smartphones und die permanente Anbindung an das Internet einerseits und die Nutzung mobiler Endgeräte für schulische Zwecke hat eine Entgrenzung von Schule und Freizeit stattgefunden. Eltern können via Smartphone permanent, auch während der Unterrichtszeit und Klassenfahrten, erreicht werden oder umgekehrt. Um hier eine Verantwortungsdiffusion zu vermeiden, ist die Kooperation zwischen Schule und Elternhaus wichtiger geworden. Bisher ist eher eine Kluft zwischen dem Handeln der Eltern und dem in pädagogischen Einrichtungen zu beobachten, begründet in verschiedenen pädagogischen Rollen und den damit verbundenen Verantwortungen (Bos et al., 2013). Den Kindern und Jugendlichen die Entwicklung von Medienkompetenz zu ermöglichen, kann weder von den Eltern noch von Schule allein bewältigt werden. Hier braucht es einen regelmäßigen Austausch zwischen Elternhaus und Schule sowie verbindliche Absprachen. Würde z. B. die Lehrerin von Enie feststellen, dass sich ihre schulischen Leistungen verschlechtern, ist als eine mögliche Ursache eine Überlastung durch zu häufiges Computerspielen und den daraus folgenden Schlafmangel mitzudenken. In Gesprächen mit Enie und ihren Eltern könnte das Mediennutzungsverhalten reflektiert und Vorgaben für einen angemessenen Umgang formuliert werden.

Kooperation zwischen Schule und Elternhaus

5.2 Digital kompetent werden

5.2.1 Was sind digitale Kompetenzen?

Digitale Kompetenzen

Digitale Kompetenzen im Schulalter (synonymer Begriff: Medienkompetenzen, Scheiter, 2021) umfassen aus Sicht der Bildungsforschung vorrangig kognitive Fähigkeiten im Umgang mit digitalen Medien (ETS, 2002; Bos et al., 2013). Dazu gehören also digitalisierungsbezogenes Wissen und Fertigkeiten, die Menschen die erfolgreiche Teilhabe an der Gesellschaft und ein kontinuierliches Weiterlernen ermöglichen.

Dabei kann man fachspezifische digitale Kompetenzen (mit denen Kinder und Jugendliche digitale Werkzeuge kompetent in einem Unterrichtsfach einsetzen können) unterscheiden von allgemeinen, fachübergreifenden digitalen Kompetenzen, deren Aufbau eine Aufgabe aller Fächer ist (Ständige Wissenschaftliche Kommission der KMK, 2022). In diesem Kapitel beziehen wir uns auf Letzteres. Es wird hierfür oft der Begriff der *informations- und computerbezogenen Kompetenzen* oder auch ICT-Literacy verwendet (Eickelmann et al., 2018; ETS, 2002; Engelhardt et al., 2021).

Davon abzugrenzen sind Fähigkeiten des *Computational Thinking*, mit denen informatische Kompetenzen im engeren Sinne gemeint sind (Eickelmann et al., 2018).

Vereinfacht gesagt, ist damit die Fähigkeit einer Person gemeint, diejenigen Aspekte von Problemen aus der realen Welt zu identifizieren, die sich mit Hilfe von Computern, genauer: digitalen Systemen und Algorithmen, lösen lassen (ebd.).

ICT-Literacy

ICT-Literacy umfasst verschiedene Teilfähigkeiten. Diese hängen zwar mit den allgemeinen kognitiven Fähigkeiten einer Person zusammen, können aber nicht damit gleichgesetzt werden, weil es darum geht, digitale Technologien zu benutzen (z. B. eine E-Mail zu senden) oder Entscheidungen zu treffen, die spezifisch für digitale Technologien sind (z. B. Bilder in sozialen Medien zu teilen). Zur ICT-Literacy gehören unter anderem Eickelmann et al., 2018; KMK, 2016; ETS, 2002):

- Informationen sammeln, z. B. nach Bildern zu einem Thema suchen
- Informationen organisieren, z. B. Ordner im E-Mailpostfach erstellen und E-Mails hineinsortieren
- Informationen zusammenfassen und vergleichen, z. B. verschiedene Produkte in einem Onlineshop vergleichen
- die Qualität von Informationen bewerten, z. B. die Quelle einer Nachricht bewerten
- neue Informationen erzeugen, z. B. ein Erklärvideo erstellen
- Informationen mit anderen austauschen, z. B. zeitgleich an einem Dokument arbeiten
- Daten schützen und sicher agieren, z. B. prüfen, welche Daten eine Smartphone-App an die Entwickler:innen weitergibt und möglichst datensparsame Apps verwenden

Mit Informationen können verschiedene Dinge gemeint sein wie Dateien, Texte, Bilder, Icons, Links usw. Umfassende ICT-Kompetenzen von Jugendlichen würden sich bspw. darin äußern, dass sie Informationen nicht nur selbständig ermitteln, sondern diese auch sicher bewerten und organisieren können. Und dass sie außerdem solche Informationsprodukte (Dokumente, Präsentationen, etc.) erzeugen können, die inhaltlich und formal komplex sind.

Computational Thinking

Von der etwas allgemeineren ICT-Literacy sind informatische Kompetenzen, genannt Computational Thinking, abzugrenzen (Ständige Wissenschaftliche Kommission der KMK, 2022; Eickelmann et al., 2018). Beispiele hierfür sind das Abstrahieren oder auch die Zerlegung eines Problems (z. B. Pasta mit Tomatensauce kochen, einen Pullover stricken, einen Roboter programmieren) in einzelne Schritte, die nacheinander oder gleichzeitig ausgeführt werden müssen. Computational Thinking ist auch der Kompetenzbereich, der wohl am relevantesten für einen reflektierten Umgang mit und die Nutzung von künstlicher Intelligenz (KI) ist. Am Beispiel von Enie zeigt sich, dass ihre Programmierkenntnisse zwar Ausdruck informatischer Kompetenzen sind. Diese sind aber nicht grundsätzlich gleichbedeutend mit einer hohen ICT-Literacy, da Enie die Posts des Influencers, dem sie folgt, ungeprüft für die eigene Meinungsbildung übernimmt.

Schließlich wird neben den genannten kognitiven Kompetenzen die Relevanz der Motivation von Kindern und Jugendlichen betont (Zylka et al., 2015), also ihr Interesse an ICT und das Selbstkonzept ihrer eigenen ICT-Fähigkeiten. Dabei ist Interesse an mobilen Geräten wie Smartphones nicht gleichbedeutend mit Interesse an Computern.

5.2.2 Entwicklung digitaler Kompetenzen im Schulalter

Bislang gibt es wenig systematische Forschung zur Entwicklung digitaler Kompetenzen bei Kindern und Jugendlichen. Man nimmt an, dass Kinder bereits sehr jung und vor der Einschulung in der Familie erste computerbezogene Kompetenzen (ICT-Literacy) erwerben, und zwar offenbar weitgehend autodidaktisch oder mit Unterstützung von Familienmitgliedern (Ihme & Senkbeil, 2019).

Für die Primarstufe gibt es bislang nahezu keine Studien für Deutschland, die die ICT-Literacy, das Computational Thinking oder die ICT-Motivation von Grundschüler:innen valide erfassen würden (Gerick & Eickelmann, 2017; Senkbeil & Ihme, 2014).

Für die Sekundarstufe I liefert die international vergleichende ICILS-Studie eine Momentaufnahme der digitalen Kompetenzen von Schüler:innen in Klasse 8 bzw. im Alter von ca. 13 Jahren. Deutsche Schüler:innen lagen insgesamt im Jahr 2018 im durchschnittlichen Bereich bei der ICT-Literacy (s. Buhl et al., 2021), aber schnitten unterdurchschnittlich beim Computational Thinking ab (Eickelmann et al., 2018). Alarmierend ist jedoch, dass eine Gruppe von etwa einem Drittel der 13-Jährigen nur basale (z. B. ein grundlegendes Verständnis für die Sicherheit eines Passworts, Kompetenzstufe II) oder gar rudimentäre Fähigkeiten (z. B. einen Link anklicken, Kompetenzstufe I) hatte. Diese Jugendlichen konnten keine Dokumente bearbeiten oder Informationen ermitteln und erzeugen, wenn sie dazu angeleitet wurden (z. B. eine geeignete Vorlage für die Struktur einer Webseite auswählen, Kompetenzstufe III). Ähnliche Ergebnisse liefert auch das EU Kids Online Project, das die Medienkompetenz von Kindern und Jugendlichen im Alter von 9 bis 16 Jahren untersuchte (Livingstone et al., 2011).

Bis in die Sekundarstufe II (Klasse 12) gibt es dann offenbar einen leichten Anstieg in der ICT-Literacy, das zeigen repräsentative Daten für Jugendliche, die im Schuljahr 2010/2011 die 9. Klasse besuchten (Gnambs, 2021). Aus den gleichen Daten geht allerdings auch hervor, dass 20 % der Studienanfänger:innen des Jahres 2013 nicht den Mindeststandard an ICT-Literacy für das Studieren erreichten (Senkbeil et al., 2019) und beispielsweise grundlegende Probleme beim Identifizieren, Bewerten und Weiterverarbeiten von Informationen hatten.

In Bezug auf die ICT-Motivation im Jugendalter gibt es vor allem Befunde zu den Selbsteinschätzungen der digitalen Kompetenzen – die im Grunde das Selbstkonzept der Schüler:innen widerspiegeln – und die typischerweise zu positiv ausfallen sowohl in Klasse 9 als auch noch in Klasse 12 (Gnambs, 2021). Jugendliche können also ihre eigenen computerbezogenen Kompetenzen nicht realistisch einschätzen (Ihme & Senkbeil, 2019).

In der Entwicklung digitaler Kompetenzen scheint es nur geringe Geschlechterunterschiede zu geben: Während im Schuljahr 2011/12 Mädchen der 6. Klasse leichte Kompetenzvorteile gegenüber Jungen hatten, war das Verhältnis in Klasse 8/9 angeglichen und fiel in Klasse 12 zugunsten der Jungen aus (Bachmann et al., 2021; Gnambs, 2021), wenn auch es sich um kleine Unterschiede handelte.

5.2.3 Handlungsoptionen

Digital Natives

Die im Jahr 2001 veröffentlichte Idee, dass junge Menschen als *Digital Natives* aufwachsen und automatisch digitale Kompetenzen erwerben, weil sie in eine mediatisierte Welt hineinwachsen, hat sich als widerlegt erwiesen (Judd, 2018). Zwar entsteht durch bestimmte operative Fähigkeiten zur Nutzung digitaler Geräte der Eindruck von Kompetenz. Dieser Eindruck trügt aber, wie die oben zusammengestellten Befunde zeigen. Um beispielsweise zu verstehen, was das Internet ist und welche Gefahren mit der Weitergaben von persönlichen Daten verbunden sind, müssen Schüler:innen kognitiv so weit entwickelt sein, dass sie die nötigen abstrakten Denkoperationen ausführen können.

Förderung von ICT-Literacy

Für die Förderung von ICT-Literacy existieren eine Reihe von Vorschlägen, die oft der Medienpädagogik entstammen (dort unter dem Begriff Förderung von Medienkompetenz). Einen Überblick geben z. B. Buhl et al. (2021, Kap. 2). Leider liegen typischerweise keine überzeugenden empirischen Befunde vor, die die Wirksamkeit der Programme und Methoden belegen.

Förderung von Computational Thinking

Für die Förderung von Computational Thinking gibt es meta-analytische Befunde, aus denen sich Hinweise für die Schulpraxis entnehmen lassen. So zeigte sich erwartungsgemäß, dass die Kinder und

Jugendlichen, und zwar sogar besonders die Mädchen, die programmieren lernten, besser im Computational Thinking abschnitten als diejenigen in einer Kontrollgruppe (Scherer, Siddiq & Sanchez, 2020; Sun et al., 2021).

Programmieren als Förderung von Computational Thinking kann bereits im Grundschulalter eingesetzt und effektiv mit verschiedenen Fächern kombiniert werden (u. a. im Sprachunterricht; Breiter et al., 2020, S. 90; Sun et al., 2021). Beispielsweise ist im Fremdsprachunterricht die Entwicklung von Bildern und Metaphern über Abstraktionen als Teilbereich von Computational Thinking verbunden (Barr & Stephenson, 2011).

Effektive Tools nutzen Visualisierungen der Programmier-Aktivitäten (genannt visuelles Programmieren, s. Online-Anhang 5). Besonders im Grundschulalter ist es bereits effektiv, kleine Roboter zu programmieren.

Förderung von ICT-Motivation

Für die Förderung von ICT-Motivation hat sich beispielsweise gezeigt, dass für die Entwicklung eines positiven ICT-Selbstkonzepts („Ich bin gut darin, digitale Systeme zu nutzen") die bloße Nutzung digitaler Medien für schulische Aktivitäten wie Hausaufgaben weniger hilfreich ist, weil das Selbstkonzept stark von Erfahrungen in der Familie beeinflusst wird (Zylka et al., 2015). Aus solchen Befunden lässt sich ableiten, dass sich ICT-Motivation nicht ‚einfach so' durch schulische Computernutzung beiläufig mitentwickelt, sondern aktiver Förderung bedarf (Juhanak et al., 2019). Dieser Umstand ist besonders vor dem Hintergrund von Geschlechterunterschieden in der Motivation bedeutsam, die weit größer sind als die Unterschiede in der tatsächlichen ICT-Literacy. In einer Überblicksarbeit auf Basis von über 800 Publikationen haben Happe et al. (2021) abgeleitet, wie Mädchen für Informatikangebote gewonnen werden können. Mögliche Strategien bauen darauf, falsche Stereotype über IT-Berufe zu revidieren (z. B. auf welche Weise ist Arbeiten in IT-Berufen hilfreich, altruistisch und nützlich für die Gesellschaft), Mädchen mit erfolgreichen weiblichen Rollenmodellen in Kontakt zu bringen oder ICT bzw. Programmieraktivitäten für künstlerische oder persönlich bedeutsame Projekte zu benutzen.

5.3 Mit digitalen Medien lernen

In Kap. 2 haben Sie verschiedene kognitive und metakognitive Prozesse kennengelernt, die die Grundlagen für das Lernen sind: Arbeits- und Langzeitgedächtnis, Aufmerksamkeit, exekutive Funktionen und Lernstrategien. Daneben haben Sie gelernt, auf welche Weise Motivation, Volition und Emotion sich auf das Lernen auswirken. All diese Prozesse können durch digitale Medien so unterstützt werden, dass Lernen effektiver wird. Dafür ist – wenig überraschend – die Qualität der Medien entscheidend. Im dritten Teil dieses Kapitels soll es daher darum gehen, wie sich Unterricht mit digitalen Medien und Materialien für die verschiedenen Altersgruppen so gestalten lässt, dass er möglichst lernförderlich ist.

Als Voraussetzung für effektives digitales Lernen ab dem Schuleintritt lässt sich festhalten, dass bereits durchschnittlich entwickelte 6-Jährige die motorischen und kognitiven Voraussetzungen mitbringen, um beispielsweise mit Tablets im Unterricht zu interagieren und Instruktionen zu folgen (Oesterlen et al., 2018).

5.3.1 Kognitive und metakognitive Prozesse

Grundlagen kognitiver Prozesse: Arbeitsgedächtnismodell und Cognitive-Load-Theorie

Ein erster Ausgangspunkt für die Unterstützung des Wissenserwerbs ist der Befund, dass das Arbeitsgedächtnis mehrere Komponenten oder Kanäle umfasst (Baddeley, 1986). Dazu gehört das phonologische Arbeitsgedächtnis für die Verarbeitung von Sprache, das visuell-räumliche Arbeitsgedächtnis für die Verarbeitung von Bildern, und die zentrale Exekutive für die Steuerung der Aufmerksamkeit (im Sinne von selektiver Aufmerksamkeit und Inhibition).

Ein zweiter Ausgangspunkt ergibt sich daraus, dass die Speicherkapazität, Speicherdauer und Verarbeitungsgeschwindigkeit im Arbeitsgedächtnis begrenzt sind (Paas & Sweller, 2014), bei Grundschulkindern sehr viel stärker als im Jugendalter. Das Arbeitsgedächtnis kann beim Lernen auf mehrere Arten belastet werden, im ungünstigen Fall wird es überlastet. Bezogen auf die Inhalte können Lernmaterialien unterschiedlich komplex sein, und zwar dadurch, wie viele *Elemente* gleichzeitig im Arbeitsgedächtnis verarbeitet werden müssen – z. B., wenn Schüler:innen eine deutsche und eine spanische Vokabel (= 2 Elemente) oder Grammatik lernen sollen (> 2 Elemente). Diese sogenannte *intrinsische kognitive Belastung* ist im Wesentlichen durch den Lernstoff vorgegeben. Daneben kann das Arbeitsgedächtnis aber auch durch die Darbietungsart der Inhalte und Materialien belastet werden. Dies wäre z. B. in einer Lern-App der Fall, wenn diese kompliziert zu navigieren ist, oder in einem Lernvideo, wenn dieses mit Bildern, gesprochenem Wort und Schrift überladen ist. Diese *extrinsische Belastung* ist schädlich für das Lernen, weil sie Kapazitäten im Arbeitsgedächtnis blockiert, die Schüler:innen dann nicht für den eigentlichen Lernstoff zur Verfügung haben.

Kognitive Theorie des multimedialen Lernens

Theorien zum Lernen mit Medien bauen auf diesen Erkenntnissen auf. So zeigt die Forschung zur Kognitiven Theorie des multimedialen Lernens (Mayer, 2014) folgendes: Werden Wörter und Bilder, die aufeinander Bezug nehmen, zusammen gelernt (z. B. in einem Lernvideo oder in einem bebilderten Text), kann der Lerninhalt sowohl im phonologischen als auch im visuell-räumlichen Kanal des Arbeitsgedächtnisses verarbeitet werden. Dies wäre im Mathematikunterricht beispielsweise dann der Fall, wenn eine Lehrperson den Satz des Pythagoras nicht nur anhand der Gleichungen erläutert (phonologischer Kanal), sondern auch eine Abbildung zeigt (visuell-räumlicher Kanal). Die zu lernende Information wird auf diese Weise doppelt kodiert und das führt zu besserem Wissenserwerb. Das bedeutet z. B. für Selbstlernmaterialien, dass Schüler:innen statt mit reinen Texten oder Podcasts mit solchen Materialien besser lernen, die sowohl die phonologische als auch die visuell-räumliche Komponente des Arbeitsgedächtnisses ansprechen. Und auch bei solchen multimedialen Materialien (z. B. Ton und Bild) kann es ein großes Spektrum von sehr guter bis sehr schlechter Gestaltung geben. Eine Vielzahl von Studien hat die Effekte verschiedener Gestaltungsmöglichkeiten auf den Wissenserwerb untersucht (Schneider et al., 2022). Die Effekte beziehen sich auf die unterschiedlichen kognitiven Teilprozesse, die für das Lernen im Sinne einer aktiven Informationsverarbeitung relevant sind. Dazu gehört, dass Schüler:innen ihre Aufmerksamkeit auf relevante Wörter und Bilder innerhalb des Lernmaterials richten und diese Einzelteile im Arbeitsgedächtnis so organisieren, dass sie eine kohärente mentale Vorstellung des Lerngegenstands aufbauen. Auf einige der Effekte und daraus abgeleiteter Designempfehlungen gehen wir im Online-Anhang ein (Online-Anhang 6), wenn es darum geht, worauf Lehrkräfte bei der Auswahl oder Herstellung von Lernmaterialien, Aufgaben usw. achten können.

Interaktivität

Aus der Forschung zur kognitiven Theorie multimedialen Lernens ergibt sich außerdem, dass insbesondere die Interaktivität digitaler Lernprogramme (im Gegensatz z. B. zum Bearbeiten gedruckter Arbeitsblätter) zum Wissenserwerb durch aktive Informationsverarbeitung beiträgt. Ein Lernprogramm kann auf verschiedene Weisen interaktiv sein, also auf Aktionen der Schüler:innen reagieren und ihnen so die Möglichkeit geben, ihr Lernen selbst zu steuern. Ein interaktives Programm kann ermöglichen, dass Lernende Kontrolle z. B. über die Lerngeschwindigkeit (z. B. Stopp-Taste im Lernvideo) oder den Präsentationsmodus (z. B. statisches Bild oder Animation) haben. Oder es kann Feedback geben und Lernhilfen (sogenannte Scaffolds) anbieten (Niegemann & Heidig, 2020).

Förderung von Wissenserwerb

Schaut man auf mögliche Lerneffekte, lassen sich positive Effekte von Lernprogrammen auf Wissenserwerb in Mathematik und Naturwissenschaften für alle Klassenstufen nachweisen (z. B. Hillmayer et al., 2020; s. auch unten). Als etwas lernwirksam zeigten sich im Vergleich zu Schulunterricht ohne digitale Medien reine Übungsprogramme (ein prominentes Beispiel hierfür wäre die AntonApp, sie wurde bisher allerdings nicht systematisch empirisch beforscht), mit denen vorher Gelerntes wiederholt und gefestigt werden kann. Stärker wirksam sind dynamische Tools und adaptive Programme (wie GeoGebra und Bettermarks für Mathematik oder virtuelle Labore in den Naturwissenschaften).

Belegten Nutzen für den deutschen Sprachraum gibt es vor allem für die *Förderung von mathematischen und Lesefähigkeiten* durch Lernprogramme in der Vorschule (z. B. mathematische Basisfähigkeiten für 4–6-Jährige, Berner et al., 2022) und der Grundschule (z. B. „Meister Cody" für Mathematik- bzw. Lesefertigkeiten, s. Huemer, Moell & Schulte-Körne, 2018; oder „Elfe & Mathis" für Lesefähigkeiten in Klasse 1–4). Diese richten sich oft insbesondere an Kinder mit Lernschwierigkeiten. Speziell in Mathematik und den Naturwissenschaften existieren wirksame Lernprogramme für alle Schüler:innen auch für die Sekundarstufe I und II (z. B. die schon genannten Programme Bettermarks und GeoGebra). Positive Lerneffekte zeigen sich auch bei den *Schreibkompetenzen*: Wenn Schüler:innen Texte am Computer schreiben, sind diese typischerweise länger und von höherer Qualität. Positive Effekte finden sich insbesondere bei schwächeren Schülerinnen und Schülern, und zwar in Grund- und Sekundarschule (z. B. Morphy & Graham, 2012).

Daneben sind auch positive Effekte von didaktischen Methoden wie *Flipped Classroom* auf Lernleistungen in verschiedenen Fächern gezeigt worden (Li & Wang, 2022), und zwar für das Grundschulalter genauso wie in Sekundarstufe I und II. Beim Flipped Classroom werden Lerninhalte per Video vermittelt und die Präsenzzeit im Unterricht für andere Lernaktivitäten wie das Üben genutzt (s. Online-Anhang 7). Wichtig ist festzuhalten, dass didaktische Konzepte wie Flipped Classroom, die analoges und digitales Lernen verbinden, bei Kindern und Jugendlichen anders und positiv wirken als rein digitaler Fernunterricht, der eher negative Auswirkungen auf die Entwicklung hat. Unbestritten ist, dass digitaler Fernunterricht keine angemessene digitale Lernumgebung darstellt (DGKJ, 2022).

Grundlagen metakognitiver Prozesse: Lernstrategien und selbstreguliertes Lernen

Wie Sie aus Kap. 2 bereits wissen, kommt neben kognitiven Lernstrategien (Wiederholen, Elaborieren) auch den metakognitiven Regulationsstrategien eine wichtige Bedeutung für das Lernen zu. Diese Bedeutung des Planens, Überwachens und Regulierens ist beim digitalen Lernen unter Umständen besonders stark ausgeprägt. Zum Beispiel, wenn Schüler:innen mit einer Online-Lernplattform wie der Bildungscloud eigenverantwortlich lernen sollen, auf der die Inhalte nicht unbedingt linear strukturiert sind wie in einem Schulbuch. Schüler:innen benötigen also ihrem Alter entsprechende Unterstützung für metakognitive Prozesse (*Scaffolds*).

Förderung von Lernstrategien

Hinsichtlich der Gestaltung von multimedialen Lernsettings zeigen Studien, dass es vielen Schüler:innen in allen Altersgruppen schwerfällt, zu lernende Informationen aus Wörtern und Bildern zu integrieren, weil Ihnen offenbar passende kognitive Lernstrategien im Moment des Lernens nicht zugänglich sind oder sie diese nicht kennen (zusammenfassend Hoch, Scheiter & Stalbovs, 2022). Hier können sogenannte *Prompts* helfen. Prompts können, genauso wie Wenn-Dann-Pläne (psychologischer Fachbegriff: *Implementierungsintentionen*), auch für die Förderung metakognitiver Strategien hilfreich sein. Erste Studien zeigen Effekte auch schon bei Kindern zwischen 9 und 14 Jahren (Breitwieser et al., 2023; Biedermann et al., 2023).

Prompts

Prompts sind kurze Leitfragen oder Instruktionen, die Schüler:innen anregen, Lernstrategien zu nutzen, die sie (zuvor) gelernt haben.

Beispiel für kognitiven Strategie-Prompt (Hoch et al., 2022): „Wenn du einen Textabschnitt gelesen hast, suche im Bild nach den Elementen, die im Text beschrieben wurden."

Beispiel für metakognitiven Strategie-Prompt (Breitwieser et al., 2023): „Lies dir den Lerntrick des Monsters genau durch: Du kannst dir die Vokabeln am besten merken, wenn du jeden Tag lernst."

Implementierungsintentionen sind Handlungspläne im Wenn-Dann-Format. Der Wenn-Teil enthält Hinweisreize („Wenn XY auftritt..."), der Dann-Teil Verhaltensweisen („mache ich/mache ich nicht"). Solche Pläne zu formulieren unterstützt Schüler:innen dabei, Lernziele in tatsächliches Handeln umzusetzen.

Beispiel für Implementierungsintention (Biedermann et al., 2023): „Wenn ich eine Textnachricht erhalte, ignoriere ich sie."

5.3.2 Motivational-affektive Prozesse

Meta-Analysen deuten darauf hin, dass der Einsatz digitaler Medien als solcher im Unterricht motivationsförderlich sein kann (Jansen et al., 2022). Allerdings ist beim Einführen beispielsweise von Tablets vor allem zunächst mit sogenannten Novelty-Effekten zu rechnen: das Lernen mit Tablets motiviert, weil es neu ist (Fütterer et al., 2022). Während dieser Effekt pädagogisch dazu genutzt werden kann, Schüler:innen überhaupt für das Lernen zu motivieren, sind für ein überdauerndes Engagement weitere Faktoren relevant.

Grundlagen motivationaler Prozesse: Selbstbestimmungstheorie

Als theoretische Fundierung für motivationale Prozesse beim digitalen Lernen wird oft auf die *Selbstbestimmungstheorie* zurückgegriffen, die Sie aus Kap. 2 kennen. Mit dieser wird beispielsweise begründet, auf welche Weise sich das Einbringen von Elementen aus Computerspielen in digitale Lernangebote, bezeichnet als *Gamification*, auf die motivationalen Grundbedürfnisse – Autonomie, Kompetenzerleben und soziale Eingebundenheit – auswirken sollte (Buhl, Bonanati & Eickelmann, 2021).

Förderung von Motivation: Gamification
Gamification bedeutet, Elemente aus Computerspielen in digitale Lernangebote einzubauen (Tolks & Sailer, 2021). Beispiele hierfür sind:
Punkte für Aktivitäten erlauben ein direktes und kontinuierliches Feedback und können als Belohnung wirken.
Badges (virtuelle Auszeichnungen für erbrachte Leistung) können erreichbare Ziele transparent machen.
Avatare (Vorgefertigte Charaktere oder virtuelle Abbilder der Lernenden), denen ggf. mit einem *Level-up* (Stufenaufstieg) verbesserte Attribute oder neue Fähigkeiten verliehen werden kann.
Fortschrittsanzeigen ermöglichen einen temporalen Vergleich der aktuellen zur früheren Leistung.
Bestenlisten für sozialen Vergleich zu den anderen Lernenden machen zwar ebenfalls Leistungen transparent. Der Einsatz kompetitiver Elemente muss aber gut abgewogen werden, denn er ist für leistungsschwächere Schüler:innen motivational kontraproduktiv. Höhere Motivation entsteht eher dann, wenn sich alle Lernende auf dem gleichen Leistungsniveau befinden (z. B. gleiches Vorwissen mitbringen). Negative Auswirkungen wie Stress sind auch möglich. Durch kooperative Aufgaben und Bildung von Teams kann der Leistungsdruck für Einzelne reduziert werden.

Förderung lerngünstiger Emotionen: Emotional Design

Auch für eine emotional günstige Gestaltung digitaler Lernmedien existieren evidenzbasierte Hinweise. Als Emotional-Design-Merkmale gelten Elemente der ästhetischen Gestaltung, darunter die Verwendung ansprechender Farben (günstig ist: hell, warm, gesättigt) und Formen (rund statt kantig, symmetrisch). Eine hohe ästhetische Qualität geht beispielsweise mit höherer Neugier beim Lernen einher (Loderer, Pekrun & Frenzel, 2020). Emotional Design Effekte wie die Vermenschlichung in Grafiken (z. B. ein Virus mit Gesicht) und die Verwendung ansprechender Farben lassen sich zudem auf intrinsische Motivation nachweisen. Solche Effekte sind größer für Kinder und jüngere Jugendliche (< 16 Jahre) als für Studierende (Brom, Stárková & D’Mello, 2018).

5.3.3 Handlungsoptionen

Optimierung von Unterricht: Nutzen digitaler Medien für eine optimale Lernprozessgestaltung der Klasse

Da digitale Medien eine große Rolle im Alltag von Kindern spielen, gibt es inzwischen ein großes und steigendes Angebot von Lern-Apps. Es existieren eine Reihe evidenzbasierter Lernprogramme, Lernspiele und Lern-Apps, aber auch viele, deren Nutzen nicht belegt ist. Wenn es gilt, für den Unterricht geeignete digitale Medien auszuwählen, kann Evidenzbasierung als Kriterium herangezogen werden. Daneben können die in diesem Abschnitt besprochenen kognitiven und motivational-affektiven Forschungsergebnisse bei der Auswahl helfen oder auch dabei, digitale Lernmedien selbst (z. B. Lernvideos) zu erstellen (s. Online-Anhang 6).

Adaptivität und Individualisierung: Nutzen digitaler Medien für optimale Lernprozessgestaltung

Als besonderer Vorteil digitalen Lernens gilt das Potential zum individualisierten Lernen durch Interaktivität (s. oben), wodurch Schüler:innen in ihrer eigenen Geschwindigkeit oder gemäß ihrer individuellen Stärken und Schwächen lernen können (Nörenberg et al., 2022).

Die Präsentation von Aufgaben kann an bestimmte Bedingungen geknüpft werden, z. B. dass bestimmte andere Aufgaben zuvor erfolgreich gelöst werden müssen. Auf diese Weise lässt sich eine Software adaptiv gestalten, d. h., Lernende erhalten erst dann schwierigere Aufgaben, wenn sie einfachere erfolgreich gelöst haben. Eine angemessene Adaptivität kann wesentlich zur Effektivität von Übungssoftware beitragen (Gerard et al., 2015), und das unabhängig vom Alter der Schüler:innen. Zum Beispiel kann sich in Vokabeltrainern die Software falsch benannte Vokabeln merken und sie später öfter abfragen. Künstliche Intelligenz wird im Handlungsfeld individualisierten digitalen Lernens eine zunehmend größere Rolle einnehmen. Bei KI-gestützten Lernprogrammen werden Lernzustände und Lernverläufe mit digitalen Verfahren, sog. Learning Analytics, diagnostiziert und für die einzelnen Schüler:innen mögliche passende Lernmaterialien und -aufgaben vorgeschlagen. Learning Analytics und KI können so die Arbeit von Lehrkräften im individualisierten Unterricht unterstützen und diese entlasten. Im Online-Anhang 8 haben wir Lernmaterial zu den Themen KI und Learning Analytics für Lehrkräfte zusammengestellt.

Bildschirmzeit

Das digitale Lernen steht im Spannungsfeld zwischen den Möglichkeiten für die Lernunterstützung und den potentiell negativen Auswirkungen von Bildschirmzeiten und Ablenkungen auf Lernen und Entwicklung (DGKJ, 2022; Ward et al., 2017). Hieraus folgt einerseits, dass für die Nutzung digitaler Geräte und Medien im schulischen Kontext darauf geachtet werden sollte, dass deren Nutzung nur zu Lernzwecken erfolgt und von den Kindern und Jugendlichen nicht umgangen werden kann. Demnach wäre es beispielsweise wenig empfehlenswert, Lernvideos auf YouTube bereitzustellen, da Schüler:innen auf Social-Media-Plattformen zahlreichen Ablenkungen und Werbung ausgesetzt sind (besser wäre bspw. die Bereitstellung via Bildungsclouds). Vor diesem Hintergrund aktuell ebenfalls eingeschränkt empfehlenswert sind Konzepte wie *Bring Your Own Device* (digitales Lernen auf den eigenen Endgeräten der Schüler:innen). Aus den in diesem Kapitel dargestellten Forschungsbefunden lässt sich andererseits ableiten, dass der Schulunterricht einen Möglichkeitsraum dafür eröffnet, dass Kinder und Jugendliche in Begleitung durch Lehrkräfte lernen können, die Potentiale digitaler Medien zu nutzen, also digital kompetent zu werden und digital unterstützt zu lernen. Dazu könnte unter anderen auch gehören, ICT-Literacy durch begleitete Lernaktivitäten auf Social Media zu stärken.

Take-Home-Message

- Als wichtige Erkenntnisse bisheriger Forschung lässt sich zusammenfassen, dass digitale Medien ein großes Potenzial für Kinder und Jugendliche haben. Aus der Vielfalt medialer Angebote ergeben sich zahlreiche unterstützende Aspekte für die Bewältigung der anstehenden Entwicklungsaufgaben.
- Zugleich ergeben sich Risiken, deren Ausmaß davon abhängt, wer mit welchen individuellen Voraussetzungen die Medieninhalte konsumiert, wie sie gestaltet sind, in welchen Situationen und mit welchen Intentionen die Mediennutzung stattfindet.
- Die Auseinandersetzung mit digitalen Medien ist für Lehrkräfte in zweierlei Hinsicht bedeutsam. Zum einen erfordert die Dominanz von Medien im Alltag der Schüler:innen die Entwicklung digitaler Kompetenzen als Querschnittsthema. Es bedarf einer handelnden und reflektierten Auseinandersetzung im jeweiligen Fachkontext, um erforderliche Kompetenzen für das Aufwachsen, Lernen und Arbeiten in einer digitalen Welt zu entwickeln. Zum anderen sind Lehrkräfte auch Designer von digitalen Lernumgebungen und benötigen in dieser Rolle Wissen darüber, wie genau Medieneinsatz auf kognitive, motivationale, emotionale und soziale Aspekte des Lernens wirkt.

6. Psychische Gesundheit

Nicole Kämpfe & Franziska Greiner-Döchert

6.1 Einleitung

Fallbeispiel: Klasse 7
Stellen Sie sich vor, Sie haben Ihr Referendariat erfolgreich abgeschlossen und übernehmen jetzt zum ersten Mal eine 7. Klasse als Klassenlehrer:in. Bereits in der ersten Woche fallen Ihnen zwei Schüler auf. Max verhält sich oft laut und aggressiv anderen gegenüber. Er scheint sich schnell provoziert zu fühlen und ist fast täglich in Streitereien und Handgreiflichkeiten verwickelt. Moritz dagegen beteiligt sich in der Regel aktiv am Unterricht und scheint an Vielem sehr interessiert zu sein. Allerdings gehen von ihm auch zahlreiche Unterrichtsstörungen aus: Ohne Aufforderung spricht er, steht auf oder läuft im Klassenraum herum. Außerdem fehlen ihm fast täglich wichtige Materialien und sein Platz sieht sehr unordentlich aus. Sie nehmen sich vor, mit einem befreundeten Kollegen darüber zu sprechen und beraumen schließlich eine Klassenkonferenz ein. In dieser geht es unter anderem auch um Lisa. Sie gehört zu den leistungsstärksten Schüler:innen Ihrer Klasse, die Ihnen jedoch durch sehr düster wirkende Texte und Zeichnungen aufgefallen ist. Sie erfahren, dass Lisa in der 6. Klasse für vier Wochen in stationärer Behandlung in der Kinder- und Jugendpsychiatrie war. Eine Kollegin erzählt, dass ihr Lisa momentan vor allem deshalb auffalle, weil sie sich im Unterricht häufig mit dem Lineal gegen den Unterarm schnipse, bis rote Striemen sichtbar werden. Sie beschließen daraufhin, sich zunächst mit Lisa zu unterhalten, um sich ein besseres Bild von ihr machen zu können.
Eines Tages kommen zwei Schüler aus Ihrer Klasse auf Sie zu und erzählen Ihnen, dass Tom sich in der Schultoilette eingeschlossen habe und heftig weine. Sie denken kurz darüber nach, dass Ihnen Tom auch in letzter Zeit aufgefallen ist, weil er häufig im Unterricht fehlt, sich seltener zu Wort meldet, wenn er da ist, und insgesamt sehr ruhig und zurückgezogen wirkt. Am folgenden Tag finden Sie im Kummerkasten in Ihrem Klassenraum einen anonymen Zettel, auf dem steht: „Es ist alles sinnlos, ich will nicht mehr." Sie überlegen, von wem der Zettel sein könnte. War das Tom oder Lisa oder vielleicht jemand anderes?

Psychische Gesundheit von Schüler:innen

Das vorliegende Kapitel beleuchtet die psychische Gesundheit von Schüler:innen unter besonderer Berücksichtigung der Rolle von Schule und Lehrkräften. Ziel ist dabei weniger die Vermittlung klinisch-psychologischen Wissens, sondern vielmehr die Sensibilisierung dafür, dass Schule sowohl einen wichtigen Schutz- als auch Risikofaktor für die Entwicklung von Kindern und Jugendlichen darstellt. In dem vorliegenden Kapitel soll der Fokus auf der Förderung einer psychisch-gesunden Entwicklung von Schüler:innen liegen. In diesem Zusammenhang sollen Möglichkeiten aufgezeigt werden, wie Lehrkräfte aktiv zur Prävention von psychischen Störungen beitragen und professionell mit Hinweisen auf psychische Auffälligkeiten umgehen können.

Der Lernerfolg von Schüler:innen hängt maßgeblich mit ihrem Wohlbefinden zusammen. Daher gehören Gesundheitsförderung und Prävention zu den zentralen Aufgaben von Schule (KMK, 2012). Diese Aufgaben gewinnen nicht zuletzt vor dem Hintergrund der Auftretenswahrscheinlichkeit, der sog. Prävalenz von psychischen Belastungen im Kindes- und Jugendalter an Bedeutung: So leidet aktuell etwa jede:r vierte Schüler:in unter einer psychischen Störung (Greiner et al., 2019). Besonders häufig vertreten sind Entwicklungsstörungen (z. B. Sprach- und Sprechstörungen), Verhaltens- und emotionale Störungen, Angst- und Zwangsstörungen sowie Depressionen (Greiner et al., 2019). Dabei sind Mädchen und Jungen aus Familien mit niedrigem sozioökonomischem Status deutlich häufiger von psychischen Störungen betroffen (Klipker et al., 2018; s. Kap. 6.2.3).

Prävalenz

Infolge der COVID-19-Pandemie hat sich die gesundheitliche Situation von Schüler:innen noch einmal deutlich verschlechtert: Im Mai/Juni 2020 gaben 71 % der im Rahmen der COPSY-Studie (COrona und PSYche) befragten 7- bis 17-jährigen Kinder und Jugendlichen an, sich durch die erste Welle der Pandemie belastet gefühlt zu haben (Ravens-Sieberer et al., 2021). Dabei hat sich der Anteil an psychischen Auffälligkeiten im Vergleich zu der Zeit vor der Pandemie verdoppelt (ebd.). Äußere Bedrohungen wie z. B. aktuell auch der Ukrainekrieg oder die Klimakrise können Kinder und Jugendliche in ihrem psychischen Wohlbefinden beeinträchtigen. Dies stellt eine große Herausforderung dar, auf die auch die Schulen reagieren müssen – ihre Bedeutung als zentraler Entwicklungskontext von Gesundheitsförderung und Prävention wächst daher tendenziell noch. Dem steht allerdings entgegen, dass Lehrkräfte, insbesondere in ihrem Lehramtsstudium, trotz der zugenommenen und weiter zunehmenden Thematisierung von Inklusion, d. h. der Teilhabe *aller* Schüler:innen am schulischen Bildungsangebot, nicht systematisch für einen professionellen Umgang mit psychischen Auffälligkeiten bei Schüler:innen vorbereitet werden (Greiner & Kracke, 2022). So konnte Bilz (2014) zeigen, dass Lehrkräfte nur mäßig in der Lage sind, psychische Beschwerden bei ihren Schüler:innen wahrzunehmen und Schwierigkeiten dabei haben, internalisierende Probleme (s. Kap. 6.2.1) wie z. B. Ängste und Depressionen zu identifizieren. Besonders unsicher scheinen sich Lehrkräfte im Umgang mit psychischen Störungen wie Depressionen, Essstörungen oder schulbezogenen Ängsten zu fühlen (Hartmann, Rückmann & Tannen, 2020). Lehrkräfte spielen jedoch für die gesunde Entwicklung von Kindern und Jugendlichen und für ein gesundheitsförderliches schulisches Umfeld eine zentrale Rolle (s. Kap. 7.3.2).

6.2 Gesundheit im Kindes- und Jugendalter

6.2.1 Gesundheit versus Krankheit

Gesundheit ist mehr als nur die Abwesenheit von Krankheit. Sie ist ein positiver Zielzustand des alltäglichen Lebens, der individuelle und soziale Ressourcen sowie körperliche Fähigkeiten einschließt (World Health Organisation, 1986). Gesundheit wird damit zur Voraussetzung eines selbstbestimmten und eigenverantwortlichen Lebens (BPtK, 2007, 3). Bei Krankheit bzw. einer Erkrankung sind die normalen physischen oder psychischen Funktionen derart beeinträchtigt, dass die Leistungsfähigkeit und das Wohlbefinden einer Person subjektiv oder objektiv wahrnehmbar gemindert sind.

Physische und psychische Gesundheit sind eng miteinander verzahnt. Dies verdeutlicht die Redewendung „mens sana in corpore sano" („ein gesunder Geist in einem gesunden Körper", Juvenal). In den pädiatrischen Arztpraxen und Kliniken spielen inzwischen psychische Störungen im Vergleich zu schweren körperlichen Erkrankungen eine mindestens vergleichbare Rolle. Die anteilig zunehmenden Phänomene in Kindheit und Jugend wie Entwicklungsstörungen, Lernschwierigkeiten, emotionale Probleme, Gewalt und Verletzungen wurden bis zu den 80er Jahren unter *new morbidity* gefasst. Seit der Jahrtausendwende nehmen unter dem Begriff *millienial morbidity* (Palfrey et al., 2005) Erkrankungen wie Übergewicht, Diabetes, Asthma sowie psychische Störungen zu.

Während Eltern und Pädagog:innen die Anzeichen und Ansprechpartner:innen für Erkrankungen des Körpers weitgehend bekannt sind, trifft gleiches nicht unbedingt auf Erkrankungen der Seele und des Geistes zu. Was Lehrkräfte als psychisch auffälliges Verhalten wahrnehmen, wird individuell und situativ variieren. Wann welches Verhalten und Erleben als klinisch relevant und damit behandlungsbedürftig gelten sollte, ist dagegen weitgehend international konsensfähig – wenngleich es hier sprach- und kulturabhängig durchaus Kontroversen gibt. Grundlage für medizinische Diagnosen im deutschsprachigen Raum ist die Internationale statistische Klassifikation der Krankheiten und verwandter Gesundheitsprobleme der Weltgesundheitsorganisation (ICD-11, Dilling & Freyberger, 2019). Psychische und Verhaltensstörungen werden in einem speziellen Kapitel anhand auffälliger Symptome bzw. Beschwerden, sozialer Begleitumstände und Folgen sowie Schweregraden beschrieben, kategorisiert und voneinander differenziert. Obgleich viele

Störungsbilder über die gesamte Lebensspanne hinweg auftreten (z. B. affektive Störungen wie Depressionen), werden jedoch auch zwei spezifisch für das Kindes- und Jugendalter gültige Hauptkategorien geführt: Entwicklungsstörungen (s. Kap. 6.4.1) und Verhaltens- und emotionale Störungen mit Beginn in der Kindheit und Jugend (s. Kap. 6.4.2).

Dimensionen psychischer Störungen

Für den pädagogischen Alltag kann es hilfreich sein, die enorme Bandbreite möglichen Problemverhaltens bei Schulkindern und Jugendlichen nach den Dimensionen psychischer Störungen zu differenzieren (Döpfner, 2013). Diese wurden empirisch ermittelt auf der Basis von Eltern-, Lehrkräfte- und Jugendlichenbefragungen mit der Child Behavior Checklist (Döpfner, Plück & Kinnen, 2014). Die meisten psychischen Störungen lassen sich entweder als internalisierende oder externalisierende Probleme kategorisieren (s. Abb. 2). Darüber hinaus werden bestimmte soziale Auffälligkeiten (z. B. ausgelöst durch Mobbing) wie Tic-Störungen, Schlaf- oder Aufmerksamkeitsprobleme den gemischten Problemen zugeordnet (Petermann, 2013; Menzel & Wiater, 2009).

Internalisierende oder externalisierende Probleme

Internalisierende Probleme	*Externalisierende Probleme*
Problembewältigung, die eher nach innen gerichtet ist, also auf das Selbst, das körperliche Wohlbefinden oder die Gefühlswelt der Kinder und Jugendlichen	*Problembewältigung, die sich nach außen, also gegen andere Personen und/ oder Gegenstände richtet, auch als „expansives Verhalten“ bezeichnet*
Weniger gut von außen erkennbar	*Äußerlich gut erkennbar*
z.B. Unsicherheit, Ängstlichkeit, Niedergeschlagenheit, körperliche Beschwerden	*z.B. aggressives Verhalten, Regelverletzungen, Delinquenz*

Abb. 2: Dimensionen psychischer Störungen (in Anlehnung an Döpfner, 2013)

6.2.2 Resilienz und Vulnerabilität

Die Auseinandersetzung mit Entwicklungsaufgaben (s. Kap. 1.4.1) und kritischen Lebensereignissen ist Teil der menschlichen Existenz. Eine Bewältigung der alterstypischen Entwicklungsaufgaben geht einher mit einem Kompetenzzuwachs, gesunder Entwicklung und psychischem Wohlbefinden (Petermann & Resch, 2013). Während der Pubertät – einer sogenannten vulnerablen Phase – haben Jugendliche allgemein ein erhöhtes Risiko, an einer psychischen Störung zu erkranken (Weichold & Silbereisen, 2018). Dennoch unterscheiden sich Menschen in der Art, wie sie Herausforderungen meistern.

Vulnerabilität

Resilienz
Unter Resilienz wird die Anpassungsfähigkeit von Individuen an belastende Lebensereignisse verstanden. Vulnerabilität dagegen bedeutet *Verwundbarkeit*. Menschen mit einer hohen Resilienz können mit schwierigen Situationen und unerwünschten Veränderungen besser umgehen als Menschen mit einer hohen Vulnerabilität. Es wird davon ausgegangen, dass beide Konstrukte relativ stabile und größtenteils angeborene Personenmerkmale sind.

Während viele, und insbesondere vulnerable Kinder und Jugendliche, auf Stress oder Krisen (z. B. Naturkatastrophen, Krieg, schwere Erkrankung oder Verlust von Elternteilen, Scheidung) mit Anpassungsstörungen oder Traumatisierungen reagieren, gelingt es resilienten Individuen, ihren Alltag ohne gravierende gesundheitliche Einschränkungen aufrecht zu erhalten. Resilienz bei Kindern und Jugendlichen resultiert u. a. aus dem Zugriff auf wichtige Ressourcen, wie z. B. günstige Bindungs- und Erziehungserfahrungen, ein unterstützendes soziales Umfeld oder ein hohes Selbstwertgefühl.

Um die Entstehung psychischer Störungen zu erklären, müssen die komplexen Wechselwirkungen zwischen biologischen Faktoren (z. B. Temperament), psychosozialen Erfahrungen (z. B. Bindungsverhalten der Eltern) und kontextuellen bzw. sozialen Faktoren (z. B. Stressoren, Ressourcen) berücksichtigt werden (Petermann & Resch, 2013). Am Beispiel Depression kann das biopsychosoziale Modell herangezogen werden, um den komplexen Entstehungsprozess der Störung zu erklären (u. a. Hautzinger, 2005):

So sind das weibliche Geschlecht, das zunehmende Jugendalter, ein Mangel an Serotonin im Hirnstoffwechsel, eine genetische Prädisposition sowie gewisse hormonelle Veränderungen biologische Faktoren, die die Vulnerabilität für die Entstehung einer Depression erhöhen. Sogenannte dysfunktionale kognitive Schemata, welche erworben werden und mit einer negativen Sicht auf die eigene Person, die Welt und die Zukunft einhergehen, stellen psychologische Faktoren dar. Zudem ist das Denken von Personen, die unter Depressionen leiden, häufig durch systematische kognitive Verzerrungen wie „Schwarz-Weiß-Denken“ oder „Katastrophi-

Biologische Faktoren

Psychologische Faktoren

sieren" charakterisiert. Auch ein Mangel an positiven im Vergleich zu negativen Ereignissen und Aktivitäten oder eine erlernte Hilflosigkeit (siehe Kap. 6.4.1) sind psychologische Faktoren. Zu den vulnerabilitätssteigernden sozialen Faktoren gehören eine geringe Bindungsqualität zu den Bezugspersonen, kritische Lebensereignisse (schwere Krankheit, Tod oder Trennung von Bezugspersonen, Gewalt- und Missbrauchserfahrungen, schulische Überforderung, eigene körperliche Erkrankung, Umzüge), aber auch problematische Beziehungen zu Gleichaltrigen.

Sozialen Faktoren

Protektive Faktoren bzw. Ressourcen lassen sich potentiell auf allen drei Ebenen ausmachen. Im pädagogischen Kontext können die soziale Unterstützung und ein liebevolles soziales Umfeld zentrale Schutzfaktoren bilden.

Im Vulnerabilitäts-Stress-Modell (z. B. Petermann, 2013) wird die Entstehung psychischer Störungen als komplexes Zusammenspiel von Anspannung, Stressoren und Ressourcen veranschaulicht. In der stark vereinfachten Darstellung (Abb. 3) treffen zwei unterschiedlich starke alltägliche Stressoren auf ein niedriges und ein hohes Grundanspannungsniveau. Es wird deutlich, dass bei einem hohen Anspannungsniveau auch geringe Stressoren ausreichen, um die individuelle Belastungsgrenze (Schwelle für Erkrankung) zu überschreiten – die Person zeigt also Symptome einer psychischen Störung. Ressourcen können nun einerseits dabei helfen, die Stärke der Stressoren so zu

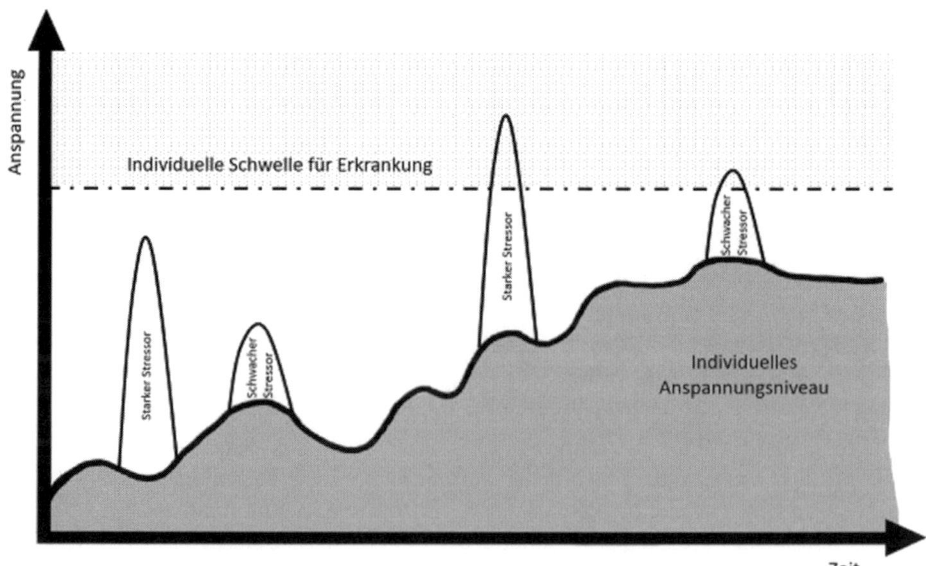

Abb. 3: Vulnerabilitäts-Stress-Modell (eigene Darstellung)

reduzieren, dass das Anspannungsniveau nicht kritisch steigt oder andererseits dazu beitragen, dass die individuelle Belastungsgrenze erhöht wird und der Stress gut kompensierbar bleibt.

6.2.3 Bildung und Gesundheit

Eine wichtige Ressource für die Gesundheit ist die Bildung, doch sie ist kein gleichverteiltes Gut. Psychische und physische Gesundheit von Kindern und Jugendlichen ist abhängig vom sozioökonomischen Status ihrer Herkunftsfamilie (z. B. Hurrelmann, 2016). Im Vergleich zu finanziell schwächer aufgestellten Familien können Familien mit höherem Einkommen ihren Kindern eine bessere Wohnsituation, höherwertige Ernährung und gesundheitliche Versorgung, aber auch günstigere Bindungs- und Erziehungserfahrungen bieten. Zahlreiche Studien zeigen außerdem deutliche Zusammenhänge zwischen dem Bildungsgrad der Eltern und der Gesundheit ihrer Kinder, und zwar über deren gesamte Lebensspanne. Eine hohe Bildung in der Herkunftsfamilie sagt bereits bei jungen Kindern eine gute gesundheitliche Entwicklung vorher (weniger Frühgeburten, höheres Geburtsgewicht) und hat positive Auswirkungen auf den eigenen Lebensstandard im späteren Leben, was sich in einem höheren Bildungsabschluss, einer besser bezahlten Arbeit, weniger Arbeitslosigkeit sowie einem geringeren Erkrankungs- und Sterberisiko äußert (Hurrelmann, 2016). Intelligenz ist ein guter Prädiktor für den Bildungserfolg und steht mit einer höheren Lebenserwartung in Beziehung (Deary et al., 2004).

Sozioökonomischer Status

Das bedeutet zusammengefasst: Schüler:innen aus sozial benachteiligten Familien mit geringem Bildungsniveau tragen im Mittel höhere Risiken für gesundheitliche Einschränkungen (Kaman et al., 2023) und eine geringere Lebenserwartung. Diese Befunde unterstreichen zusammen mit der nachgewiesenen eklatanten Bildungsungerechtigkeit in Deutschland (z. B. Ergebnisse des Bildungsmonitors; Anger, Geis & Plünnecke et al., 2021) die besondere Rolle der Bildungsinstitutionen und ihrer Akteur:innen für die gesunde Entwicklung von Kindern und Jugendlichen.

6.3 Die schulische Lebenswelt

6.3.1 Schutz- und Risikofaktoren für eine psychisch-gesunde Entwicklung

Die Bundespsychotherapeutenkammer (BPtK) fordert für die gesunde Entwicklung von Kindern und Jugendlichen die Gestaltung gesundheitsförderlicher Lebenswelten (BPtK, 2007). Kinder und Jugendliche wachsen in komplexen Lebenswelten auf. In diesem Zusammenhang wird von sog. Sozialisationsphasen gesprochen. In jeder Sozialisationsphase gibt es potenzielle Ressourcen und potenzielle Stressoren (s. Kap. 6.2.2).

Für Kinder und Jugendliche sind insbesondere die primäre Sozialisation durch die Familie und die sekundäre Sozialisation durch Gleichaltrige und Schule von besonderer Bedeutung. Familiäre Schutzfaktoren sind hier vor allem eine sichere Bindung zwischen Kind und Eltern, ein autoritativer Erziehungsstil und häufige familiäre Bildungsaktivitäten, z. B. das Vorlesen von Büchern (Doblinger, 2018).

Schutzfaktoren

Erlebnisse von Gewalt und Missbrauch stellen zentrale Risikofaktoren dar. Zudem erhöhen ein niedriger sozioökonomischer Status, eine psychische Erkrankung eines oder beider Elternteile sowie mangelnde Bindung zwischen Eltern und Kind das Risiko für die Ausbildung einer psychischen Störung (Menzel & Wiater, 2009).

Risikofaktoren

Der Schulbesuch ist als wichtiger Schritt in die Gesellschaft zu betrachten (sekundäre Sozialisation). Die Interaktionen mit Lehrkräften und Peers führen maßgeblich dazu, dass sich Kinder und Jugendliche mit ihrer gesellschaftlichen Rolle auseinandersetzen. Eine zentrale Rolle spielt in dieser Sozialisationsphase das soziale Schul- und Klassenklima. Ein positives Sozialklima kann aktuell, aber auch zu einem späteren Zeitpunkt der Schullaufbahn vor Erkrankung schützen, ebenso wie eine positive Wahrnehmung der eigenen Schule, ein Gefühl der Verbundenheit mit der Schule und die soziale Unterstützung innerhalb der Schule. Ein bedeutsamer Faktor für die Leistungsentwicklung von Schüler:innen und die Orientierung an ihren Bedürfnissen ist der Grad an Kooperation innerhalb der schulischen Kollegien. So ist die aktive und ko-konstruktive Zusammenarbeit von Lehrkräften nicht nur eine potentiell wichtige Ressource im Umgang mit schulischen Stressoren seitens der Lehrkräfte (Gräsl, Fußangel & Pröbstel, 2006), sondern wirkt sich auch positiv auf Schüler:innen aus.

Schul- und Klassenklima

Kooperation

Negative Erfahrungen im schulischen Kontext wie Ablehnung und Ausgrenzung (Bullying, s. Kap. 6.4.3), Leistungsdruck, monotoner Unterricht und (subjektives) Leistungsversagen können zu Schulentfremdung und einer langfristig ablehnenden Haltung in Bezug auf Lernen führen (Hascher & Hadjar, 2018) und zur Entstehung psychischer Störungen beitragen (Ottová-Jordan et al., 2016). Eine intransparente Leistungsbeurteilung, fehlendes konstruktives Feedback und die Androhung schlechter Noten stellen subjektive Stressoren für Schüler:innen dar. In einer Studie von Krumm und Eckstein (2003) gaben 77 % der Befragten an, in ihrer Schulzeit Kränkungen durch ihre Lehrkräfte erfahren zu haben.

6.3.2 Die Rolle der Lehrkräfte

Laut KMK-Empfehlungen (2014, i. d. F. von 2019) sollen Lehrkräfte in der Lage sein, „alters- und entwicklungspsychologisch adäquate Lösungsansätze für Schwierigkeiten und Konflikte in Schule und Unterricht" zu finden und „Risiken sowie Potenziale im Kindes- und Jugendalter sowie Präventions-, Interventions- und Unterstützungsmöglichkeiten" zu kennen (S. 10). Gesundheitliche Belastungen wie Beeinträchtigungen der psychischen Gesundheit zählen zu solchen Risiken im Kindes- und Jugendalter. Lehrkräfte können präventiv, z. B. mit ihrer Unterrichts- und Beziehungsgestaltung, zu einer gesunden psychischen Entwicklung von Kindern und Jugendlichen beitragen. Sie spielen neben der Familie jedoch auch eine zentrale Rolle bei der Früherkennung von psychischen Problemen und im Umgang mit diesen. Für manche Schüler:innen sind die Lehrkräfte die einzigen stabilen Bezugspersonen im sozialen Umfeld. Sorgen Lehrkräfte für ein vertrauensvolles, unterstützendes Klima in ihren Klassen und stabile, verlässliche Beziehungen zu ihren Schüler:innen, so leisten sie einerseits einen gewichtigen Anteil zur Prävention von Gesundheitsproblemen – im Übrigen auch bei sich selbst und im Kollegium. Andererseits werden Kinder und Jugendliche, die einen vertrauensvollen Kontakt zu ihrer Lehrkraft haben, dort eher nach Unterstützung suchen und von ihren Sorgen und Problemen erzählen. Doch sind Kinder und Jugendliche auch darauf angewiesen, mit ihren Schwierigkeiten ‚gesehen' zu werden, da gerade (jüngere) Kinder, aber auch Jugendliche oft nur eingeschränkt selbstauskunftsfähig sind. Durch den regelmäßigen Kontakt zu den Schüler:innen sind Lehrkräfte in einer besonderen Position: Sie können Veränderungen im Verhalten erkennen – oft früher als andere Bezugspersonen – und sie können die Schüler:innen länger sowie in einem anderen Kontext als bspw. Erziehungsberechtigte beobachten. Da psychische Belastungen gerade im Kindes- und Jugendalter oft schwer von außen zu erkennen sind (s. Kap. 6.4.2), ist es wichtig, dass Lehrkräfte systematisch beobachten können und für individuelle Veränderungen der Schüler:innen sensibel sind. Da sie oft als erste Ansprechpartner:innen fungieren, benötigen sie darüber hinaus Gesprächsführungskompetenzen und Wissen über (regionale) Unterstützungssysteme. Auf der Grundlage von Beobachtungen können Lehrkräfte den Weg zu professioneller Hilfe bahnen, indem sie Kontakt zu externen Hilfesystemen herstellen. Damit haben sie eine Gatekeeper-Funktion. Enorm wichtig ist in diesem Zusammenhang die Kooperation mit inner- und außerschulischen Expert:innen. Zum multiprofessionellen Team an Schulen gehören neben dem Lehrkräftekollegium und der Schulleitung auch Förderpädagog:innen, Schulso-

Früherkennung

Gatekeeper-Funktion

zialarbeiter:innen und Schulpsycholog:innen. Darüber hinaus sind das Jugendamt und insoweit erfahrene Fachkräfte (bei Verdacht auf Kindeswohlgefährdung) sowie Kinder- und Jugendpsychiater:innen und Kliniklehrkräfte (z. B. vor, während und nach einem stationären Aufenthalt eines Kindes/einer:s Jugendlichen) wichtige außerschulische Kooperationspartner:innen.

6.3.3 Gesundheitsförderung in der Schule

Gesundheitsförderung und Prävention sind integrale Bestandteile von Schulentwicklung (KMK, 2012). Damit es den professionellen schulischen Akteur:innen erleichtert wird, aktiv zur Gesundheitsförderung beizutragen, stellt z. B. die Bundeszentrale für gesundheitliche Aufklärung konkrete Unterrichtsmaterialien zu Basisthemen (z. B. Suchtprävention) der Gesundheitserziehung und -förderung für alle Schularten und Schulstufen kostenfrei zur Verfügung.

Darüber hinaus gibt es zahlreiche Programme zur Prävention von psychischen Krisen und zur Förderung der seelischen Gesundheit. Eine gute Übersicht über diese Programme liefert Schulte-Körne (2022) oder auch die Datenbank „Grüne Liste Prävention". Entlang von Kriterien wie z. B. Altersgruppe oder Problemfeld kann gezielt nach passenden Präventionsprogrammen gesucht werden. Beispielsweise ist „Lebenslust mit Lars & Lisa" (Pössel & Hautzinger, 2022) ein Programm zur Prävention von Depressionen, das auf die Förderung von Lebenskompetenzen und Emotionsregulation abzielt. Das Programm adressiert Schüler:innen ab Klassenstufe 8 und wird z. B. von Lehrkräften, die eine zweitägige Fortbildung erhalten, durchgeführt. Einen Themenschwerpunkt der zehn Unterrichtsstunden umfassenden Prävention und Aufklärung bildet das bewusste Wahrnehmen der eigenen negativen Kognitionen, da diese als zentral für die Entstehung und Aufrechterhaltung von Depressionen gelten.

6.4 Pädagogischer Umgang mit auffälligen Verhaltensweisen

Abweichungen von psychisch gesunder Entwicklung können bereits im Kleinkindalter auffallen, einige treten erstmals im Grundschulalter auf, andere erst mit Beginn der Pubertät. Im Vorschul- und Grundschulalter dominieren die Entwicklungsstörungen, welche sich u. a. in Problemen der Aussprache, dem Verstehen von Worten und/oder schwerwiegenden Beeinträchtigungen der motorischen Koordination äußern können. In der Adoleszenz, die etwa ab dem 10. Lebensjahr beginnt, gewinnen Suchterkrankungen wie Alkohol-, Computer- und

Spielsucht sowie der Konsum illegaler Drogen an Bedeutung (Steffen et al., 2018).

Längsschnittstudien konnten nachweisen, dass Kinder, die bereits im Kindergarten sozial-emotionale Probleme zeigen, durch ein hohes Stresserleben beim Übergang in die Schule, eine unzureichende Bewältigung der schulischen Anforderungen am Ende der ersten Klasse sowie einen niedrigeren Lernerfolg am Ende der Grundschulzeit auffallen (Hair et al, 2006; Koglin & Petermann, 2013). Auch hier zeigte sich der deutliche Einfluss familiärer Risikofaktoren (s. Kap. 6.2.3), was die Bedeutung frühzeitiger Prävention und Intervention unterstreicht. Es ist davon auszugehen, dass sich die meisten Störungsbilder selten in Reinform zeigen, sondern im Regelfall zusammen mit anderen Auffälligkeiten auftreten, d. h., sie sind *komorbid*. Zu den häufigsten Komorbiditäten im Kindes- und Jugendalter zählen Aufmerksamkeitsdefizit-/Hyperaktivitätsstörung, AD(H)S, kombiniert mit Störungen des Sozialverhaltens sowie Depressionen kombiniert mit Angststörungen (Döpfner, 2013; s. Kap. 6.4.2).

6.4.1 Umschriebene Entwicklungsstörungen

Zu den Entwicklungsstörungen gehören Verhaltensauffälligkeiten, die in der Regel bereits im Kleinkindalter diagnostiziert werden und für den schulischen Kontext relevant sind. Im Kleinkindalter zeigen sich Entwicklungsstörungen häufig in Form von Problemen bei der Aussprache, dem Verstehen von Worten oder schwerwiegenden Beeinträchtigungen der motorischen Koordination. Im Schulalter werden Entwicklungsstörungen ebenfalls durch Probleme in den Bereichen Sprache und Motorik, aber auch in spezifischen Fertigkeiten wie Lesen, Rechtschreibung und Rechnen sichtbar. Da sich die Probleme i. d. R. auf einen spezifischen Leistungsbereich beschränken, wird von sog. *umschriebenen Entwicklungsstörungen* gesprochen. Zu den am häufigsten vertretenen gehören die Lese- und Rechtschreibstörung und die Rechenstörung.

Rechenstörung

So fällt es z. B. Kindern mit einer Rechenstörung besonders schwer, ein grundlegendes Verständnis von Zahlen und Mengen und deren gegenseitigen Bezügen aufzubauen, was u. a. zu Problemen bei basalen Rechenfertigkeiten wie Addition, Subtraktion, Multiplikation und Division führt. Häufig werden Rechenstörungen erst in der dritten und vierten Klasse identifiziert (Jacobs & Petermann, 2007a). Kinder mit einer Lesestörung lesen meist sehr langsam und stockend. Sie vertauschen Wörter oder Buchstaben, lassen diese weg oder fügen welche hinzu. Die Probleme bestehen in der phonologischen Bewusstheit als Teil des Arbeitsgedächtnisses, die sich u. a. im Erkennen und Differenzieren lautlicher Strukturen sowie beim Erlernen und Automatisieren

Lesestörung

der Buchstaben-Laut-Zuordnung äußert. Ab dem Jugendalter äußert sich eine Lesestörung vor allem durch eine niedrige Lesegeschwindigkeit, die mit einer Beeinträchtigung des Leseverstehens einhergehen kann. Eine Rechtschreibstörung zeigt sich dagegen durch sehr viele Fehler beim Schreiben von Wörtern. Dabei kann es auch vorkommen, dass dieselben Wörter unterschiedlich falsch geschrieben werden (sog. Fehlerinkonstanz). Die beschriebenen Problematiken im Lesen und Rechtschreiben zeigen sich in allen Unterrichtsfächern, auch beim Fremdsprachenlernen. Lese- und Rechtschreibprobleme können auch isoliert auftreten. In diesen Fällen wird von einer isolierten Lesestörung bzw. einer isolierten Rechtschreibstörung gesprochen.

Rechtschreibstörung

Als Ursache für Entwicklungsstörungen werden gestörte Reifungsprozesse in bestimmten Regionen des Gehirns angenommen. So konnten in MRT-Studien funktionelle Veränderungen vor allem in der linken Gehirnhälfte festgestellt werden. Dennoch ist die Intelligenz der betroffenen Kinder in der Regel normal entwickelt, sodass Entwicklungsstörungen nicht mit einer Intelligenzminderung bzw. geistigen Behinderung (IQ < 70) gleichzusetzen sind. Gerade bei rechenschwachen Kindern mit normaler bis überdurchschnittlicher Intelligenz kommt es häufig zu Sekundärsymptomen wie Prüfungsangst, negativen Veränderungen im schulbezogenen Selbstkonzept (s. Kap. 3.1) und zu ungünstigen Attributionsstilen (d. h. Misserfolge werden meist durch eine unveränderliche und unkontrollierbare Unfähigkeit begründet) bis zu *erlernter Hilflosigkeit.*

Erlernte Hilflosigkeit
Der Begriff „erlernte Hilflosigkeit" stammt von dem amerikanischen Psychologen Martin Seligman (1975). Hilflosigkeit wird nach dem Konzept dann erlernt, wenn Menschen das Gefühl haben, Situationen nicht verändern oder verhindern zu können. Ereignisse werden somit als unkontrollierbar erlebt, was wiederum zu Motivationsverlust und Passivität bis hin zu Depressivität führen kann.

Von Entwicklungsstörungen betroffene Mädchen leiden häufig auch unter internalisierenden Störungen wie Depressionen oder Ängsten. Betroffene Jungen tendieren hingegen eher zu externalisierenden Verhaltensstörungen wie ADHS (Jacobs & Petermann, 2007b; Landerl & Kaufmann, 2008) (s. Kap. 6.4.2).

Es gibt zahlreiche Hinweise darauf, dass Entwicklungsstörungen im Schulalter eine hohe Persistenz aufweisen, d. h. lange bestehen bleiben, und es für betroffene Schüler:innen sehr schwer ist, ihren Rückstand im Laufe der Schulzeit gegenüber ihren Mitschüler:innen ohne Entwicklungsstörungen aufzuholen (Landerl & Kaufmann, 2008; Schneider et al., 2016). Daher ist es besonders wichtig, so früh wie möglich zu intervenieren und Schüler:innen individuell zu unterstützen. Hier spielen Lehrkräfte eine zentrale Rolle: Durch den regelmäßigen Kontakt zu Schüler:innen und den Einsatz textbasierter Aufgaben im Unterricht können sie Symptome frühzeitig erkennen und basisdiagnostische Verfahren umsetzen. Plattformen wie LONDI bieten Lehrkräften Informationen zu besonderen Lernstörungen und geeigneten schulischen Fördermaßnahmen. Mit der LONDI-Screening-App können Lehrkräfte sogar auf jeweilige Schüler:innen zugeschnittene Förderempfehlungen generieren. Lehrkräfte können Schüler:innen mit Lernstörungen z. B. durch Nachteilsausgleiche in Prüfungssituationen unterstützen.

Nachteilsausgleiche
Nachteilsausgleiche sind pädagogische Maßnahmen, die helfen sollen, systematische Nachteile von Kindern, die vorübergehende oder dauerhafte gesundheitliche Einschränkungen und/oder Teilleistungsstörungen in den Bereichen Sprache, Hören, Sehen, körperliche/motorische Entwicklung, emotionale/soziale Entwicklung sowie Autismus-Spektrum-Störung aufweisen, zu kompensieren.

Beispielsweise kann es für Schüler:innen mit einer Lese-Rechtschreib-Störung hilfreich sein, wenn die Testaufgaben vorgelesen werden und mehr Bearbeitungszeit zur Verfügung steht. Nachteilsausgleiche gelten i. d. R. für ein Schuljahr und dürfen nicht im Zeugnis vermerkt werden. In den meisten Bundesländern können Nachteilsausgleiche durch Lehrkräfte und/oder durch Eltern beantragt werden. Meist ist die Zustimmung der Klassenkonferenz und der Schulleitung erforderlich. Zudem sind außerschulische Fördermaßnahmen möglich, über die Lehrkräfte Eltern informieren können. Dazu gehört z. B. eine Lerntherapie durch ausgebildete Lerntherapeut:innen. Eine Kostenübernahme kann durch das Jugendamt gewährt werden, wenn die Lernstörungen im Zusammenhang mit einer seelischen Behinderung, d. h. einer langfristigen Bedrohung der seelischen Gesundheit, steht und die Teilhabe am Leben in der Gesellschaft beeinträchtigt ist. In diesem Fall greift die sog. Eingliederungshilfe nach dem Sozialgesetzbuch (SGB VIII §35a). In diesem Zusammenhang sollten Lehrkräfte die Eltern an das örtliche Jugendamt vermitteln.

Seelische Behinderung

Im Vergleich zu den umschriebenen Entwicklungsstörungen sind bei sog. tiefgreifenden Entwicklungsstörungen nicht nur einzelne Lebensbereiche betroffen, sondern es handelt sich meist um eine schwerwiegende Beeinträchtigung in der sozialen Interaktion, der Kommunikation und Interessenbildung. Dazu zählt z. B. die Autismus-Spektrum-Störung, die unterschiedliche Symptome, Ausprägungen und Schweregrade umfassen kann (wie z. B. Asperger-Syndrom). Inzwischen gibt es zahlreiche Lehrbücher, die eine gute Übersicht über das Autismus-Spektrum sowie mögliche pädagogische Unterstützungsmöglichkeiten geben (u. a. Vero, 2020).

6.4.2 Verhaltens- und emotionale Störungen

Externalisierendes Problemverhalten

Externalisierendes Problemverhalten

Für Lehrkräfte besonders relevant sind die externalisierenden Verhaltensauffälligkeiten wie Aufmerksamkeitsdefizit-/Hyperaktivitätsstörung und Störungen des Sozialverhaltens, da sie insgesamt sehr viel Aufmerksamkeit binden (z. B. in Form von Unterrichtsstörungen oder Konflikten mit Gleichaltrigen) und auch mit einer ungünstigeren Prognose für den Schulerfolg (geringere Leistungen, höhere Abbruchraten) einhergehen (Castello, 2017). Externalisierendes Problemverhalten führt in der Regel auch früher zu einer klinischen Diagnose und folglich zur Behandlung als internalisierende Probleme.

Aufmerksamkeitsdefizit-/Hyperaktivitätsstörung ADHS

Die Aufmerksamkeitsdefizit-/Hyperaktivitätsstörung, kurz AD(H)S, zählt zu den am häufigsten diagnostizierten Verhaltensauffälligkeiten im Kindes- und Jugendalter. Etwa 5 % aller Grundschüler:innen erhalten die Diagnose AD(H)S. Am häufigsten findet sich die Diagnose bei Jungen (Göbel et al., 2018). Allerdings gibt es Hinweise darauf, dass Mädchen und Jungen in Wirklichkeit etwa gleich stark betroffen sind, jedoch weibliche Betroffene im Rahmen klassischer Diagnostik ‚übersehen' bzw. erst im Jugend- und jungen Erwachsenenalter erkannt werden. Etwa 50 % der betroffenen Kinder und Jugendlichen weist auch im Erwachsenenalter noch Symptome einer AD(H)S auf (Barkley, 2006).

AD(H)S ist ein Sammelbegriff für verschiedene voneinander, abgrenzbare Typen, wie den unaufmerksamen, hyperaktiven und gemischten Typ. Das H in ADHS steht demnach für Hyperaktivität und ist sicherlich das zunächst besser zu beobachtende Merkmal. Kinder und Jugendliche mit diesem Typus zeigen im Grundschulalter einen über das altersgemäß erwartbare Maß hinausgehenden Bewegungsdrang und eine extrem hoch ausgeprägte motorische Unruhe. Im Jugendalter verändern sich die Symptome häufig in Richtung stärkere Impulsivität, ausgeprägter Unaufmerksamkeit, Auffälligkeiten im Sozialverhalten und erhöhten Risikoverhaltens (z. B. Substanzmissbrauch, hohe Unfallneigung).

Betroffene des unaufmerksamen Typus fallen vor allem durch häufiges Tagträumen, sehr hohe Ablenkbarkeit, geringe Fokussierung und eine sehr niedrige Schwelle, Langeweile zu empfinden, auf. Monotone Tätigkeiten oder Aufgaben, die nicht im Interessenbereich von Kindern und Jugendlichen des unaufmerksamen Typus liegen, können für diese zur Qual werden.

Von AD(H)S betroffene Kinder fallen im Schulalltag schnell auf. Sie sind häufiger an Unterrichtsstörungen und sozialen Konflikten beteiligt. Sie bleiben mit ihren schulischen Leistungen deutlich unter ihrem kognitiven Potential und können aufgrund der ausgeprägten Unaufmerksamkeit Lernrückstände und sogar Lernstörungen (s. Kap. 6.4.1) entwickeln. Sie erleben daher auch öfter Klassenwiederholungen, Schulabbrüche und soziale Ausgrenzung (Castello, 2017).

Für die Unterrichtsgestaltung ist es einerseits ratsam, ‚Leerläufe' zu vermeiden bzw. darauf zu achten, dass Lernende, die von AD(H)S betroffen sind, vor selbstständigen Arbeitsphasen die Aufgabenstellung(en) wirklich wahrgenommen und verstanden sowie alle notwendigen Materialien für die Bearbeitung parat haben. Von AD(H)S betroffene Schüler:innen profitieren zudem eher als andere von einem stark strukturierten Unterricht, von der Vermittlung und Einübung von Lernstrategien, von einer ablenkungsarmen Umgebung und von konsequentem, belohnungsorientierten Lehrkräfteverhalten (Castello, 2017). Es gibt eine Reihe positiv evaluierter Trainingsmaßnahmen wie das Marburger Konzentrationstraining oder das Training mit aufmerksamkeitsgestörten Kindern (Domsch & Lohaus, 2021).

Störungen des Sozialverhaltens

Unter Störungen des Sozialverhaltens fasst man ein wiederholtes und dauerhaftes Verhaltensmuster, das auf Schädigungen von Personen und/oder Gegenständen abzielt und somit eine Verletzung gesellschaftlicher Regeln und Grundrechte anderer darstellt. Symptome sind bspw. häufige und schwere Wutausbrüche, häufiges Streiten, häufiges Lügen, häufiges Beginnen körperlicher Auseinandersetzungen oder aber auch Gebrauch von Waffen, körperliche Grausamkeit gegen Menschen und Tiere oder absichtliche Zerstörung fremden Eigentums. Die letztgenannten Kriterien weisen auf eine schwere Störung des Sozialverhaltens hin (Dilling & Freyberger, 2019).

Ob eine klinische Diagnose auf Basis der ICD (s. Kap. 6.2.1) gestellt wird, hängt i. d. R. von der Häufigkeit, der Dauer und der Intensität der beobachtbaren Symptomatik ab – mit Ausnahme besonders schwerwiegender Symptome. Unterschieden werden oppositionelle, aggressive und delinquente Verhaltensweisen, welche abhängig vom Alter beobachtet werden. Während oppositionelles (Trotz-)Verhalten häufig bereits lange vor dem Schuleintritt präsent ist, zeigt sich delinquentes Verhalten oft erst bei Jugendlichen.

Delinquenz
Unter Delinquenz wird ein Verhalten verstanden, das von den Normen und Werten einer Gesellschaft abweicht und dabei auch gegen gesetzliche Regeln verstößt. Im Jugendalter handelt es sich in den meisten Fällen um vorübergehende Phänomene, die Bestandteil der Entwicklung in dieser Lebensphase sind. In einigen wenigen Fällen ist jedoch von einer verfestigten Problemlage auszugehen, die oft ihren Beginn in der Kindheit hat und sich ins Erwachsenenalter fortsetzt (Weichold & Blumenthal, 2018).

Tritt klinisch relevantes Problemverhalten bereits im Kindergartenalter auf und steht es in Kombination mit weiterem Problemverhalten wie AD(H)S, ist die Prognose besonders ungünstig. Zudem fallen deutliche Geschlechtsunterschiede auf: Während Jungen eher zu körperlich aggressivem Verhalten neigen, sind Mädchen häufiger verbal aggressiv oder grenzen andere aus, indem sie z. B. Gerüchte verbreiten. Zudem sind Jungen insgesamt öfter von einer Diagnose betroffen (etwa 3:1 ab dem Grundschulalter, Petermann & Petermann, 2013).

Für Lehrkräfte ist der Umgang mit betroffenen Schüler:innen sehr herausfordernd. Wichtige pädagogische Handlungsprinzipien sind Wertschätzung, Verlässlichkeit, Regelmäßigkeit, Vorhersagbarkeit und Konsistenz auch und insbesondere im Fall (erneuter) Regelverletzungen. Kinder mit Auffälligkeiten im Sozialverhalten haben oftmals problematische Erfahrungen mit Bindungspersonen der Herkunftsfamilie gemacht. Sie brauchen und suchen daher oft besonders intensiv die Nähe von Lehrkräften, gleichwohl ihr Verhalten einen anderen, oft abweisenden oder feindseligen Eindruck macht (gespielte Unabhängigkeit, Castello, 2017). Die Herausforderung für Lehrkräfte liegt nun darin, auch angesichts von Fehlverhalten wertschätzend und empathisch mit betroffenen Kindern bzw. Jugendlichen umzugehen und zugleich klar und verlässlich auf die Einhaltung von Regeln und Grenzen zu achten.

Internalisierendes Problemverhalten

Internalisierendes Problemverhalten

Da internalisierendes Problemverhalten von außen nicht gut zu erkennen ist, bleibt es häufiger und länger unter dem Radar von Lehrkräften und Eltern (Splett et al., 2019). Dabei erleben Betroffene oft einen erheblichen persönlichen Leidensdruck. Zudem ist die Gefahr der Chronifizierung groß (u. a. Grubert, 2016). Umso tragischer ist es daher, dass für Außenstehende zunächst oft kein Handlungsbedarf erkennbar wird. Die Betroffenen wirken auf Lehrkräfte möglicherweise lediglich zurückgezogener und stiller als sonst oder im Vergleich zu

Mitschüler:innen – etwas, das im turbulenten Schulalltag sogar wünschenswert sein kann. Sie können auch buchstäblich weniger in Erscheinung treten, indem sie bspw. der Schule öfter fernbleiben (z. B. Schulverweigerung bei Schulangst). Zudem ist die Bandbreite internalisierenden Problemverhaltens sehr groß. Zu den zentralen internalisierenden Symptombildern im Kindes- und Jugendalter zählen v. a. Depressive Störungen und Angststörungen. Daneben drücken sich Zwangsstörungen, Essstörungen, Substanzmissbrauch und Suchtverhalten, posttraumatischen Belastungsstörungen (PTBS) oder nichtsuizidales selbstverletzendes Verhalten (NSSV) in teilweise schwer von außen erkennbaren Symptomen aus.

Für Lehrkräfte ergeben sich daraus andere Herausforderungen, als es angesichts externalisierender Verhaltensweisen der Fall ist. Es ist nicht die Aufgabe von Lehrkräften, Störungsbilder zu diagnostizieren; dafür sind ausgebildete Kinder- und Jugendpsychotherapeut:innen bzw. -psychiater:innen verantwortlich. Vielmehr obliegt es den Lehrkräften – neben der Mitgestaltung eines gesundheitsförderlichen Schulklimas – möglichst frühzeitig Veränderungen, die auf eine psychische Belastung hinweisen können, bei Lernenden zu erkennen, um daraufhin adäquate pädagogische Unterstützungsmaßnahmen anzubieten und einzuleiten. Auf ebendiesem Handlungsbereich liegt der Fokus in diesem Abschnitt.

Die pädagogischen Handlungsempfehlungen bei internalisierenden Störungen unterscheiden sich teilweise deutlich je nach vorliegender Problematik (Castello, 2013, 2017). Unabhängig vom spezifischen Störungsbild werden jedoch einige allgemein empfehlenswerte Maßnahmen vorgeschlagen, die bei den meisten internalisierenden Verhaltensweisen hilfreich sind. Eine gute Übersicht bieten z. B. auch Grubert (2016) sowie Petermann und Petermann (2013).

Zunächst ist ein vertrauensvoller individueller Kontakt zu den Betroffenen zentral, um die eigenen Beobachtungen abklären und soziale Unterstützung leisten zu können. Gespräche mit möglicherweise betroffenen Schüler:innen sind daher im Normalfall die erste pädagogische Maßnahme. Gelingen sie, kann die Lehrkraft einerseits wichtige Informationen für das weitere Vorgehen gewinnen, dieses ggf. mit dem Kind/Jugendlichen abstimmen und andererseits durch die aktive Beziehungsgestaltung soziale Unterstützung bieten. In den meisten Fällen sind außerdem Gespräche mit den Erziehungsberechtigten der betroffenen Minderjährigen zwingend. Diese können von den Klassenlehrkräften oder den Schulsozialarbeiter:innen initiiert werden. Die Eltern bzw. Erziehungsberechtigten müssen in der Mehrzahl der Fälle informiert werden. Denn sie sind es in der Regel auch, die eine psychodiagnostische Abklärung veranlassen und therapeutische Unterstützung beantragen. Ab dem 15. Lebensjahr können Jugendliche jedoch ohne das Einverständnis der Eltern eine Psychotherapie in Anspruch nehmen. Lehrkräfte können diesen Prozess durch eine entsprechende Aufklärung über bestimmte Störungsbilder (Psychoedukation) der Eltern anregen. Es gibt jedoch eine Einschränkung: Im Falle eines Verdachts auf Kindeswohlgefährdung, die von den Erziehungsberechtigten selbst ausgeht, ist das Elterngespräch zunächst nicht ratsam. Hierfür existieren konkrete Handlungsleitfäden in den Bundesländern (z. B. § 55 a ThürSchulG, 2008). Zudem können insoweit erfahrene Fachkräfte für die Einschätzung des Gefährdungsrisikos bei einer vermuteten Kindeswohlgefährdung kontaktiert werden.

Verdacht auf Kindeswohlgefährdung

Eine weitere grundlegende pädagogische Maßnahme sind kompetenzorientierte, wertschätzende Rückmeldungen an die Lernenden. Hiervon profitieren selbstverständlich alle Kinder und Jugendlichen, weshalb es sich dabei um einen wichtigen Ansatz zur Prävention von psychischen Störungen handelt. Da bei Betroffenen von internalisierendem Problemverhalten das Erleben von Anerkennung und Kompetenz beeinträchtigt ist, sind die Stärkung des Selbstwerts und der Selbstwirksamkeit (s. Kap. 3.1) zentrale pädagogische Interventionsmaßnahmen.

Stärkung des Selbstwerts

Ein weiterer allgemein günstiger Ansatz, der ebenfalls präventiv wirksam sein kann, ist die Stärkung der Klassengemeinschaft. Soziale Unterstützung ist eine zentrale Ressource für die Bewältigung von Herausforderungen. Beispielsweise ist bei vorliegender Suizidalität eines der wichtigsten Mittel zur Verhinderung der Ausführung, mindestens eine Kontaktperson zu haben, die die Verbindung zur/m Betroffenen hält. Es existieren verschiedene Diagnoseinstrumente für das Klassenklima, sowie pädagogische Ansätze zur Förderung des sozialen Zusammenhalts an Schulen (u. a. Strohmeier, 2021).

Stärkung der Klassengemeinschaft

Es gibt sicher noch eine Reihe allgemein empfehlenswerter pädagogischer Maßnahmen, allerdings soll im Folgenden auch auf einige störungsspezifische Vorgehensweisen eingegangen werden. Es kann für manche Varianten von Problemverhalten sinnvoll sein, in Abstimmung mit den Betroffenen eine sensible und wertschätzende Aufklärung auf Klassenebene vorzunehmen (z. B. Depression, Ängste, PTBS). Dies kann Betroffene entlasten, die soziale Akzeptanz abweichenden Verhaltens erhöhen, Vorurteile abbauen und soziale Unterstützung aktivieren. Es gibt jedoch eine Ausnahme, bei der dringend von Aufklärungsmaßnahmen abgeraten wird, und zwar, wenn nichtsuizidales selbstverletzendes Verhalten (NSSV) vorliegt. Denn bei NSSV besteht die Gefahr der epidemieartigen Ausbreitung in Klassen und Schulen (Plener et al., 2012), was durch öffentliche Aufklärungsmaßnahmen nur verstärkt werden würde. Daher gilt für die Akutmaßnahmen bei NSSV die Grundregel „Kein Blut!“, d. h., offene oder frische Wunden sollten stets unverzüglich abgedeckt werden, z. B. durch Kleidung. Selbstverständlich ist die akut notwendige medizinische Versorgung, ggf. unter Einbeziehung eines notärztlichen Dienstes, zu sichern. Es ist jedoch zur Verhinderung der ‚sozialen Ansteckung' sehr wichtig, dem Ritzen, Kratzen, Schneiden, Kneifen, Verbrennen und ähnlichen Maßnahmen der Selbstverletzung keine öffentliche Aufmerksamkeit zuteilwerden zu lassen. Hier sind daher vor allem individuelle Gespräche zur Abklärung und ggf. die Einbindung der Erziehungsberechtigten wichtige Ansatzpunkte. Ähnlich sensibel empfiehlt es sich, mit den Themen Essstörungen und Substanzmissbrauch umzugehen. Denn eine öffentliche Thematisierung kann vulnerablen Jugendlichen in ausweglosen Situationen geradezu Ideen liefern, wie sie z. B. mit starken Emotionen umgehen könnten.

6.4.3 Krisenbewältigung

Prävention

Schulen sind auch Orte akuter Krisenbewältigung. Zu den seltensten Krisen, die jedoch für das physische und psychische Wohlbefinden allgemein am bedrohlichsten wahrgenommen werden, zählen sicherlich Suizid und Amoklauf. In beiden Fällen gilt es, intensive Anstrengungen in die Prävention zu investieren.

Suizidalität kann als Begleitsymptom in depressiven Episoden und anderen, vor allem internalisierenden Störungen auftreten. Von Schüler:innen geäußerte Suizidabsichten sind immer und ausnahmslos ernst zu nehmen, denn ca. 80 % aller verübten oder versuchten Suizide gehen entsprechende Äußerungen voraus. Umgekehrt heißt das natürlich nicht, dass 80 % aller Absichtsäußerungen in einem Suizidversuch münden. Dennoch sollten die Haltung und Botschaft seitens der Schule sein: Wir nehmen das in jedem Fall ernst (auch wenn sich herausstellt, dass gar keine Bedrohung vorliegt). Ernst nehmen heißt, engen Kontakt zu den Betroffenen aufzubauen und zu halten, professionelle psychologische und/oder ärztliche Hilfe hinzuzuziehen sowie die Erziehungsberechtigten zu informieren. Die Deutsche Gesellschaft für Suizidprävention listet neben verbreiteten Mythen und deren Richtigstellung Warnsignale und Risikofaktoren für Suizid auf.

Inzwischen existieren für den Fall eines Amoklaufs in den Verwaltungsvorschriften der meisten deutschen Bundesländer Notfallpläne. Es ist jedoch davon auszugehen, dass Lehrkräfte im Ernstfall zumeist überfordert sind (Eikenbusch & Spitczok von Brisinksi, 2007). Zentral lehrergesteuerte Präventivmaßnahmen für Amok sind u. a. wiederum die Förderung des Selbstwerts und der Selbstwirksamkeit, aber auch der Abbau von Versagensängsten (z. B. bei gefährdeter Versetzung), das Verbot bestimmter Gewaltdarstellungen oder auch die Einführung von (Waffen-)Kontrollen. Darüber können schulpsychologische Programme und Maßnahmen der Schulsozialarbeit wichtige Ressourcen zur Vorbeugung sein. Detaillierte schulbezogene Informationen zu Vorbeugung, Warnsignalen und konkretem Handeln finden sich u. a. hier: Hoffmann und Wondrak (2007), Paulus (2019) sowie Robertz und Wickenhäuser (2010).

Bei den Risikofaktoren, die der Kontext Schule für Kinder und Jugendliche bergen kann, wird häufig die Problematik des Mobbings bzw. Bullyings erwähnt.

Bullying
Der Begriff Bullying wird vor allem im englischsprachigen Raum verwendet, um systematisches, absichtsvolles, aggressives Verhalten zu beschreiben, bei dem ein:e Schüler:in wiederholt und über einen längeren Zeitraum den schädigenden Handlungen von ein oder mehreren Mitschüler:innen ausgesetzt ist, die einen deutlichen Machtvorsprung gegenüber dem geschädigten Opfer haben (Olweus, 2002). Unter Mobbing – der im deutschsprachigen Raum verbreitetere Begriff – wird dagegen sprichwörtlich das Umringen einer Person von mehreren anderen verstanden (Kraif, 2007).

Untersuchungen deuten auf relativ hohe Prävalenzraten von Bullying hin. Im Grundschulalter geben zwischen 15 % und 35 % der Schüler:innen an, Opfer von Bullying zu sein, während es an weiterführenden Schulen zwischen 5 % und 16 % sind (Petermann & Schneider, 2007). Langanhaltendes Bullying hat nicht nur auf die Opfer gravierende negative Auswirkungen, sondern auch auf die Täter und die gesamte Klassengemeinschaft; zudem deuten hohe Stabilitätsraten (übrigens auch bei Schulwechseln) auf die erhöhte Gefahr der Chronifizierung hin (Haller et al., 2018). Die Rolle der Lehrkräfte kann bei diesem Thema nicht genug betont werden. Zum einen konnte gezeigt werden, dass Lehrkräfte nur in wenigen Bullying-Situationen überhaupt eingreifen (Pepler et al., 1994), zum anderen fungieren sie als soziale Modelle und tragen maßgeblich zur Gestaltung des Sozialisationsraums Schule bei.

6.5 Fazit

Psychische Gesundheit zu fördern, ist eine zentrale Aufgabe von Lehrkräften und Schulen. Je nach Studienlage ist von ca. 20 % von psychischen Auffälligkeiten betroffener Kinder und Jugendlichen auszugehen. Sie sind auf aufmerksame, besonnene und beziehungsfähige Pädagog:innen angewiesen, die ihre Schlüsselposition in der Prävention und Intervention psychischer Auffälligkeiten ernst nehmen. Aus

Sicht der Forschung ist die Bedeutung einer positiven Beziehungsgestaltung im Klassenraum nicht hoch genug einzuschätzen. Es lohnt sich nicht zuletzt für die Lehrkräfte selbst, ihr pädagogisches Engagement daran zu orientieren (s. Take-Home Message). Davon profitieren letztlich alle Schüler:innen und schulischen Akteur:innen

Take-Home-Message

- Die Förderung der Gesundheit ist eine wichtige Aufgabe von Schule.
- Da Kinder und Jugendliche viel Zeit in der Schule verbringen, kommt Lehrkräften eine besondere Rolle bei der Prävention und frühzeitigen Wahrnehmung von psychischen Belastungen sowie der Initiierung von Unterstützungsangeboten für Schüler:innen (z. B. Nachteilsausgleiche) zu.
- Lehrkräfte können als Gate-Keeper fungieren und den Weg zu professioneller Hilfe (z. B. Jugendamt, Kinder- und Jugendpsychiatrie) bahnen.
- Positive Beziehungsgestaltung (u. a. durch eine wertschätzende Kommunikation) und Selbstwertförderung (u. a. durch konstruktives Feedback) sind allgemein empfehlenswerte pädagogische Handlungsansätze für den Umgang mit psychisch belasteten Schüler:innen.
- Ein positives, durch Wertschätzung und Akzeptanz sowie klare Regeln geprägtes Schul- und Klassenklima ist ein allgemein förderliches Entwicklungssetting für alle Kinder und Jugendlichen, das es in gemeinsamer Anstrengung aller Verantwortungsträger:innen an einer Schule zu etablieren und aufrechtzuerhalten gilt.

7. Berufsorientierung im Kindes- und Jugendalter

Silvio Kaak, Antonia Landgraf & Bärbel Kracke

7.1 Einleitung

Fallbeispiel: Familie Köstak
Familie Köstak trifft sich zum gemeinsamen Mittagessen. Großmutter Köstak erzählt davon, wie ihr Mann damals in ihrer gemeinsamen Heimat, der Türkei, als Arzt gearbeitet hat. Dabei kommt die Frage auf, was die beiden Kinder der Familie, Mery (9) und Erik (15) später einmal werden möchten. Mery antwortet sofort voller Begeisterung, dass sie gerne Tierärztin werden möchte. Sie begründet ihren Berufswunsch damit, dass sie dann jeden Tag viele Hunde sehen könne und alle Tiere liebe. Außerdem möchte sie eine Ärztin sein, genau wie ihr Opa. Als ihr Vater erklärt, dass ihr Großvater nur Menschen behandelt hat, reagiert sie mit Schulterzucken und meint, dass sie Tiere sowieso lieber mag als Menschen.
Erik denkt etwas länger über seine Antwort nach. Er erzählt, dass er den Erzieherberuf sehr spannend findet. In der Schule wurde der Beruf thematisiert und er könne sich sehr gut vorstellen beispielsweise in einem Heim zu arbeiten, um Kindern zu helfen, die keine Familie haben. Seine Großmutter reagiert bestürzt auf diese Idee. Sie findet es unangemessen für einen Jungen, in einem Frauenberuf arbeiten zu wollen, noch dazu in einem Ausbildungsberuf. Sie sei nicht mit ihrem Mann nach Deutschland gekommen, damit ihre Enkel jetzt nicht studieren. Sie fordert ihren Sohn auf, sich darum zu kümmern, dass ihr Enkel einen anständigen Beruf erlernt. Herr Köstak ist verunsichert und weiß nicht, welcher Seite er in dieser Situation zustimmen soll.
Herr Köstak wendet sich hilfesuchend an Sie als Lehrkraft. Wie können Sie die Familie im Berufsorientierungsprozess unterstützen? Welche Besonderheiten müssen hier berücksichtigt werden?

In Gesellschaften wie den europäischen, die durch Komplexität und raschen sozialen und technischen Wandel gekennzeichnet sind, ist für die Vorbereitung auf die Erwachsenenrolle die Frage nach einer späteren Berufstätigkeit bedeutsam. Zwischen Grundschulalter und Jugendalter verändern sich die Art und Intensität der Beschäftigung mit dem Thema zwar, die Frage aber „Was willst Du einmal werden?“ wird in jedem Alter immer wieder an die Heranwachsenden gestellt. Die Antwort darauf ist nicht einfach, weil die Arbeitswelt mit ihren Anforderungen und Möglichkeiten komplex ist und Kinder und Jugendliche erst einmal lernen müssen, sich selbst und die Arbeitswelt realistisch einzuschätzen. Das können sie aber nicht allein. Sie benötigen Unterstützung bei der Entwicklung eines realistischen Berufswunsches, der ihren Werten, Interessen und Fähigkeiten auf der einen Seite und den beruflichen Optionen und Anforderungen der Arbeitswelt auf der anderen Seite gerecht wird. Eltern und andere Sorgeberechtigte spielen als Unterstützende eine zentrale Rolle im längerfristigen Prozess der Berufsorientierung. Daneben kommt aber der Schule ebenfalls eine wichtige Aufgabe zu. Hier erwerben Kinder und Jugendliche grundlegende akademische Fähigkeiten und lebensweltbezogene Handlungskompetenzen, die sie für die Orientierung in der Erwachsenenwelt benötigen. Darüber hinaus erfahren sie in Interaktionen mit Lehrkräften, in welchen Bereichen etwa ihre Fähigkeiten und Interessen liegen. In diesem Kapitel geht es darum, zu zeigen, wie Lehrer:innen Kinder und Jugendliche dabei unterstützen können, eine Zukunftsperspektive auszubilden und dabei einen Bezug zu dem in der Schule erworbenen Wissen herzustellen.

7.2 Berufsorientierung als lebenslange Entwicklungsaufgabe

Berufliches Selbstkonzept

Die wichtigsten Impulse für die Erforschung lebenslanger Berufsorientierung (BO) kamen von Donald E. Super (1910–1994). Seine Idee, dass die Entscheidung für eine Berufsausbildung, ein Studium, einen Beruf oder einen Job kein zeitlich begrenzter einmaliger Vorgang ist, sondern ein längerfristiger Entwicklungsprozess, der lange vor dem Ende der Schulzeit beginnt und mit dem Ergreifen einer Berufstätigkeit nicht abgeschlossen ist, wurde inzwischen vielfach empirisch belegt. In der Auseinandersetzung mit persönlichen Vorlieben und Fähigkeiten sowie durch Erfahrungen aus Gesprächen, Beobachtungen der eigenen Eltern oder von anderen Erwachsenen im persönlichen Umfeld oder in den Medien und schließlich durch eigene Tätigkeiten (z. B. im Praktikum, in der Freizeit) sammeln Menschen bereits von Kindheit an Informationen über sich selbst und die Berufswelt und setzen sie in Beziehung zueinander. Durch diese aktive Auseinandersetzung entwickelt sich ein berufliches Selbstkonzept, das dynamisch ist und neue Lernerfahrungen strukturiert, aber auch durch frühere Erfahrungen geformt wird (Super, 1990).

Career Exploration

Für die Entwicklung des beruflichen Selbstkonzepts ist die Informationssuche (Career exploration) zentral. Je intensiver sich vor allem Jugendliche in den Prozess begeben, ihre eigenen Werte, Interessen und Fähigkeiten zu erforschen und zu fragen, in welchen Berufen sie diese verwirklichen bzw. einsetzen können, desto fundierter sind ihre Entscheidungen für einen nächsten Schritt in der beruflichen Entwicklung (z. B. Berufsausbildung, Studium, Fachschulausbildung) und umso zufriedener sind sie mit ihren Entscheidungen (Kracke & Schmitt-Rodermund, 2001). Wie intensiv Informationen aus der Erwachsenenwelt gesucht werden und wie planvoll dabei vorgegangen wird, hängt auch von der Persönlichkeit der Jugendlichen ab. Eigeninitiative hat zum Beispiel viel mit persönlicher Offenheit und Selbstsicherheit zu tun (Kracke, 2002). Diese Persönlichkeitsmerkmale hängen einerseits eng mit Temperament zusammen und sind daher eine generelle Tendenz, sich der Welt zu nähern. Wie stark sie aber zur Wirkung kommen, wird durch die erfahrene Sicherheit in sozialen Interaktionen, z. B. im Familienkontext, in der Schulklasse oder im Praktikums- oder Ausbildungsbetrieb beeinflusst. Eltern und Lehrkräfte können darüber hinaus das Explorationsverhalten konstruktiv unterstützen, indem sie beispielsweise zeigen, wo und wie man effektiv Informationen sucht. Darüber hinaus können sie selbst Informationsgelegenheiten schaffen, wie den gemeinsamen Besuch von Berufsinformationszentren, Betrieben oder Berufsmessen.

Schon Kinder im späten Kindergarten- und frühen Grundschulalter haben, je nachdem wie häufig zu Hause über die Berufstätigkeit der Eltern oder anderer naher Bezugspersonen gesprochen wird, eine durchaus realistische Perspektive auf die Arbeitswelt. Sie suchen aktiv nach Informationen, probieren gedanklich für sich Berufe aus und lernen aus Rückmeldungen, die sie auf ihre Äußerungen erhalten. Für das Lernen über Berufe und die Arbeitswelt spielen auch Medien eine bedeutsame Rolle. Kinder verarbeiten dabei zunächst vor allem Merkmale, die leicht zu erkennen sind, wie Arbeitskleidung, beobachtbare Tätigkeiten, Arbeitsplatz (z. B. Labor, Werkstatt, Kindergarten), sowie durch explizite Äußerungen über Berufserfahrungen, z. B. ob vor allem Frauen oder Männer in einem Beruf arbeiten. In dieser frühen Phase äußern sie häufig noch Berufswünsche, bei denen sie noch nicht berücksichtigen, welche Fähigkeiten dafür notwendig sind und welche Wege dahinführen (Olyai & Kracke, 2008). So kommen etwa Tierärztin oder Pilot als häufigste Berufswünsche von Kindergarten- und Grundschulkindern zustande (Forsa, 2021). Ab dem frühen Jugendalter entwickeln Heranwachsende spezifische Interessen; sie erkennen ihre eigenen Fähigkeiten und überlegen, wie diese zu den Berufen, für die sie sich interessieren, passen. Sie kennen Begriffe wie Berufsausbildung und Studium, ohne genau zu wissen, welche Anforderungen und Aktivitäten dahinterstehen. Im Jugendalter wird, durch das nahende Ende der Schulzeit, die Frage nach einem späteren Beruf dringlicher. Durch die zunehmende Entwicklung der Denkfähigkeit und die kumulierten sozialen und emotionalen Erfahrungen wird das Nachdenken über die Arbeitswelt komplexer und realistischer. Informationen aus Rückmeldungen oder eigenen Erfahrungen, z. B. im Praktikum oder in der Freizeit, können systematischer integriert und vor dem Hintergrund eigener Werte und Ziele im Hinblick auf Karriereoptionen gewichtet werden. Auch weniger offensichtliche oder abstraktere Merkmale von Berufstätigkeiten (z. B. Zukunftsfähigkeit eines Jobs, Vereinbarkeit von Beruf und anderen Lebenszielen) werden erschlossen und bei der Erwägung von beruflichen Möglichkeiten berücksichtigt (Howard & Walsh, 2011).

7.3 Berufswahlkompetenz – Wissen, Motivation, Handlung

Berufswahlkompetenz

Sich mit der Frage nach einem möglichen Beruf konstruktiv auseinanderzusetzen, erfordert unterschiedliche Fähigkeiten, die als Berufswahlkompetenz bezeichnet werden. Berufswahlkompetenz ist als „Bündel spezifischer kognitiver Fähigkeiten, motivationaler Orientierungen und Handlungsfähigkeiten zu sehen, die es einer Person ermöglichen, eine gut begründete Entscheidung für eine nachschulische Ausbildung zu treffen sowie sich in lebenslang wiederkehrenden berufsbiografisch relevanten Situationen zu bewähren" (Driesel-Lange et al., 2020, S. 61). Das geht über die grundlegenden Fähigkeiten und Kenntnisse, die in der Schule erworben werden (z. B. Rechtschreib-

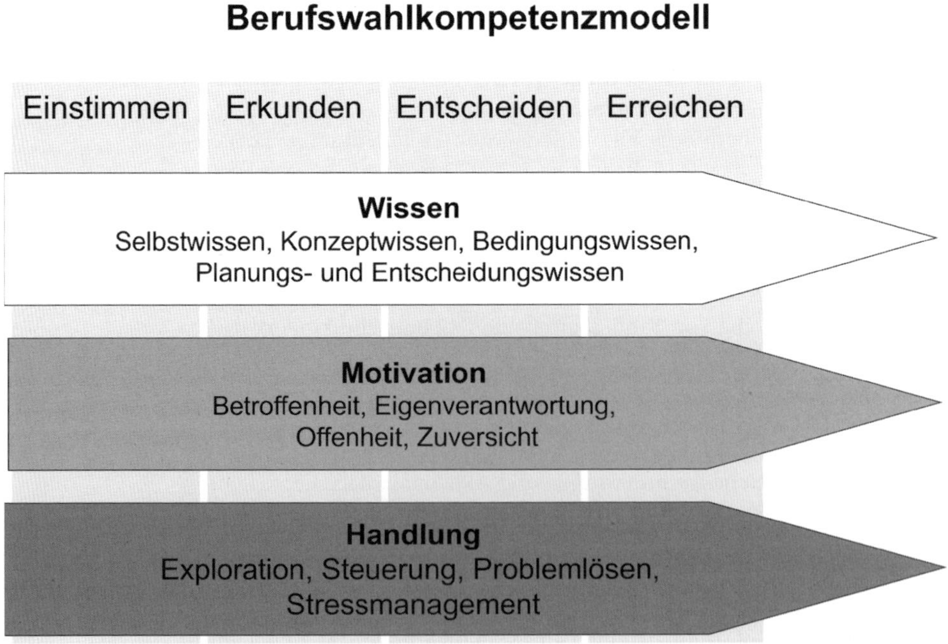

Berufswahlkompetenzmodell

Einstimmen Erkunden Entscheiden Erreichen

Wissen
Selbstwissen, Konzeptwissen, Bedingungswissen, Planungs- und Entscheidungswissen

Motivation
Betroffenheit, Eigenverantwortung, Offenheit, Zuversicht

Handlung
Exploration, Steuerung, Problemlösen, Stressmanagement

Abb. 4: Thüringer Berufswahlkompetenzmodell (adaptiert nach Driesel-Lange et al., 2010)

kenntnisse und mathematische Kompetenzen), hinaus, auch wenn diese im Zusammenhang mit Berufswahlprozessen natürlich ebenfalls von Bedeutung sind. Es geht vor allem um Zielsetzungs-, Planungs- und Umsetzungsfähigkeiten.

Das Thüringer Berufswahlkompetenzmodell (ThüBOM; Driesel-Lange et al., 2010) integriert berufswahltheoretische, entwicklungspsychologische sowie pädagogisch-psychologische Perspektiven, die Berufswahlkompetenz als Ergebnis von reflektierten selbstgesteuerten Lernprozessen in den Fokus rücken. Diese Lernprozesse können durch pädagogisch arrangierte Lernangebote in der Schule angeregt werden.

Wie Abb. 4 zeigt, umfasst das Modell die Dimensionen Wissen, Motivation und Handeln. Jede Dimension besteht aus vier Facetten. Wissen ist notwendig in Bezug auf das Selbst, die eigenen Fähigkeiten, Interessen und Werte, und auf die Ausbildungs- und Berufswelt sowie über effektive Planungs- und Entscheidungsprozesse. Motivation zeigt sich in der Betroffenheit, d. h., die eigene (berufliche) Zukunft zu antizipieren, und die Bereitschaft, sich mit ihr auseinandersetzen zu wollen, in der Eigenverantwortung, in der Offenheit für die Aufgaben der Berufswahl sowie in der Zuversicht, mit den Herausforderungen der Berufswahl erfolgreich umgehen zu können. Die Vorbereitung einer Berufswahlentscheidung erfordert aktives Handeln, wie Informationen suchen und auswerten (Exploration). Der Suchprozess muss geplant und durchgeführt, ggf. gegen Ablenkungen abgeschirmt werden, dabei auftretende Probleme müssen überwunden und mögliche Rückschläge konstruktiv bewältigt werden.

Die Kompetenzentwicklung erfolgt in vier Phasen, die zu individuell unterschiedlichen Zeitpunkten im Lebenslauf beginnen und unterschiedlich lange andauern können. Mit den Phasen wird allgemein ein Entwicklungsprozess beschrieben, in dem spezifische Kompetenzen im Vordergrund stehen. (1) Beim *Einstimmen* steht die Bereitschaft zur Planung der eigenen Zukunft im Mittelpunkt. Die Jugendlichen sollten erkennen, dass eigene Interessen, Fähigkeiten und Werte für die Zukunftsplanung wichtig sind und grundlegende Fähigkeiten kennenlernen, um den eigenen Berufsorientierungsprozess zu gestalten. Zentral sind hier Selbststeuerungsfähigkeiten. (2) Das *Erkunden* ist dadurch gekennzeichnet, dass Jugendliche systematisch Situationen aufsuchen, die es erlauben, konkrete Erfahrungen mit der Berufswelt zu machen. Hier ist wichtig, sich zielgerichtet auszuprobieren sowie Informationen zu suchen und zu verarbeiten. Eine in die Breite gehende Suche sollte nach einer ersten, vorläufigen Entscheidung mit einer in die Tiefe gehenden Suche fortgesetzt werden. (3) Bei der *Entscheidung* wird die konkrete Planung des Übergangs zunehmend bedeutsam. Dies erfordert von Jugendlichen eine bewusste Abwägung von Alternativen und eine Entscheidung für einen ersten konkreten Schritt auf dem nachschulischen Bildungsweg. (4) In der vierten Phase *Erreichen* geht es darum, den Übergang von der Schule in einen Ausbildungsberuf, eine Fachschule oder ein Studium aktiv zu gestalten und mit möglichen Problemen oder Rückschlägen positiv umgehen zu können.

7.4 Entwicklungskontexte

Kinder und Jugendliche durchlaufen in ihrem Leben einige bedeutsame bildungsbiographische Übergänge, von denen jeder mit umfassenden persönlichen Veränderungen verbunden ist. Jeder dieser Übergänge ist mit neuen Aufgaben und Erwartungen verbunden und kann überfordernd sein. Besonders sensibel ist der Übergang zwischen Schule und Berufsausbildung oder Studium. Er zählt zu den wichtigsten Entwicklungsaufgaben des Jugendalters (s. Kap. 1) und stellt hohe Anforderungen an die Weiterentwicklung der eigenen Identität (s. Kap. 3) (Berweger & Kracke, 2022). Zugleich ist der Abschluss einer beruflichen Ausbildung eine bedeutsame Voraussetzung für die eigene Existenzsicherung. Aus diesem Grund ist es wichtig, frühzeitig Maßnahmen einzuleiten und bereits während der Schulzeit Unterstützung für Jugendliche anzubieten, um ihnen eine möglichst gut begründete Berufswahlentscheidung zu ermöglichen. Diese Unterstützung kann nicht nur im formalen Rahmen seitens der Schule, durch außerschulische Bildungspartner:innen oder an außerschulischen Bildungsorten (z. B. Praktika oder Berufsfelderprobungen) erfolgen; auch die Familie, Freunde oder andere Vertrauenspersonen können beim Erwerb von Berufswahlkompetenz unterstützen (Lipowski, Kaak & Kracke, 2021).

Rolle von Eltern und Lehrer:innen

Die Unterstützung durch die Eltern trägt erheblich dazu bei, dass Jugendliche den BO-Prozess erfolgreich durchlaufen. Lehrer:innen fördern die Auseinandersetzung mit der beruflichen Zukunft insbesondere dann, wenn sie von Schüler:innen als unterstützend und an ihrer Zukunft interessiert wahrgenommen werden. Für die erfolgreiche Entwicklung einer Person kann es förderlich sein, wenn zwischen ihren verschiedenen Lebensbereichen (s. Kap. 1) eine positive Verbindung besteht. Dies zeigt sich auch bei der Berufswahl: Jugendliche beschäftigen sich intensiver mit bestimmten Aktivitäten der Berufsorientierung und weisen eine größere Berufswahlbereitschaft auf, wenn sie den Eindruck haben, dass Lehrkräfte ihre Eltern in schulische Aktivitäten einbeziehen (Mayhack & Kracke, 2010). Eltern sind als Beratende und Unterstützende unabhängig von Bildungsniveau und sozialem Milieu bedeutsam für die Berufswahl Jugendlicher.

Die Entscheidung für einen Beruf ist jedoch noch von vielen weiteren Faktoren abhängig, wie der beruflichen Ausbildung und Tätigkeit der

Familie oder Bekannter, den beruflichen Zielen der Gleichaltrigen, aber auch gesellschaftlichen und durch Medien vermittelten Vorbildern und Werten. Berufliche Orientierung ist in allen Lebensbereichen allgegenwärtig, auch wenn es den Jugendlichen in vielen Fällen nicht bewusst ist. Besonders bedeutsam sind Lebenserfahrungen, die Jugendliche in ihrer Freizeit, im Umgang mit Peers oder mit Medien sowie beim Ausüben von Hobbys sammeln. Sie fließen in die Berufsfindung ein und können ausschlaggebend für den späteren Berufswunsch sein (Lipowski, Kaak & Kracke, 2021). So lernen Jugendliche bspw. mit der eigenständigen Einteilung ihres Taschengelds den Umgang mit Geld und die Sorge für ein Haustier steigert das Verantwortungsbewusstsein. Auch konkrete Berufswünsche können sich durch gemeinsame Aktivitäten mit Freunden oder das Ausüben eines Hobbies herausbilden. Den Einfluss der verschiedenen Sozialisationskontexte auf die Entwicklung einer Berufswahlentscheidung veranschaulicht Abb. 5.

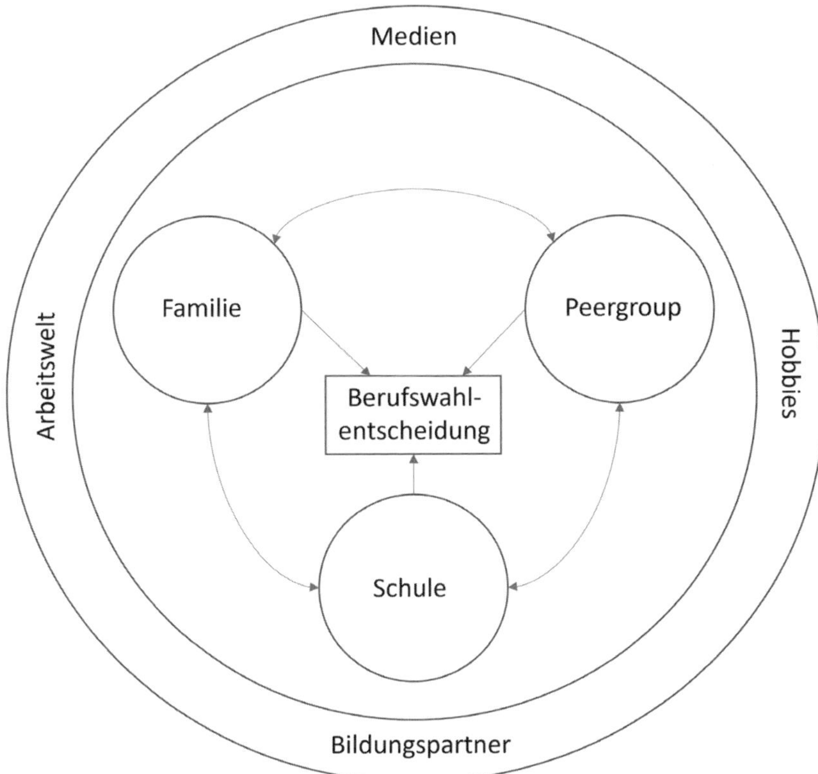

Abb. 5. Entwicklungskontexte im Berufsorientierungsprozess (eigene Darstellung)

Rolle der Peergroup/ Peers

Peers spielen eine zentrale Rolle im beruflichen Orientierungsprozess. Jugendliche, die sich in ihrem sozialen Umfeld unterstützt fühlen, explorieren und planen ihren BO- Prozess intensiver und können besser mit Hindernissen umgehen. Jugendliche neigen dazu, sich Freund:innen mit ähnlichen soziodemografischen und schulischen Merkmalen, wie z. B. Geschlecht, Herkunft, Bildungserwartungen, aber auch mit ähnlichen beruflichen Zielen zu suchen. Zugleich werden sie ihren Freund:innen im Laufe der Zeit in Bezug auf ihre beruflichen Ziele und Werte immer ähnlicher (Berweger & Kracke, 2022). Es zeigt sich, dass in Freundesgruppen häufig ähnliche Berufslaufbahnen gewählt werden, was dazu führen kann, dass das Spektrum der in Erwägung gezogenen Berufe eingeschränkt wird. Gleichermaßen kann diese Anpassung aber auch dazu führen, dass die hohen Bildungsambitionen von Freund:innen adaptiert und die eigenen Karriereziele angepasst werden (Berweger & Kracke, 2022).

Die Kompromissbereitschaft für berufliche Ziele Jugendlicher steigt, je enger die Freundschaft und je größer die Angst vor Ausschluss ist und die eigenen berufsbezogenen Interessen werden überdacht. Der Austausch mit Gleichaltrigen ist hierbei von besonderer Bedeutung. Intensive Gespräche mit Peers über berufsbezogene Inhalte regen die Informationssuche und das Explorationsverhalten an und fördern zugleich das Nachdenken über die eigenen Interessen und Fähigkeiten (Berweger & Kracke, 2022).

In diesem Kontext spielt auch die mediale Vermittlung von Berufen eine wichtige Rolle. Beispielsweise beeinflusst der Konsum bestimmter Serien, v. a. bei Streamingdiensten, das Berufswahlverhalten (Berweger & Kracke, 2022). So führen Serien, die in Krankenhäusern spielen, manchmal dazu, dass ein Beruf im Gesundheitswesen gewählt wird. Einen hohen Einfluss haben auch Social-Media-Plattformen, wo Informationen über Berufe meist durch junge Influencer:innen vermittelt werden. Ein Beispiel für die Vorstellung eines Berufs durch junge Menschen ist das Format „Zeig mir deinen Job!" des SWR (z. B. Nils Küsel über das Leben als Influencer: https://www.youtube.com/watch?v=XtvRz6Jh9oE) oder aber „Lohnt sich das?", ein Format des BR (z. B. Programmieren im Home-Office: Das verdient ein Software Engineer: https://www.youtube.com/watch?v=n931Fge_qyc).

7.5 Geschlechtstypische Berufswahlen

Kinder und Jugendliche erleben einen nach Geschlecht segmentierten Arbeitsmarkt. Während Frauen den sozialen und pflegerischen Bereich dominieren (ca. 70 % der Beschäftigten im Gesundheits-, Erziehungs- und Sozialwesen; BMBF Berufsbildungsbericht, 2022), prägen vor allem Männer den gewerblich-technischen Handwerks- und industriellen Bereich (ca. 80 % der Beschäftigten im Bereich Energie- und Elektrotechnik, 90 % im Holz- und Baugewerbe). Dieser Sozialisationskontext beeinflusst Wünsche für und Erwartungen an eine eigene berufliche Karriere von Kindern und Jugendlichen. Eltern und Verwandte sind Beispiele, an denen sich die Heranwachsenden orientieren und die auch Erwartungen an ihre Kinder herantragen (s. Fallbeispiel oben). In den Medien werden die gesellschaftlichen Realitäten der Geschlechtersegregation in Nachrichten, Dokumentationen, aber auch in Unterhaltungsfilmen und -serien transportiert. Häufig sind die Kenntnisse über die Berufswelt bei Kindern und Jugendlichen und ihren Eltern sehr eingeschränkt und konzentrieren sich auf die Bereiche, in denen sie persönliche Erfahrungen haben. Gottfredson (2002) spricht in diesem Zusammenhang von einer zunehmenden Eingrenzung (circumscription) der Erfahrungswelt von Kindern und Jugendlichen, die vor dem Hintergrund der individuellen kognitiven Entwicklung (s. Kap. 2) und der soziokulturellen Lebensumstände die Entwicklung des beruflichen Selbstkonzepts zwischen Kindheit und Jugendalter in vier voneinander unterscheidbaren Phasen prägt. (1) Bereits im Alter von drei bis fünf Jahren beginnen Kinder, sich stabil als Jungen oder Mädchen wahrzunehmen, was zu ersten Ansätzen einer Klassifikation möglicher Berufe führt. (2) Zwischen sechs bis acht Jahren entwickeln sich die Vorstellungen über typische Berufe für Männer und Frauen, denen sich die Kinder dann selbst zuordnen. (3) Zwischen neun und dreizehn Jahren werden mehrere soziale Determinanten, wie Geschlechtstypik und Prestige eines Berufs integriert. Dabei kommt es zu Einstufungen von Berufen als höher- oder minderwertig. Vormals geschlechterneutrale Bewertungen von Berufen können sich dabei auflösen. Zudem entsteht ein Verständnis für die Anforderungen, die mit den jeweiligen Berufen verbunden sind. Vor diesem Hintergrund finden eine immer stärkere Eingrenzung und Spezifikation des Suchraumes statt. Das Individuum beginnt, einzelne Perspektiven als nicht erreichbar einzuschätzen, beispielsweise aufgrund fehlender Fähigkeiten oder der Selbsteinschätzung, den jeweiligen Anforderungen (z. B. als Mädchen oder Junge, als sozial/mathematisch unbegabt, als jemand mit oder ohne akademisches Elternhaus) nicht gerecht werden zu können. (4) Ab etwa vierzehn Jahren beeinflussen körperliche Veränderungen der Pubertät und soziale Veränderungen, wie die verstärkte Orientierung an Peergruppen, die Weltwahrnehmung von Jugendlichen. Zunehmend werden soziale Bewertungen von Berufen bei der Ausbildung eines Berufswunsches berücksichtigt (Berweger & Kracke, 2022). Damit ist im Jugendalter der Suchraum für berufliche Optionen bereits erheblich eingeschränkt und es kommt zu den beobachteten geschlechtstypischen und durch soziale Herkunft beeinflussten Berufswünschen von Jugendlichen (compromise).

Allerdings ist nicht jedes Mädchen und jeder Junge individuell mit den eigenen Wünschen und Begabungen so geeignet für einen ‚typisch weiblichen' oder ‚typisch männlichen' Beruf. Auch wenn in der eigenen Familie noch geschlechtstypische Rollenmodelle vorherrschen mögen, kann ein Junge sehr wohl feststellen, dass ihm soziale Beziehungen und die Sorge für andere Menschen wichtig sind, während ein Mädchen sich vor allem für technische Lösungen interessieren kann. Gleiches gilt für die Einschätzung, ob man für ein Studium oder besser für eine nichtakademische Ausbildung geeignet ist. Daher ist es wichtig, die Berufsorientierung zu individualisieren und jenseits von Kategorien wie Männer- und Frauenberufe oder berufliches Prestige das Potenzial einzelner Berufe zu beleuchten und unter der Frage der Passung zu individuellen Voraussetzungen zu betrachten. Hier kommt der Schule eine besondere Bedeutung zu (Kracke & Driesel-Lange, 2016).

7.6 Migration und Berufswahl

Unabhängig von Herkunft und kulturellem Hintergrund sind junge Menschen am Ende ihrer Schulzeit mehrheitlich an weiterführender Bildung und dem Einstieg ins Berufsleben interessiert. Dabei ist die Leistungsbereitschaft und der Aufstiegswille in Familien mit Migrationshintergrund besonders ausgeprägt (Becker & Gresch, 2016). Seit Jahrzehnten ist Deutschland ein Einwanderungsland, das von einer heterogenen Bevölkerung geprägt ist. 2019 lebten in Deutschland 21,2 Millionen Menschen mit Migrationshintergrund, was 26 % der Bevölkerung entspricht (Granato, 2020). Jugendliche mit Migrationshintergrund wachsen, genau wie Jungen und Mädchen ohne Migrationshintergrund auch, in sehr unterschiedlichen Milieus, mit unterschiedlichen Lebensstilen und Werteorientierungen auf. Sie leben jedoch deutlich häufiger in Familien mit einer ungünstigen sozioökonomischen Positionierung, die sich wiederum nachteilig auf ihre Bildungschancen auswirkt.

Hohe Bildungsmotivation in Familien mit Migrationshintergrund

Obwohl Familien mit Migrationshintergrund häufig einen ungünstigeren sozialen Status haben, sind sie meist stärker bildungsorientiert als Familien ohne Migrationshintergrund mit einem vergleichbaren sozialen Status. Die besonders hohe Bildungsmotivation, sowohl bei Eltern als auch bei Kindern, ist insofern bemerkenswert, als dass Kinder mit Migrationshintergrund meist einen niedrigeren sozioökonomischen Familienhintergrund haben und sich die Erwartungen an einen Schulabschluss und den weiteren Bildungsweg (Bildungsaspirationen) der Kinder meist in gewissem Rahmen an die aktuellen schulischen Leistungen anpassen. Kinder mit Migrationshintergrund haben in der Regel schlechtere Schulleistungen, weswegen bei ihnen eigentlich niedrigere Bildungsaspirationen zu erwarten wären (Becker & Gresch, 2016). Das zeigt sich auch darin, dass die Lücke zwischen den von Eltern gewünschten und von Lehrkräften ausgesprochenen Schulempfehlungen deutlich stärker auseinanderklaffen als bei Familien ohne Migrationshintergrund.

Bildungsaspirationen

Zwischen den Bildungsaspirationen von Kindern und Eltern verschiedener Herkunftsländer herrscht eine große Heterogenität. Türkischstämmige Kinder und Eltern äußern die höchsten Bildungsaspirationen (Granato, 2013). Aufgrund eingeschränkter eigener Chancen zugewanderter Familien in Bezug auf Bildung und Beruf neigen Eltern, insbesondere Mütter dazu, den sozialen Aufstieg auf die nachfolgende Generation zu verschieben (Granato, 2013). Für die Kinder bedeutet das, dass an sie besonders hohe Bildungserwartungen gerichtet werden, was bei ihnen oftmals mit einer ausgeprägten Bildungsmotivation verbunden ist. Damit einher geht häufig eine enge emotionale Bindung zwischen Eltern und Kindern, verbunden mit hohen Leistungserwartungen. Trotz der starken emotionalen Unterstützung können die Eltern oft nur wenig konkrete Unterstützung in Form von Hausaufgabenhilfe oder Ausbildungsplatzsuche anbieten. Schüler:innen mit Migrationshintergrund wird also ein hohes Maß an Disziplin und Leistungsvermögen abverlangt, zugleich sind sie besonders bei wichtigen Bildungsentscheidungen häufig auf sich gestellt und müssen lernen, wichtige Entscheidungen selbstständig zu treffen.

Erschwerter Übergang in die Ausbildung

Wurde eine Entscheidung für einen nachschulischen Bildungsweg getroffen, treten besonders bei Jugendlichen mit Migrationshintergrund häufig Komplikationen auf, trotz vergleichbarer und intensiver Such- und Bewerbungsaktivitäten. Auch im Zugang zu Berufsausbildungen sind Jugendliche mit Migrationshintergrund benachteiligt. Nur 27 % von ihnen gelingt der Übergang in eine duale Ausbildung, während 47 % der Jugendlichen ohne Migrationshintergrund (bei gleichem Schulabschluss) eine duale Berufsausbildung aufnehmen. Obwohl Betriebe zunehmend nicht in der Lage sind, ihre freien Ausbildungsplätze zu besetzen, gehen viele Bewerber:innen mit Migrationshintergrund leer aus (Granato, 2020). Zugleich sind Betriebe, die Jugendliche mit Migrationshintergrund einstellen, überwiegend zufrieden. Um diesen Widerspruch aufzulösen und die Chancen von Jugendlichen mit Migrationshintergrund zu erhöhen, können Jugendliche bspw. Praktika in ihren Wunschbetrieben absolvieren oder aber zur Probe arbeiten, um so das Vertrauen potenzieller Arbeitgeber:innen zu gewinnen. Eine kontinuierliche Begleitung durch Mentor:innen, die als Ansprechpartner:innen für Unternehmen zur Verfügung stehen, kann als Türöffner dienen. Auch die Förderung von Berufsorientierungsangeboten[1] an Schulen kann sich positiv auf die Chancen von Jugendlichen mit Migrationshintergrund auswirken.

7.7 Inklusion in der beruflichen Orientierung

7.7.1 Ausgangslage

Im deutschsprachigen Raum wird das Thema Inklusion (s. Kap. 4) insbesondere seit der Verabschiedung der UN-Behindertenrechtskonvention im Jahr 2009 gesamtgesellschaftlich diskutiert und ist Gegenstand von Bildungsdiskursen. In Bezug auf den Lernort Schule bedeutet Inklusion „the full involvement of all students in all aspects of schooling, regardless of the presence of individual differences" (Loreman, 2010, zit. nach Greiner, 2019, S. 1). Somit gilt diese Forderung auch für die Konzeption und Gestaltung der beruflichen Orientierung an Schulen (KMK, 2017). Dies ist von besonderer Bedeutung, da das Ausüben einer beruflichen Tätigkeit als einer der wichtigsten Aspekte gesellschaftlicher Teilhabe gilt. Neben der (relativen) finanziellen Unabhängigkeit ermöglicht Arbeit dem Individuum ein höheres Maß an Selbstbestimmung, Kompetenzerleben, die Möglichkeit zur sozialen Anbindung sowie die Schaffung sinn- und identitätsstiftender Momente (Biermann, 2015). Aus diesem Grund forciert die Bundesregierung die Inklusion von Menschen mit Behinderung durch gezielte Maßnahmen im Rahmen des Nationalen Aktionsplans (NAP 2.0) (BMAS, 2016).

7.7.2 Herausforderungen beruflicher Inklusion und inklusiver beruflicher Orientierung

Berufliche Inklusion

Berufliche Inklusion hat in den meisten Fällen einen positiven Einfluss auf das psychische Wohlbefinden und die Persönlichkeitsentwicklung (Spiess, 2006). Ziel ist es daher, Menschen mit Behinderung in den ersten Arbeitsmarkt zu integrieren. Forschungsbefunde zeigen jedoch, dass Schüler:innen mit Behinderung, im Vergleich zu Schüler:innen ohne Behinderung, seltener erfolgreich bei der effektiven Bewältigung des Übergangs von der Schule in Ausbildung und Beruf sind (Ochs & Roessler, 2004). Insbesondere Jugendliche mit kognitivem Förderbedarf erleben große Schwierigkeiten, ihre berufliche Zukunft zu planen und konkrete berufliche Entscheidungen zu treffen. So arbeiten in

1 Verschiedene Angebote werden vorgestellt im „Handbuch Schulische Berufliche Orientierung" unter: https://www.schulportal-thueringen.de/berufsorientierung.

Deutschland etwa 90 % der Jugendlichen und jungen Erwachsenen mit geistiger Behinderung nach ihrem Schulabschluss in einer Werkstatt für Menschen mit Behinderung und nehmen, im Vergleich zu Menschen mit anderen Behinderungsarten, am seltensten eine Beschäftigung auf dem ersten Arbeitsmarkt auf (Weißmann & Thomas, 2020). Weitere Barrieren hinsichtlich der adäquaten Beschäftigung von Menschen mit Behinderung liegen auf der Seite der Unternehmen. So konnte gezeigt werden, dass sich nur wenige Unternehmen für diese Zielgruppe interessieren. Die Unternehmen, die Interesse zeigen, beklagen mangelnde Kontakte zur Zielgruppe und deren ausbleibende Bewerbungen. Ferner sehen sie sich über gezielte Betreuungs- und Unterstützungsmöglichkeiten nicht ausreichend informiert und betrachten die spezifische Ausstattung von behindertengerechten Arbeitsplätzen als Hindernis (Metzler & Seyda, 2016).

7.7.3 Konzepte inklusiver beruflicher Orientierung

Derzeit existieren keine spezifischen Konzepte für die Gestaltung inklusiver Berufsorientierung. Es liegen lediglich internationale Konzepte zur inklusiven Schulentwicklung vor, wie beispielsweise der *Index for Inclusion* (Booth & Ainscow, 2002), die für den Bereich der Berufsorientierung adaptiert werden müssen. Nach Koch (2015) können folgende Gelingensbedingungen für eine inklusive Berufsorientierung identifiziert werden:

Individualisierung

1) Umgang mit Heterogenität. Das didaktische Prinzip der Individualisierung findet bei der Gestaltung guter schulischer Berufsorientierung Anwendung, um der Heterogenität von Schüler:innen hinsichtlich ihrer beruflichen Interessen, Fähigkeiten und Kompetenzen gerecht zu werden. Dabei sind auch der biographische Hintergrund sowie der soziale Kontext der Jugendlichen zu berücksichtigen (Rahn et al., 2011).

Barrierefreie Diagnostik

2) Diagnostik von Interessen und Fähigkeiten. Für die Planung und Gestaltung des Berufswahlprozesses ist es wichtig, dass Jugendliche ihre berufsbezogenen Interessen und Fähigkeiten kennen (s. Kap. 7.8). Dies gilt selbstverständlich auch für Jugendliche mit Behinderung. Allerdings besteht hier vielfach die Notwendigkeit, adressatengerechte Diagnostikinstrumente einzusetzen. Anstelle der textlastigen Fragebogenverfahren (z. B. Explorix, s. Kap. 7.8) sollten verstärkt nonverbale Verfahren, wie etwa der Foto-Interessen-Test (Stoll et al., 2012) zum Einsatz kommen. Bei der Verwendung von textbasierten Verfahren sollte zudem auf visuelle Unterstützung, Transparenz, Konkretheit sowie einfache Sprache geachtet werden, um ein bestmögliches Verständnis der Ergebnisse zu erreichen.

Selbstverantwortung

3) Stärkung der Selbstverantwortung. Jugendliche zu einer selbstgesteuerten Planung des Berufswahlprozesses und letztlich zu einer eigenverantwortlichen Berufswahlentscheidung zu befähigen, ist ein zentrales Ziel schulischer Berufsorientierung (Driesel-Lange et al., 2020). Die Aufgabe von unterstützendem Fachpersonal (z. B. Lehrkräfte, Berufsberater:innen) ist es, die Bedürfnisse der Jugendlichen in den Mittelpunkt zu stellen und die Rolle weg von externer Beratung hin zur Prozessbegleitung einzunehmen. Hierbei sollten Beratungsansätze gewählt werden, die eine explorative und nondirektive Gesprächsführung forcieren, wie sie etwa aus der lösungsorientierten Beratung bekannt sind (Weißmann, Thomas & Bartosch, 2018).

Ressourcen außerhalb von Schule und Elternhaus

4) Nutzung externer Ressourcen. Ressourcen im Umfeld der Schule bilden wichtige Unterstützungsquellen für eine gelingende (inklusive) Berufsorientierung. So zeigt sich, dass erhöhte Praxisanteile in Unternehmen (z. B. Praktikum) und anderen außerschulischen Lernorten insbesondere Jugendlichen mit sonderpädagogischem Förderbedarf Chancen auf dem ersten Arbeitsmarkt eröffnen (Baethge, 2015). Ein erfolgreich absolviertes Praktikum führt sogar oftmals zur direkten Übernahme in den Ausbildungsbetrieb. Aber auch die Integrationsfachdienste sowie die Berufsberatung der Agentur für Arbeit bieten nützliche Möglichkeiten der Unterstützung (Bergs & Niehaus, 2016).

Fallbeispiel: Best Practice

Gute Praxisbeispiele für gelungene inklusive Berufsorientierung sind das Jobcoachingprogramm der Lebenshilfe Erfurt e. V.[2], das sich zum Ziel gesetzt hat, Menschen mit Behinderung für den ersten Arbeitsmarkt zu qualifizieren und in diesen zu integrieren. Der in der Schweiz entwickelte digitale Lernpfad „Inklusive Berufsorientierung"[3] bietet für Akteure der Berufsorientierung an Regelschulen, Förderschulen oder in inklusiven Settings theoretisch fundierte und in der Praxis erprobte Materialien, Informationen und Erklärvideos zu Themen der Berufsorientierung.

7.8 Diagnostik im Berufswahlprozess

Pädagogisch-psychologische Diagnostik umfasst die Messung von Personeneigenschaften (z. B. Intelligenz) sowie die Erfassung individueller Lernvoraussetzungen (z. B. Lernmotivation). Sie wird genutzt, um schulleistungsbezogene Problemlagen und Defizite zu beschreiben, zu erklären und individuelles Lernen zu verbessern. Auf Basis der diag-

2 https://www.lebenshilfe-erfurt.de/mitarbeiten/arbeiten-bei-der-lebenshilfe/arbeitgeber-lebenshilfe
3 https://lernpfad.ch/pfad/fo170wihptbj/vorschau

nostischen Ergebnisse kann die gezielte Zuweisung zu Lerngruppen und individuellen Fördermaßnahmen erfolgen (Wild & Möller, 2022). Auch im Kontext der beruflichen Orientierung in der Schule wird pädagogisch-psychologische Diagnostik zunehmend eingesetzt, um Angebote und Maßnahmen differenziert bzw. individualisiert zu gestalten (Kanning, 2020; Lipowski, Kaak & Kracke, 2016). Damit dies gelingt, müssen Lehrkräfte über diagnostische Kompetenzen verfügen (z. B. Bylinski, 2014; KMK, 2019). Empirische Befunde belegen, dass diagnostisch kompetente Lehrpersonen ihr pädagogisches Handeln verbessern und dadurch die Entwicklung ihrer Schülerinnen und Schüler in positiver Weise unterstützen können (Helmke, 2010). Wenn verfügbare Diagnostikinstrumente im Rahmen der Berufsorientierung adäquat eingesetzt werden, lässt sich der berufswahlbezogene Entwicklungsstand von Heranwachsenden, im Sinne einer Statusdiagnostik, zuverlässig erfassen. Dies bildet die Grundlage für eine entwicklungsangemessene Begleitung im Berufswahlprozess. Wird darüber hinaus Diagnostik, im Sinne einer Prozessdiagnostik, wiederholt eingesetzt, lässt sich der Entwicklungsfortschritt abbilden und Entwicklungspotentiale werden sichtbar. Dies kann Jugendliche motivieren, sich weiterhin intensiv mit ihrer Berufswahl zu beschäftigen (Deci & Ryan, 2002; Lipowski et al., 2016).

7.8.1 Diagnostische Verfahren

Diagnostische Verfahren unterscheiden sich in ihren methodischen Zugängen. Unter formeller Diagnostik versteht man den Einsatz standardisierter Verfahren wie etwa Leistungstests, Fragebögen und Interessenstests. Informelle Diagnostik bedient sich hingegen unstandardisierter Verfahren wie etwa diagnostischen Gesprächen, Verhaltensbeobachtung und Portfolioarbeit (Schmidt-Atzert et al., 2022). Nachfolgende diagnostische Verfahren werden im Kontext der Berufsorientierung eingesetzt und können z. T. auch direkt in der Schule durchgeführt, die Ergebnisse dort aber auf jeden Fall reflektiert werden.

Formelle Diagnostik
Interessentests

Interessenstests sind standardisierte Fragebögen zur Selbstbeschreibung. Im Kern geht es darum, berufstypische Tätigkeiten zu bewerten und aus den daraus gewonnenen Tätigkeitspräferenzen Rückschlüsse auf geeignete Berufe zu ziehen. Die Verfahren sollen Selbsterkenntnis über die Interessen schaffen und potentielle Berufsfelder aufzeigen, indem individuelle Interessen mit spezifischen Berufsfeldern verknüpft werden (Thomas & Weißmann, 2020). Ein bekanntes Beispiel ist der Explorix-Test (Jörin et al., 2012). Das computergestützte, kostenpflichtige Self-Assessment-Tool basiert auf dem von John Holland entwickelten hexagonalen Modell (RIASEC: R-realistic, I-investigativ, A-artistic, S-social, E-enterprising, C-conventional) der Interessenstypen (Holland, 1997). Die Teilnehmenden sollen Tätigkeitspräferenzen angeben, eigene Fähigkeiten und Eigenschaften einschätzen und Sympathien für bestimmte Berufe äußern. Der Ergebnisbericht enthält eine Übersicht zu potentiellen Berufen, Ausbildungsmöglichkeiten und Studienfächern, die den Interessen der Person entsprechen. Ein ebenfalls auf dem Holland'schen Modell basierendes Verfahren ist der kostenfreie Studium-Interessentest[4] (SIT) der Hochschulrektorenkonferenz (HRK). Er hilft Schüler:innen dabei, Studiengänge zu finden, die zu den eigenen Interessen und Neigungen passen.

Fähigkeitstests

Daneben existieren Verfahren, die Interessenstests mit der Einschätzung von Fähigkeiten kombinieren. Das kostenlos verfügbare Selbsterkundungsprogramm „Check-U" der Bundesagentur für Arbeit ermöglicht den Abgleich der persönlichen Stärken und Interessen mit 600 Ausbildungsberufen. Es ist modular aufgebaut und erfasst über vier Testmodule Fähigkeiten, Interessen, soziale Kompetenzen und berufliche Vorlieben von Schüler:innen der Sekundarstufe I, die mindestens in Klassenstufe 8 bzw. 13 Jahre alt sind. Die Jugendlichen erhalten ein individuelles Kompetenz- und Interessenprofil sowie sechs Vorschläge zu Ausbildungsberufen, die am besten zu ihren Testergebnissen passen. Diese Eingrenzung der großen Auswahl an Berufen soll die Orientierung erleichtern und Hinweise auf mögliche Berufswege geben (Bundesagentur für Arbeit, o. J.). Der kostenfreie „Fragebogen Berufswahlkompetenz" (FBK) (Kaak et al., 2013) misst die Ausprägung der Berufswahlkompetenz von Jugendlichen (ab Klassenstufe 7). Er erfasst alle Kompetenzdimensionen, die im Thüringer Berufswahlkompetenzmodell (s. Kap. 7.3) spezifiziert sind. Die Jugendlichen erhalten ein ausführliches, individuelles Berufswahlkompetenzprofil sowie Tipps und Hinweise auf Maßnahmen, wie sich spezifische Kompetenzen verbessern lassen. Das Verfahren steht als kostenfreie Papierversion wie auch als Online-Fragebogen[5] zur Verfügung (Lipowski, Kaak & Kracke, 2021).

Leistungsdiagnostische Verfahren

Im Gegensatz zu den Verfahren, die auf Selbsteinschätzungen von Interessen und Fähigkeiten beruhen, versuchen leistungsbezogene Verfahren Fähigkeiten und Fertigkeiten von Personen möglichst direkt zu erfassen, um so Aussagen über Voraussetzungen für bestimmte Berufsausbildungen zu ermöglichen. Sie beanspruchen für sich, möglichst objektiv zu sein. Ein Beispiel stellt die „START-Testbatterie" dar. Sie ist ein umfangreiches Testpaket zur Erfassung von berufsbezogenen Fähigkeiten und Fertigkeiten für Berufseinsteiger:innen und besteht aus

4 www.hochschulkompass.de/studium-interessentest.html
5 www.online-fb.de/berufswahlkompetenz

vier Modulen, START-E zur Erfassung von Englischkenntnissen (Liepmann et al., 2006), START-C zur Bestimmung von Kenntnissen im Computerbereich (Wagener, 2008), START-K für die Messung des Konzentrationsvermögens (Bretz et al., 2010) und START-P zur Erfassung berufsbezogener Persönlichkeitsmerkmale (Beauducel & Kersting, 2010). Die Verfahren können für die berufliche Orientierung eingesetzt werden, da sie keine besonderen Voraussetzungen an die berufliche Vorbildung stellen (Thomas & Weißmann, 2020).

Informelle Verfahren

Unter formativen (informellen) Verfahren werden im Kontext der Berufsorientierung vor allem prozessbegleitende Instrumente, wie die Portfolioarbeit gefasst. Sie ermöglichen das Monitoring der individuellen Kompetenzentwicklung über einen längeren Zeitraum und bieten Anlass für Reflexions- und Entwicklungsgespräche mit Jugendlichen. Das verbreitetste Portfolioinstrument in der schulischen Berufsorientierungsarbeit ist der *Berufswahlpass*, der seit Kurzem auch in einer digitalen Variante in Form der *berufswahlapp*[6] genutzt werden kann.

7.8.2 Praxisrelevanz von Berufswahldiagnostik

Die Erfassung beruflicher Interessen kann dabei unterstützen, vorhandene Interessen zu strukturieren und ihnen adäquate Berufsfelder zuzuordnen. Allerdings ist dies nur dann erfolgreich, wenn Personen über eine ausgeprägte Interessensstruktur verfügen. Dies gilt ebenso für die Selbsteinschätzung von Kompetenzen und Fähigkeiten (Thomas & Weißmann, 2020). Selbstauskunftsverfahren sind, bei aller Sorgfalt in der Testkonstruktion, anfällig für Verfälschungen, da Personen dazu tendieren, sozial erwünscht zu antworten (Schmidt-Atzert et al., 2022). Dem kann begegnet werden, indem sorgfältig über den Testzweck aufgeklärt wird und insbesondere bei Berufsorientierungstests die Unterstützung der Selbstreflexion mit Blick auf den Berufswahlprozess in den Fokus rückt. Im Gegensatz zu Fragebögen erheben leistungsdiagnostische Verfahren den Anspruch, objektiv zu sein und berufsbezogene Kompetenzen direkt messbar zu machen. Allerdings könnten auch Leistungstests z. B. durch Testangst verfälscht werden, sodass Proband:innen eine geringere Testleistung zeigen als sie eigentlich könnten. Zudem dürfen psychologische Leistungstests weder von psychologischen Laien durchgeführt, noch von den Testteilnehmenden alleinig interpretiert werden. Hier ist die Hinzuziehung psychologischer Beratungskompetenz unabdingbar! Trotz der beschriebenen Einschränkungen können Berufsorientierungs-

6 https://berufswahlapp.de

tests einen wichtigen Beitrag für Jugendliche im Berufswahlprozess leisten, da sie zur Selbstreflexion anregen und Orientierung in einem zunehmend unübersichtlichen Feld zahlreicher Ausbildungs- und Studienmöglichkeiten bieten. Zur Beurteilung des berufswahlbezogenen Entwicklungsstandes von Jugendlichen sollten möglichst viele diagnostische Informationen eingeholt und zu einem Gesamturteil verdichtet werden. Hierzu zählen neben dem Einsatz standardisierter Verfahren insbesondere Beratungsgespräche, der Einbezug individueller Lebensziele, Einstellungen und persönlicher Werte, die Berücksichtigung biographischer Aspekte sowie des Lebenskontextes. Auf dieser breiten Informationsbasis wird es für Lehrkräfte möglich, Jugendliche in ihrem Berufswahlprozess kontinuierlich und entwicklungsangemessen zu begleiten. Die Erfassung diagnostischer Informationen kann im Schulkontext etwa in separaten Unterrichtsstunden oder an Projekttagen erfolgen. Regelmäßige Reflexionsgespräche mit Schüler:innen können den Anlass bieten, Testergebnisse zu besprechen, konkrete berufswahlbezogene Ziele zu formulieren und gemeinsam die weiteren Schritte im Berufswahlprozess zu planen.

7.9 Implikationen für die Schulpraxis

Der Berufswahlprozess ist ein komplexer und langfristiger Entwicklungsprozess, den Heranwachsende, vor dem Hintergrund ihrer vielfältigen kulturellen, ökonomischen und sozialen Erfahrungen sowie dem Einfluss geschlechtsstereotyper Rollenbilder, individuell bewältigen müssen. Dabei ist in der Regel kompetente Unterstützung von Dritten notwendig. Insbesondere Lehrkräften an allgemeinbildenden Schulen kommt hier eine tragende Rolle zu, da eine systematische Berufsorientierung und die Vorbereitung auf eine nachschulische Ausbildung bzw. ein Studium als Kernaufgaben von Schule definiert sind (KMK, 2017). Lehrkräfte sehen sich bisweilen mit einer herausfordernden und anspruchsvollen Aufgabe konfrontiert, da Berufsorientierung als Querschnittsaufgabe in den Schul- und Unterrichtsalltag integriert werden muss. Lehrpersonen sollen sich zudem als Prozessbegleiter verstehen, die Jugendlichen dabei helfen, jenseits von geschlechterstereotypen Berufsvorstellungen und Begrenzungen aufgrund ihres soziokulturellen Familienhintergrunds ihre individuellen Fähigkeiten, Interessen und Potentiale zu erkennen, um darauf aufbauend bis zum Ende der Schulzeit eine gut begründete Berufswahlentscheidung treffen zu können. Dies kann nur gelingen, wenn Berufsorientierung als gemeinsame Aufgabe verstanden und unter Verantwortung des gesamten Kollegiums umgesetzt wird. Hier ist insbesondere an fächerübergreifende Zusammenarbeit zu denken, die schon ab der Grundschulzeit altersgerechte Orientierungsangebote schafft, die Mädchen und Jungen systematisch in Situationen bringen, die ihnen erlauben, individuelle Wünsche zu äußern und diese in Bezug auf ihre Entstehung kritisch zu reflektieren (Kracke & Driesel-Lange, 2016).

Auch dass die Schulleitung eingebunden ist und auf administrativer und repräsentativer Ebene mitgestaltet, ist ein zentrales Element gelingender Berufsorientierung (Butz, 2008). Berufsorientierung ist auch als kooperative Aufgabe mit außerschulischen Akteur:innen zu verstehen. Hierbei ist insbesondere an die Zusammenarbeit mit den Berufsberater:innen der Arbeitsagenturen, Bildungsträgern, Kammern und Unternehmen zu denken (Dreer & Kracke, 2013). Alle bieten wichtige Ressourcen zur Unterstützung des Berufswahlprozesses – sei es über Beratungsangebote, themenspezifische BO-Projekte oder Angebote für praxisbezogene Lernerfahrungen, wie etwa Praktika oder Berufsfelderkundungen. Auch die Eltern sollten aktiv in den BO-Prozess eingebunden werden, da sie für Kinder und Jugendliche die wichtigsten Ansprechpartner:innen im Berufswahlprozess sind. Darüber hinaus ist es relevant, die Vielfalt an vorhandenen diagnostischen Instrumenten zu nutzen, um den individuellen, berufswahlbezogenen Entwicklungsstand von Schüler:innen festzustellen. Auf Basis valider Diagnostikergebnisse können individuelle Handlungsziele festgelegt und weitere Schritte im Berufswahlprozess geplant werden. Eine im Zeitverlauf wiederholt angewendete Diagnostik bietet darüber hinaus die Möglichkeit, Entwicklungsfortschritte aufzuzeigen und Entwicklungsdefizite zu erkennen. Nicht zuletzt können Lehrkräfte einen wichtigen Beitrag zur Berufsorientierung leisten, indem sie die Wirksamkeit von Standardmaßnahmen, wie etwa des verpflichtenden Praktikums, erhöhen. Dies gelingt insbesondere dann, wenn diese Maßnahmen in der Schule gut vorbereitet werden, etwa indem individuelle Ziele festgelegt werden und der Bezug zum eigenen Berufswahlprozess hergestellt wird. Auch eine reflexive Nachbereitung von Praxiserfahrungen in der Schule ist wichtig, da hierbei zentrale Erkenntnisse aus der Lernerfahrung gewonnen werden können, die für die Planung der nächsten Schritte relevant sind.

Take-Home-Message

- Berufswahl ist individuell und abhängig von vielfältigen Erfahrungen in Familie, Freizeit und Schule.
- Lehrer:innen können Kinder und Jugendliche schon frühzeitig begleiten, indem sie Erfahrungsmöglichkeiten bereitstellen und reflektieren.
- Eine Individualisierung der Berufswahl kann durch Diagnostik unterstützt werden.

Literatur

Achterberg, M., Becht, A., van der Cruijsen, R., van de Groep, I. H., Spaans, J. P., Klapwijk, E. & Crone, E. A. (2022). Longitudinal associations between social media use, mental well-being and structural brain development across adolescence. *Developmental Cognitive Neuroscience*, 54(101088) http://dx.doi.org/10.1016/j.dcn.2022.101088

Albert, M., Hurrelmann, K., Quenzel, G., Leven, I., Schneekloth, U., Gensicke, T. & Utzmann, H. (2015). *Jugend 2015. Eine pragmatische Generation im Aufbruch*. Shell-Jugendstudie. Frankfurt am Main: Fischer Taschenbuch.

Allport, G. (1954). *The nature of prejudice*. Boston: Addison-Wesley.

Anderson, C. A., Gentile, D. A., Buckley, K. E. (2007). *Violent Video Game Effects on Children and Adolescents: Theory, Research, and Public Policy*. Oxford: University Press.

Anderson, C. A., Shibuya, A., Ihori, N., Swing, E. L., Bushman, B. J., Sakamoto, A., Rothstein, H. R. & Saleem, M. (2010). Violent video game effects on aggression, empathy, and prosocial behavior in eastern and western countries: a meta-analytic review. A meta-analytic review. *Psychological Bulletin*, 136(2), 151–173. https://doi.org/10.1037/a0018251

Anger, C., Geis, W. & Plünnecke, A. (2021). *INSM-Bildungsmonitor 2021: Bildungschancen stärken – Herausforderungen der Corona-Krise meistern*. Initiative Neue Soziale Marktwirtschaft (INSM). https://www.iwkoeln.de/studien/christina-anger-wido-geis-thoene-axel-pluennecke-bildungschancen-staerken-herausforderungen-der-corona-krise-meistern.html

Atkinson, R. C. & Shiffrin, R. M. (1968). Human memory: A proposed system and its control processes. In K. W. Spence & J. T. Spence (Hrsg.), *The psychology of learning and motivation* (2. Aufl., S. 89–195). Cambridge: Academic Press.

Ayoub, M., Zhang, B., Göllner, R., Atherton, O. E., Trautwein, U. & Roberts, B. W. (2021). Longitudinal associations between parenting and child big Five personality traits. *Collabra: Psychology, 7*. https://doi.org/10.1525/collabra.29766

Bachmann, R., Hertweck, F., Kamb, R., Lehner, J., Niederstadt, M. & Rulff, C. (2021). *Digitale Kompetenzen in Deutschland – eine Bestandsaufnahme*. RWI – Leibniz-Institut für Wirtschaftsforschung. http://hdl.handle.net/10419/249684

Baddeley, A. D. (1986). *Working memory*. Gloucestershire: Clarendon Press.

Baethge, M. (2015). Bildungsbericht 2014: Inklusion in der beruflichen Bildung. In U. Erdsiek-Rave & M. John-Ohnesorg (Hrsg.), *Inklusion in der beruflichen Ausbildung* (S. 39–46). Berlin: Friedrich-Ebert-Stiftung.

Bandura, A. (1976). *Lernen am Modell: Ansätze zu einer sozial-kognitiven Lerntheorie*. Stuttgart: Klett.

Bandura, A. (1977). *Social learning theory*. Englewood Cliffs, NJ: Prentice Hall.

Bandura, A. (1986). *Social foundations of thought and action: A social cognitive theory*. Englewood Cliffs, NJ: Prentice-Hall.

Bandura, A. (2001). Social cognitive theory: An agentic perspective. *Annual Review of Psychology, 52*, 1–26. https://doi.org/10.1146/annurev.psych.52.1.1

Barkley, R. A. (2006). *Attention-deficit hyperactivity disorder: A handbook for diagnosis and treatment* (3rd ed.). New York, NY: Guilford Press.

Barr, V. & Stephenson, C. (2011). *Bringing computational thinking to K-12: what is Involved and what is the role of the computer science education community?* ACM Inroads. 2. http://dx.doi.org/10.1145/1929887.1929905

Baumert, J. & Köller, O. (1996). Lernstrategien und schulische Leistungen. In J. Möller & O. Köller (Hrsg.), *Emotionen, Kognitionen und Schulleistung* (S. 137–154). Weinheim: Beltz.

Baumrind, D. (1971). Current patterns of parentral authority. *Developmental Psychology, 4*(1), 1–101. https://doi.org/10.1037/h0030372

Barbaranelli, C., Caprara, G. V., Rabasca, A. & Pastorelli, C. (2003). A questionnaire for measuring the Big Five in late childhood. *Personality and Individual Differences, 34*(4), 645–664. https://doi.org/10.1016/S0191-8869(02)00051-X

Bardach, L., Yanagida, T., Goetz, T., Jach, H. & Pekrun, R. (2023). Self-Regulated and Externally Regulated Learning in Adolescence: Developmental Trajectories and Relations with Teacher Behavior, Parent Behavior, and Academic Achievement. *Developmental Psychology.*

Beauducel, A. & Kersting, M. (2010). *Testbatterie für Berufseinsteiger – Persönlichkeit START-P.* Göttingen: Hogrefe.

Becker, B. & Gresch, C. (2016). Bildungsaspirationen in Familien mit Migrationshintergrund. In C. Diehl, C. Hunkler & C. Kristen (Hrsg.), *Ethnische Ungleichheiten im Bildungsverlauf: Mechanismen, Befunde, Debatten* (S. 73–116), Wiesbaden: Springer.

Behrens, P. & Rathgeb, T. (2012). *KIM-Studie 2012: Kinder + Medien, Computer + Internet. Basisuntersuchung zum Medienumgang 6- bis 13-Jähriger.* Stuttgart: Medienpädagogischer Forschungsverbund Südwest (mpfs). https://www.mpfs.de/fileadmin/files/Studien/KIM/2012/KIM_Studie_2012.pdf

Beigang, S., Fetz, K., Kalkum, D. & Otto, M. (2017). *Diskriminierungserfahrungen in Deutschland: Ergebnisse einer Repräsentativ- und einer Betroffenenbefragung* (Antidiskriminierungsstelle des Bundes). Baden-Baden: Nomos.

Bergs, L. & Niehaus, M. (2016). Bedingungsfaktoren der Berufswahl bei Jugendlichen mit einer Behinderung. *bwp@ Berufs- und Wirtschaftspädagogik – online, 30,* 1–14.

Berner, V.-D., Liebermann, L. & Seitz-Stein, K. (2022): *Promoting Mathematical Skills with an App-based Number Game.* Enzyklopädie Erziehungswissenschaft Online (EEO)/Pädagogische Psychologie. Weinheim: Beltz Juventa. https://doi.org/10.3262/EEO21220453

Berry, J. W., Phinney, J. S., Sam, D. L. & Vedder, P. (2006). *Immigrant youth in cultural transition: Acculturation, identity and adaptation across national contexts.* Mahwah, NJ: Erlbaum.

Berufsbildungswerk Waiblingen (o. J.). *hamet 3.* Diakonie-Stetten e. V. https://hamet.diakonie-stetten.de/hamet-drei.html

Berweger, B. & Kracke, B. (2022). Einfluss von Peers auf die Wahl von Beruf und Studium. In M. Kreutzmann, L. Zander & B. Hannover (Hrsg.), *Aufwachsen mit anderen – Peerbeziehungen als Bildungsfaktor* (S. 79–89). Stuttgart: Kohlhammer.

Berweger, B., Kracke, B. & Dietrich, J. (2023). Preservice teachers' epistemic and achievement emotions when confronted with common misconceptions about education. *Journal of Educational Psychology, 115*(7), 951–968. https://doi.org/10.1037/edu0000792

Biedermann, D., Breitwieser, J., Nobbe, L., Drachsler, H. & Brod, G. (2023). *Designing a planning app to help children make and internalize plans: A case for personalized technology.* PsyArXiv Preprints. https://doi.org/10.31234/osf.io/ak3d7

Biermann, H. (2015). Berufliche Teilhabe – Anspruch und Realität. In H. Biermann (Hrsg.), *Inklusion im Beruf* (S. 17–56). Stuttgart: Kohlhammer.

Biewer, G. (2010). *Grundlagen der Heilpädagogik und inklusiven Bildung*. Bad Heilbrunn: Klinkhardt.

Bilz, L. (2014). Werden Ängste und depressive Symptome bei Kindern und Jugendlichen in der Schule übersehen? *Zeitschrift für Pädagogische Psychologie, 28*(1-2), 57–62. https://doi.org/10.1024/1010-0652/a000118

[BITKOM] Bundesverband Informationswirtschaft, Telekommunikation und neue Medien e. V. (Hrsg.). (2014). *Jung und vernetzt Kinder und Jugendliche in der digitalen Gesellschaft*. https://www.bitkom.org/sites/main/files/file/import/BITKOM-Studie-Jung-und-vernetzt-2014.pdf

[BMAS] Bundesministerium für Arbeit und Soziales (2016). *Nationaler Aktionsplan 2.0*. https://www.bmas.de/DE/Soziales/Teilhabe-und-Inklusion/Nationaler-Aktionsplan/nationaler-aktionsplan-2-0.html

[BMBF] Bundesministerium für Bildung und Forschung (2022). *Berufsbildungsbericht 2022*. https://www.bmbf.de/SharedDocs/Downloads/de/2022/berufsbildungsbericht-2022.html

Booth, T. & Ainscow, M. (2002). *Index for inclusion: Developing learning and participation in schools*. Centre for Studies on Inclusive Education (CSIE). https://www.eenet.org.uk/resources/docs/Index%20English.pdf

Bos, W., Eickelmann, B., Gerick, J., Goldhammer, F., Schaumburg, H., Schwippert, K., Senkbeil, M., Schulz-Zander, R. & Wendt, H. (Hrsg.). (2013). *ICILS 2013. Computer- und informationsbezogene Kompetenzen von Schülerinnen und Schülern in der 8. Jahrgangsstufe im internationalen Vergleich*. Münster: Waxmann. https://doi.org/10.25656/01:11459

Bosson, J. K., Swann, W. B., Jr. & Pennebaker, J. W. (2000). Stalking the perfect measure of implicit self-esteem: The blind men and the elephant revisited? *Journal of Personality and Social Psychology, 79*(4), 631–643. https://doi.org/10.1037/0022-3514.79.4.631

Borghuis, J., Denissen, J. J. A., Oberski, D., Sijtsma, K., Meeus, W. H. J., Branje, S., Koot, H. M. & Bleidorn, W. (2017). Big Five personality stability, change, and codevelopment across adolescence and early adulthood. *Journal of Personality and Social Psychology, 113*(4), 641–657. https://doi.org/10.1037/pspp0000138

Borkenau, P. (1999). *Gene, Umwelt und Verhalten: Einführung in die Verhaltensgenetik*. Bern, Göttingen: Huber.

Bowman-Perrot, L., Davis, H., Vannest, K., Williams, L., Greenwood, C. & Parker, R. (2013). Academic benefits of peer-tutoring: A meta-analytic review of single-case research. *School Psychology Review, 42*, 39–55. https://doi.org/10.1080/02796015.2013.12087490

[BPtK] Bundespsychotherapeutenkammer (2007). *Psychische Gesundheit von Kindern und Jugendlichen. Herausforderung für Sozial- und Bildungspolitik*. Bundespsychotherapeutenkammer, Berlin, Deutschland. https://api.bptk.de/uploads/20070131_stn_bptk_psychische_gesundheit_kinder_jugendliche_1_410e350af5.pdf.

Brandt, N. D., Becker, M., Tetzner, J., Brunner, M., Kuhl, P. & Maaz, K. (2020). Personality across the lifespan: Exploring measurement invariance of a short Big Five inventory from ages 11 to 84. *European Journal of Psychological Assessment, 36*, 162–173. https://doi.org/10.1027/1015-5759/a000490

Branje, S. J. T., van Lieshout, C. F. M. & Gerris, J. R. M. (2007). Big Five personality development in adolescence and adulthood. *European Journal of Personality, 21*(1), 45–62. https://doi.org/10.1002/per.596

Braun, C., Gralke, V. & Nieding, G. (2018). Jugend und Medien. In B. Gniewosz & P. F. Titzmann (Hrsg.), Handbuch Jugend. Psychologische Sichtweisen auf Veränderungen in der Adoleszenz (S. 143–157). Stuttgart: Kohlhammer.

Breiter, A., Diethelm, I., Klockmann, I. & Zeising, A. (2020). *Informatische Bildung und Technik in der Grundschule: Zusammenfassender Bericht der Evaluation.* Institut für Informationsmanagement Bremen GmbH (ifib). https://nibis.de/uploads/nlq-riedl/medienportal/informatische_bildung/NLQ_Abschlussbericht-final.pdf

Breitwieser, J., Nobbe, L., Biedermann, D. & Brod, G. (2023). *Boosting self- regulated learning with mobile interventions: Planning and prompting help children maintain a regular study routine.* https://doi.org/10.31234/osf.io/e56tm

Bretz, H. J., Nell, V. & Sniehotta, F. F. (2010). *Testbatterie für Berufseinsteiger – Konzentration START-K.* Göttingen: Hogrefe.

Brod, G. & Gold, A. (2021). Gedächtnis und Wissen. In S. Preiser (Hrsg.), *Pädagogische Psychologie: psychologische Grundlagen von Erziehung und Unterricht* (3. Aufl., S. 54–79). Weinheim: Juventa.

Brom, C., Stárková, T. & D'Mello, S. K. (2018). How effective is emotional design? A meta-analysis on facial anthropomorphisms and pleasant colors during multimedia learning, Educational Research Review, 25, 100–119. https://doi.org/10.1016/j.edurev.2018.09.004.

Bronfenbrenner, U. (1979). *The ecology of human development: Experiments by nature and design.* Harvard: University Press.

Buhl, H., Bonanati, S. & Eickelmann, B. (2021). Schule in der digitalen Welt. Göttingen: Hogrefe.

Bundesagentur für Arbeit (o. J.). *Check-U – Das Erkundungstool für Ausbildung und Studium.* https://www.arbeitsagentur.de/bildung/welche-ausbildung-welches-studium-passt

Butz, B. (2008). Grundlegende Qualitätsmerkmale einer ganzheitlichen Berufsorientierung. In G. E. Famulla (Hrsg.), *Berufsorientierung als Prozess: Persönlichkeit fördern, Schule entwickeln, Übergang sichern; Ergebnisse aus dem Programm „Schule-Wirtschaft/Arbeitsleben"* (S. 42–62). Baltmannsweiler: Schneider-Verlag Hohengehren.

Bylinski, U. (2014). *Gestaltung individueller Wege in den Beruf. Eine Herausforderung an die pädagogische Professionalität.* Bielefeld: Bertelsmann.

Camacho-Morles, J., Slemp, G. R., Pekrun, R., Loderer, K., Hou, H. & Oades, L. G. (2021). Activity achievement emotions and academic performance: A meta-analysis. *Educational Psychology Review, 33*(3), 1051–1095. https://doi.org/10.1007/s10648-020-09585-3

Castello, A. (2013). *Kinder und Jugendliche mit psychischen Auffälligkeiten in Schule und Kita.* Stuttgart: Kohlhammer.

Castello, A. (2017). *Schulische Inklusion bei psychischen Auffälligkeiten.* Stuttgart: Kohlhammer.

Chevrier, M., Muis, K. R., Trevors, G. J., Pekrun, R. & Sinatra, G. M. (2019). Exploring the antecedents and consequences of epistemic emotions. *Learning and Instruction, 63,* Article e101209. https://doi.org/10.1016/j.learninstruc.2019.05.006

Collani von, G. & Herzberg, P. Y. (2003). Eine revidierte Fassung der deutschsprachigen Skala zum Selbstwertgefühl von Rosenberg. *Zeitschrift für Differentielle und Diagnostische Psychologie, 24*(1), 3–7. https://doi.org/10.1024//0170-1789.24.1.3

Cooley, C. H. (1983). *Human Nature and the Social Order.* New York, NY: Routledge. https://doi.org/10.4324/9780203789513

Cowan, N. (1988). Evolving conceptions of memory storage, selective attention, and their mutual constraints within the human information-processing system. *Psychological Bulletin, 104,* 163–191. https://doi.org/10.1037/0033-2909.104.2.163

Crocetti, E., Albarello, F., Prati, F. & Rubini, M. (2021). Development of prejudice against immigrants and ethnic minorities in adolescence: A systematic review with meta-analysis of longitudinal studies. *Developmental Review, 60,* Article e100959. https://doi.org/10.1016/j.dr.2021.100959

Crocetti, E., Schwartz, S. J., Fermani, A. & Meeus, W. (2010). The Utrecht-Management of Identity Commitments Scale (U-MICS): Italian validation and cross-national comparisons. *European Journal of Psychological Assessment, 26*(3), 172–186. https://doi.org/10.1027/1015-5759/a000024

Dahmann, S. & Anger, S. (2014). The impact of education on personality – evidence from a German high school reform. *SOEPpapers on Multidisciplinary panel data research, 658.* http://hdl.handle.net/10419/97519

Deary, I. J., Whiteman, M. C., Starr, J. M., Whalley, L. J. & Fox, H. C. (2004). The Impact of Childhood Intelligence on Later Life: Following Up the Scottish Mental Surveys of 1932 and 1947. *Journal of Personality and Social Psychology, 86*(1), 130–147. https://doi.org/10.1037/0022-3514.86.1.130

Deci, E. L. & Ryan, R. M. (2002). *Handbook of Self-Determination Research.* Rochester, NY: University of Rochester Press.

Dessel, A. (2010). Prejudice in schools: Promotion of an inclusive culture and climate. *Education and Urban Society, 42*(4), 407–429. https://doi.org/10.1177/0013124510361852

Detjen, J. (2015). *Bildungsaufgabe und Schulfach.* Dossier Politische Bildung der Bundeszentrale für politische Bildung. http://www.bpb.de/gesellschaft/kultur/politische-bildung/193595/bildungsaufgabe-und-schulfach?p=all

Destatis (2022). *Anteil der Nutzer sozialer Medien, die Influencern folgen, nach Altersgruppen in Deutschland im Jahr 2022.* Statistisches Bundesamt (Destatis): https://de.statista.com/statistik/daten/studie/1308447/umfrage/anteil-der-follower-von-influencern-nach-altersgruppen/#statisticContainer

Destatis (2023). *Zahl der Woche: 33 % aller Schülerinnen und Schüler mit Migrationshintergrund.* Statistisches Bundesamt (Destatis). https://www.destatis.de/DE/Presse/Pressemitteilungen/Zahl-der-Woche/2017/PD17_006_p002.html

Dempster, F. N. (1981). Memory span: Sources of individual and developmental differences. *Psychological Bulletin, 89*(1), 63–100. https://doi.org/10.1037/0033-2909.89.1.63

[DGKJ] Deutsche Gesellschaft für Kinder- und Jugendmedizin (2022). *SK2-Leitlinie: Leitlinie zur Prävention dysregulierten Bildschirmmediengebrauchs in der Kindheit und Jugend.* AWMF-Register Nr. 027-075. https://register.awmf.org/de/leitlinien/detail/027-075

Diestel, S. (2023). Längsschnitt*analysen mit Mplus.* Wuppertal: Lehrstuhl für Arbeits-, Organisations- und Wirtschaftspsychologie. https://aow.uni-wuppertal.de/fileadmin/wirtschaftspsychologie/lehrstuhl/Service_und_Downloads/Längsschnittanalyse_mit_Mplus.pdf

Dilling, H. & Freyberger, H. J. (2019). *Taschenführer zur ICD-10-Klassifikation psychischer Störungen mit Glossar und diagnostischen Kriterien sowie Referenztabellen ICD-10 vs. ICD-9 und ICD-10 vs. DSM-IV-TR.* Göttingen: Hogrefe.

[DIVSI] Deutsches Institut für Vertrauen und Sicherheit im Internet (2014). *DIVSI U25-Studie. Kinder, Jugendliche und junge Erwachsene in der digitalen Welt.* https://www.divsi.de/wp-content/uploads/2014/02/DIVSI-U25-Studie.pdf

Doblinger, S. (2018). *Kinder aus psychosozial belasteten Familien beim Übergang vom Kindergarten in die Schule: Psychische Gesundheit, physiologische Stressbelastung und Übergangsbewältigung*. Dissertation, Ludwig-Maximilians-Universität München. https://edoc.ub.uni-muenchen.de/25810/1/Doblinger_Susanne.pdf

Döpfner, M. (2013). Klassifikation und Epidemiologie psychischer Störungen. In F. Petermann (Hrsg.). *Lehrbuch der Klinischen Kinderpsychologie* (S. 31–56). Göttingen: Hogrefe.

Döpfner, M., Plück, J. & Kinnen, C. (2014). *Deutsche Schulalter-Formen der Child Behavior Checklist von Thomas M. Achenbach: Elternfragebogen über das Verhalten von Kindern und Jugendlichen (CBCL/6-18R), Lehrerfragebogen über das Verhalten von Kindern und Jugendlichen (TRF/6-18R), Fragebogen für Jugendliche (YSR/11-18R)*. Münster: Waxmann.

Domsch, H. & Lohaus, A. (2021). Konzentrations- und Aufmerksamkeitsförderung. In A. Lohaus & H. Domsch (Hrsg.) *Psychologische Förder- und Interventionsprogramme für das Kindes- und Jugendalter* (S. 115–132). Berlin, Heidelberg: Springer.

Dornheim, D. & Weinert, S. (2019). Kognitiv-sprachliche Entwicklung. In D. Urhahne, M. Dresel & F. Fischer (Hrsg.), *Psychologie für den Lehrberuf* (S. 273–294). Berlin, Heidelberg: Springer.

Dosch, E. & Grabe, A. (2014). *77 Ideen – Soziales Lernen in der Grundschule: Praxisratgeber mit Spielen und Materialien*. Mülheim an der Ruhr: Verlag an der Ruhr.

Dreer, B. & Kracke, B. (2013). Kompetenz und Kompetenzentwicklung von Lehrerinnen und Lehrern im Bereich Berufsorientierung. In GEW Hauptvorstand (Hrsg.), *Arbeitsweltorientierung und Schule. Eine Querschnittsaufgabe für alle Klassenstufen und Schulformen* (S. 135–154). Bielefeld: Bertelsmann.

Dresel, M. & Lämmle, L. (2017). Motivation. In T. Götz (Hrsg.), *Emotion, Motivation und selbstreguliertes Lernen* (S. 79–142). Paderborn: Schöningh (UTB).

Driesel-Lange, K., Hany, E., Kracke, B. & Schindler, N. (2010). Ein Kompetenzentwicklungsmodell für die schulische Berufsorientierung. In U. Sauer-Schiffer & T. Brüggemann (Hrsg.), *Der Übergang Schule – Beruf: Beratung als pädagogische Intervention* (S. 157–175). Münster: Waxmann.

Driesel-Lange, K., Kracke, B., Hany, E. & Kunz, N. (2020). Berufswahlkompetenz theoriegeleitet fördern – Ein Kompetenzmodell zur Systematisierung berufsorientierender Begleitung. In T. Brüggemann & S. Rahn (Hrsg.), *Berufsorientierung – Ein Lehr- und Arbeitsbuch* (2. Aufl., S. 57–75). Münster: Waxmann (UTB).

Dyson (2010). Die Entwicklung inklusiver Schulen: Drei Perspektiven aus England. *Die Deutsche Schule, 102*(2), 115–129.

Eccles, J. (1983). Expectancies, values and academic behaviors. In J. T. Spence (Ed.), *Achievement and achievement motives: Psychological and sociological approaches* (pp. 75-146). San Francisco, CA: Free man.

Eccles, J. S. & Midgley, C. (1989). Stage/Environment Fit: Developmentally Appropriate Classrooms for Early Adolescence. In R. E. Ames & Ames, C. (Hrsg.), *Research on Motivation in Education* (3. Aufl., S. 139–186). Cambridge: Academic Press.

Eccles, J. S., Midgley, C., Wigfield, A., Buchanan, C. M., Reuman, D., Flanagan, C. & Mac Iver, D. (1997). Development during adolescence: The impact of stage-environment fit on young adolescents' experiences in schools and in families (1993). In J. M. Notterman (Hrsg.), *The evolution of psychology: Fifty years of the American Psychologist* (S. 475–501). American Psychological Association. https://doi.org/10.1037/10254-034

Eccles, J. S. & Wigfield, A. (2020). From expectancy-value theory to situated expectancy-value theory: A developmental, social cognitive, and sociocultural perspective on motivation. *Contemporary Educational Psychology, 61,* Article e101859. https://doi.org/10.1016/j.cedpsych.2020.101859

Eckhart, M., Haeberlin, U., Sahli Lorenzo, C. & Blanc, P. (2011). *Langzeitwirkungen der schulischen Integration. Eine Studie zur Bedeutung von Integrationserfahrungen in der Schulzeit für die soziale und berufliche Situation im jungen Erwachsenenalter.* Bern, Stuttgart, Wien: Haupt.

Eckstein, K. & Noack, P. (2018). Politische Sozialisation. In B. Gniewosz & P. Titzmann (Hrsg.), *Handbuch Jugend* (S. 371–390). Stuttgart: Kohlhammer.

Eckstein, K., Miklikowska, M. & Noack, P. (2021). School matters: The effects of school experiences on youth's attitudes toward immigrants. *Journal of Youth and Adolescence, 50*(11), 2208–2223. https://doi.org/10.1007/s10964-021-01497-x

Ehrler, D. J., Evans, J. G. & McGhee, R. (1999). Extending Big-Five theory into childhood: A preliminary investigation into the relationship between Big-Five personality traits and behavior problems in children. *Psychology in the Schools, 36,* 451–458. https://doi.org/10.1002/(SICI)1520-6807(199911)36:6<451::AID-PITS1>3.0.CO;2-E

Eickelmann, B., Bos, W., Gerick, J., Goldhammer, F., Schaumburg, H., Schwippert, K., Senkbeil, M. & Vahrenhold, J. (Hrsg.). (2019). *ICILS 2018 #Deutschland. Computer- und informationsbezogene Kompetenzen von Schülerinnen und Schülern im zweiten internationalen Vergleich und Kompetenzen im Bereich Computational Thinking.* Münster: Waxmann. https://www.waxmann.com/?eID=texte&pdf=4000Volltext.pdf&typ=zusatztext

Eikenbusch, G. & Spitczok von Brisinksi, I. (2007). *Jugendkrisen und Krisenintervention in der Schule.* Hamburg: Bergmann & Helbig.

Eisenberg, N. (1986). *Altruistic emotion, cognition, and behavior.* Mahwah, NJ: Erlbaum.

Elkind, D. (1978). Understanding the young adolescent. *Adolescence, 13*(49), 127–134.

Engelhardt, L., Naumann, J., Goldhammer, F., Frey, A., Horz, H., Hartig, K. & Wenzel, S. F. C. (2021). Development and Evaluation of a Framework for the Performance-Based Testing of ICT Skills. *Frontiers in Education,* 6(668860). https://doi.org/10.3389/feduc.2021.668860

Erikson, E. (1959). *Identity and the life cycle.* New York, NY: International Universities Press.

[ETS] Educational Testing Service. (2002). *Digital transformation. A framework for ICT literacy.* Princeton, NJ: ETS.

Fend, H. (2003). *Entwicklungspsychologie des Jugendalters: Ein Lehrbuch für pädagogische und psychologische Berufe* (3. Aufl.). Opladen: Leske & Budrich.

Ferguson, C. J. (2007). The Good, The Bad and the Ugly: A Meta-analytic Review of Positive and Negative Effects of Violent Video Games. *Psychiatr Q* 78, 309–316. https://doi.org/10.1007/s11126-007-9056-9

Festinger, L. (1954). A theory of social comparison processes. *Human Relations, 7,* 117–140.

Flavell, J. H. (1970). Developmental studies of mediated memory. *Advances in child development and behavior, 5,* 181–211.

Fleischer, S. (2007): *Mediale Beratungsangebote als Orientierungsquellen für Kinder. Ein Beitrag zur Theorie der Orientierungsfunktion des Fernsehens.* Dissertation. Universität Leipzig.

Fleischer, S., Grebe, C. (2014). Entwicklungsaufgaben und kritische Lebensereignisse. In A. Tillmann, S. Fleischer & K.-U. Hugger (Hrsg.), *Handbuch Kinder und Medien* (S. 153–163). Wiesbaden: Springer.

Forbes, E. E. & Dahl, R. E. (2010). Pubertal development and behavior: Hormonal activation of social and motivational tendencies. *Brain and Cognition, 72*(1), 66–72. https://doi.org/10.1016/j.bandc.2009.10.007

Forsa (2021). *Forsa-Studie für Blue Ocean: Wunschberufe der 4- bis 13jährigen.* Die Epoche. https://www.dieepoche.de/gesellschaft/forsa-studie-wunschberufe-der-4-bis-13-jaehrigen/

Försterling, F. (1986). *Attributionstheorie in der klinischen Psychologie.* München: Urban & Schwarzenberg.

Frenzel, A. C., Pekrun, R. & Goetz, T. (2007). Perceived learning environment and students' emotional experiences: A multilevel analysis of mathematics classrooms. *Learning and Instruction, 17*(5), 478–493. https://doi.org/10.1016/j.learninstruc.2007.09.001

Frenzel, A. C., Goetz, T., Pekrun, R. & Watt, H. M. G. (2010). Development of mathematics interest in adolescence: Influences of gender, family, and school context. *Journal of research on adolescence, 20*(2), 507–537. https://doi.org/10.1111/j.1532-7795.2010.00645.x

Frenzel, A. C. & Stephens, E. J. (2017). Emotionen. In T. Götz (Hrsg.), *Emotion, Motivation und selbstreguliertes Lernen* (S. 15–77). Paderborn: Schöningh (UTB).

Fritzsche, B. (2003). Pop-Fans. Studie einer Mädchenkultur. Opladen: Leske & Budrich. https://doi.org/10.1007/978-3-322-97585-0

Frome, P. M. & Eccles, J. S. (1998). Parents' influence on children's achievement-related perceptions. *Journal of Personality and Social Psychology, 74*(2), 435–452. https://doi.org/10.1037/0022-3514.74.2.435

Fütterer, T., Scheiter, K., Cheng, X. & Stürmer, K. (2022). Quality beats frequency? Investigating students' effort in learning when introducing technology in classrooms. *Contemporary Educational Psychology*, 69, 102042. https://doi.org/10.1016/j.cedpsych.2022.102042

Gaertner, S. L. & Dovidio, J. F. (2000). *Reducing intergroup bias: The common ingroup identity model.* Philadelphia, Pa.: Psychology Press.

Gathercole, S. E., Pickering, S. J., Ambridge, B. & Wearing, H. (2004). The structure of working memory from 4 to 15 years of age. *Developmental psychology, 40*(2), 177–190. https://doi.org/10.1037/0012-1649.40.2.177

Gentile, D. A. & Anderson, C. A. (2006). Violent Video Games: The Effects on Youth, and Public Policy Implications. In N. Dowd, D. G. Singer & R. F. Wilson (Hrsg.), *Handbook of Children, Culture, and Violence* (S. 225–246). Thousand Oaks: Sage.

Gerard, L., Matuk, C., McElhaney, K. & Linn, M. C. (2015). Automated, adaptive guidance for K-12 education. *Educational Research Review*, 15, 41–58. https://doi.org/10.1016/j.edurev.2015.04.001

Gerick, J. & Eickelmann, B. (2017). *Möglichkeiten des Transfers schulischer Innovationen im Kontext des Lernens mit digitalen Medien an Grundschulen.* Tagung der Kommission Grundschulforschung und Pädagogik der Primarstufe. September 2017, Landau.

Glüer, M. (2018). Digitaler Medienkonsum. In A. Lohaus (Hrsg.), *Entwicklungspsychologie des Jugendalters* (S. 198–219). Berlin: Springer. https://doi.org/10.1007/978-3-662-55792-1

Gnambs, T. (2021) The development of gender differences in information and communication technology (ICT) literacy in middle adolescence. *Computers in Human Behavior*, 114(106533). https://doi.org/10.1016/j.chb.2020.106533

Gnas, J., Mack, E., Matthes, J. & Preckel, F. (2023). *Intelligenz, Kreativität und Hochbegabung: verstehen – erkennen – fördern.* Paderborn: Brill, Schöningh (UTB).

Gogtay, N., Giedd, J. N., Lusk, L., Hayashi, K. M., Greenstein, D., Vaituzis, A. C., Nugent, T. F. III., Herman, D. H., Clasen, L. S., Toga, A. W., Rapoport J. L. & Thompson, P. M., (2004). Dynamic mapping of human cortical development during childhood through early adulthood. *Proceedings of the National Academy of Sciences, 101*(21), 8174–8179. https://doi.org/10.1073/pnas.0402680101

Gniewosz, B. & Noack, P. (2008). Transmission und Projektion von Fremdenfeindlichkeit in der Familie – Verläufe im Jugendalter. In A. Ittel, L. Stecher, H. Merkens & J. Zinnecker (Hrsg.), *Jahrbuch Jugendforschung* (S. 279–295). Wiesbaden: VS Verlag für Sozialwissenschaften.

Göbel, K., Baumgarten, F. Kuntz, B., Hölling, H. & Schlack, R. (2018). ADHS bei Kindern und Jugendlichen in Deutschland – Querschnittergebnisse aus KiGGS Welle 2 und Trends. *Journal of Health Monitoring, 3(3).*

Gottfredson, L. S. (2002). Gottfredson's theory of circumscription, compromise, and selfcreation. In D. Brown (Hrsg.), *Career choice and development* (4. Aufl., S. 85–148). San Francisco, CA: Jossey-Bass.

Gottfried, M. A. (2014). Classmates With Disabilities and Students' Noncognitive Outcomes. *Educational Evaluation and Policy Analysis, 36,* 20–43. https://doi.org/10.3102/0162373713493130

Granato, M. (2013). Zunehmende Chancenungleichheit für junge Menschen mit Migrationshintergrund auch in der beruflichen Bildung? In G. Auernheimer (Hrsg.), *Schieflagen im Bildungssystem: Die Benachteiligung der Migrantenkinder* (5. Aufl., S. 103–121). Wiesbaden: Springer.

Granato, M. (2020). Bildungs- und Berufsorientierung junger Frauen und Männer mit Migrationshintergrund. In T. Brüggemann & S. Rahn (Hrsg.), *Berufsorientierung: Ein Lehr- und Arbeitsbuch* (2., überarb. Aufl., S. 209–224). Münster: Waxmann (UTB).

Gräsl, C., Fußangel, K. & Pröbstel, C. (2006). Lehrkräfte zur Kooperation anregen – eine Aufgabe für Sisyphos? *Zeitschrift für Pädagogik, 52*(2), 205–219. https://doi.org/10.25656/01:4453

Greiner, F. (2019). *Professionalisierung angehender Lehrkräfte der Sekundarstufe für inklusiven Unterricht.* Jena. https://doi.org/10.22032/dbt.40296.

Greiner, W., Batram, M. & Witte, J. (2019). DAK Kinder- und Jugendreport 2019: Gesundheitsversorgung von Kindern und Jugendlichen in Deutschland Schwerpunkt: Ängste und Depressionen bei Schulkindern. (Beiträge zur Gesundheitsökonomie und Versorgungsforschung; Bd. 31). Heidelberg: medhochzwei-verlag. https://www.dak.de/dak/download/dak-kinder--und-jugendreport-2019-2168336.pdf

Greiner, F. & Kracke, B. (2022). Gesundheitskompetenz, psychische Gesundheit und schulische Inklusion. In K. Rathmann, K. Dadaczynski, O. Okan & M. Messer (Hrsg.), *Springer Reference Pflege – Therapie – Gesundheit.* Berlin: Springer. https://doi.org/10.1007/978-3-662-62800-3_133-1

Greiner-Döchert, F. & Mendel, M. (2022). Einzelfallstudie: Potenziale und Grenzen der Lernverlaufsdiagnostik im Bereich Leseflüssigkeit mit Levumi. In M. Gebhardt, D. Scheer & M. Schurig (Hrsg.), *Handbuch der sonderpädagogischen Diagnostik: Grundlagen und Konzepte der Statusdiagnostik, Prozessdiagnostik und Förderplanung* (S. 793–804). Universitätsbibliothek. https://doi.org/10.5283/epub.53149.

Greischel, H., Noack, P. & Neyer, F. J. (2016). Sailing uncharted waters: Adolescent personality development and social relationship experiences during a year abroad. *Journal of Youth and Adolescence, 45*(11), 2307–2320. https://doi.org/10.1007/s10964-016-0479-1

Grob, A. & Jaschinski, U. (2003). *Erwachsen werden. Entwicklungspsychologie des Jugendalters.* Weinheim: Beltz.

Gross, E. F. (2004). Adolescent Internet use: What we expect, what teens report. *Journal of Applied Developmental Psychology*, 25(6), 633–649. https://psycnet.apa.org/doi/10.1016/j.appdev.2004.09.005

Grubert, J. (2016). Depressionen und Ängste bei Schüler_innen: Unauffällige Auffälligkeiten, *Potsdamer Zentrum für empirische Inklusionsforschung (ZEIF)*, (7), 1–11. https://www.uni-potsdam.de/fileadmin/projects/inklusion/PDFs/ZEIF-Blog/Grubert_2016_Depressionen_und_%c3%84ngste_bei_Schueler_innen_v1.pdf

Grund, A. & Steuer, G. (2023). *Motivation und Selbstregulation. Theoretische Grundlagen und ihre Anwendung in Lernkontexten*. Paderborn: Brill, Schöningh (UTB).

Günther, A. & Kuscher, T. (2020). Zwischen Lebenswelt und beruflichem Selbstkonzept – Theoretische und empirische Befunde zur Exploration berufsorientierter Suchräume im Übergang zwischen allgemeiner, beruflicher und hochschulischer Bildung. In K. Büchter, H.-H. Kremer, A. Gebhardt & H. Sloane (Hrsg.), *Jugendliche Lebenswelten und berufliche Bildung* (Nr. 38). bwp@ Berufs- und Wirtschaftspädagogik – online.

Hachfeld, A., Hahn, A., Schroeder, S., Anders, Y. & Kunter, M. (2015). Should teachers be colorblind? How multicultural and egalitarian beliefs differentially relate to aspects of teachers' professional competence for teaching in diverse classrooms. *Teaching and Teacher Education, 48*, 44–55. https://doi.org/10.1016/j.tate.2015.02.001

Haggerty, R. J. & Aligne, C. A. (2005). Community pediatrics, *Pediatrics, 115*(4), 1136–1138. https://doi.org/10.1056/NEJM196801042780104

Hair, E, Halle, T., Terry-Humen, E., Lavelle, B. & Calkins, J. (2006). Children's school readiness in the ECLS-K: predictions to academic, health, and social outcomes in the first grade. *Early Childhood Research Quarterly, 21*(4), 431–454. https://doi.org/10.1016/j.ecresq.2006.09.005

Hajok, D. (2020). Heranwachsen in der digitalen Welt: Chancen und Risiken für die Entwicklung. Jugend-Medien-Schutz-Report, 1/2020, 2–6. https://doi.org/10.5771/0170-5067-2020-1-2

Hall, G. S. (1904). *Adolescence: Its psychology and its relations to physiology, anthropology, sociology, sex, crime, religions and education*. New York, NY: Appleton.

Haller, B, Gümüs, Z, Schuschnig, U., Jäger, C., Buchegger, B., Prochazka, E., Rothuber, G., Haller, P., Schröder, B., Wallner, F. & Secco, H. (2018). *Mobbing an Schulen: Ein Leitfaden für die Schulgemeinschaft im Umgang mit Mobbing*. Wien: Bundesministerium für Bildung, Wissenschaft und Forschung.

Hampson, S. E., Andrews, J. A., Barckley, M. & Peterson, M. (2007). Trait stability and continuity in childhood: Relating sociability and hostility to the Five-Factor model of personality. *Journal of Research in Personality, 41*(3), 507–523. https://doi.org/10.1016/j.jrp.2006.06.003

Happe, L., Buhnova, B., Koziolek, A. & Wagner, I. (2021). Effective measures to foster girls' interest in secondary computer science education. *Education and Information Technologies*, 26, 2811–2829. https://doi.org/10.1007/s10639-020-10379-x

Harter, S. (2006). The Self. In N. Eisenberg, W. Damon & R. M. Lerner (Hrsg.), *Handbook of child psychology. Vol. 3: Social, emotional, and personality development* (S. 505–570). Hoboken, NJ: Wiley.

Hartmann, A., Rückmann, J. & Tannen, A. (2020). Individuelle Gesundheitskompetenz von Lehrkräften und deren (Un)Sicherheit im Umgang mit chronisch erkrankten Schulkindern und Notfallsituationen. *Bundesgesundheitsblatt, 63*, 1168–1176. https://doi.org/10.1007/s00103-020-03207-7

Hartshorne, J. K. & Germine, L. T. (2015). When does cognitive functioning peak? The asynchronous rise and fall of different cognitive abilities across the life span. *Psychological science, 26*(4), 433–443. https://doi.org/10.1177/0956797614567339

Hascher, T. & Hadjar, A. (2018). School alienation – Theoretical approaches and educational research. *Educational Research, 60*(2), 171–188. https://doi.org/10.1080/00131881.2018.1443021

Hasselhorn, M. (2017). Was sind aus psychologischer Perspektive die individuellen Voraussetzungen gelingender Lern- und Bildungsprozesse? In N. McElvany, W. Bos, H. G. Holtappels, J. Hasselhorn & A. Ohle (Hrsg.), *Bedingungen gelingender Lern- und Bildungsprozesse: aktuelle Befunde und Perspektiven für die empirische Bildungsforschung* (S. 11–31). Münster: Waxmann.

Hasselhorn, M. & Gold, A. (2022). *Pädagogische Psychologie: Erfolgreiches Lernen und Lehren* (5., überarb. Aufl.). Stuttgart: Kohlhammer.

Hasselhorn, M. & Grube, D. (2003). Das Arbeitsgedächtnis: Funktionsweise, Entwicklung und Bedeutung für kognitive Leistungsstörungen. *Sprache, Stimme, Gehör. Zeitschrift für Kommunikationsstörungen, 27*(01), 31–37. https://doi.org/10.1055/s-2003-37875

Hasselhorn, M., Schumann-Hengsteler, R., Gronauer, J., Grube, D., Mähler, C., Schmid, I., Seitz-Stein, K. & Zoelch, C. (2012). *Arbeitsgedächtnistestbatterie für Kinder von 5 bis 12 Jahren: Manual.* Göttingen: Hogrefe.

Hautzinger, M. (2005). Depressionen. In: M. Linden & M. Hautzinger (Hrsg.), *Verhaltenstherapiemanual* (S. 465–471). Heidelberg: Springer.

Havighurst, R. J. (1948). *Developmental tasks and education.* Chicago: University of Chicago Press.

Havighurst R. J. (1972). Developmental tasks and education. New York: McKay.

Heckhausen, H. (1989). Leistungsmotivation. In H. Heckhausen (Hrsg.), *Motivation und Handeln* (2. Aufl., S. 231–278). Berlin: Springer. https://doi.org/10.1007/978-3-662-08870-8_8

Helmke, A. (1983). *Schulische Leistungsangst.* Frankfurt am Main: Lang.

Helmke, A. (2010). *Unterrichtsqualität und Lehrerprofessionalität: Diagnose, Evaluation und Verbesserung des Unterrichts* (3. Aufl.). Seelze-Velber: Klett-Kallmeyer.

Hill, N. E. & Tyson, D. F. (2009). Parental involvement in middle school: A meta-analytic assessment of the strategies that promote achievement. *Developmental Psychology, 45*(3), 740–763. https://doi.org/10.1037/a0015362

Hillmayr, D., Täschner, J., Brockmann, L. & Holzberger, D. (2021). *Elternbeteiligung im schulischen Kontext – Potenzial zur Förderung des schulischen Erfolgs von Schülerinnen und Schülern* (Wissenschaft macht Schule; 3). Münster: Waxmann.

Hillmayr, D., Ziernwald, L., Reinhold, F., Hofer, S. I. & Reiss, K. M. (2020). The potential of digital tools to enhance mathematics and science learning in secondary schools: A context-specific meta-analysis. *Computers & Education*, 153(103897). https://doi.org/10.1016/j.compedu.2020.103897

Hirsch, B. J. & DuBois, D. L. (1991). Self-esteem in early adolescence: The identification and prediction of contrasting longitudinal trajectories. *Journal of Youth and Adolescence, 20*, 53–72. https://doi.org/10.1007/BF01537351

Hoch, E., Scheiter, K. & Stalbovs, K. (2022). How to support learning with multimedia instruction: Implementation intentions help even when load is high. *British Journal of Psychology*, 114, 2, 315–334. https://doi.org/10.1111/bjop.12620

Hoff, E.-H. (2003). Arbeit und berufliche Entwicklung. In M. Hildebrand-Nilshon, E.-H. Hoff & H.-U. Hohner (Hrsg.), *Berichte aus dem Bereich „Arbeits-, Berufs- und Organisationspsychologie" der FU Berlin* (Nr. 20). Berlin: FU Berlin.

Hoffmann, J. & Wondrak, I. (2007). *Amok und zielgerichtete Gewalt an Schulen: Früherkennung, Risikomanagement, Kriseneinsatz, Nachbetreuung*. Frankfurt am Main: Verlag für Polizeiwissenschaft.

Hoffman, M. L. (1983). Affectice and cognitive processes in moral internalization. In E. T. Higgins, D. N Ruble & W. Hartup (Hrsg.), *Social cognition and social development: A sociocultural perspective* (S. 236–274). Cambridge: University Press.

Holland, J. L. (1997). *Making vocational choices: A theory of vocational personalities and work environments*. Englewood Cliffs, NJ: Prentice Hall.

Hollenbach-Biele, N. & Klemm, K. (2020). *Inklusive Bildung zwischen Licht und Schatten: Eine Bilanz nach zehn Jahren inklusiven Unterrichts*. Gütersloh: Bertelsmann-Stiftung.

Holmes, J., Gathercole, S. E. & Dunning, D. L. (2009). Adaptive training leads to sustained enhancement of poor working memory in children. *Developmental science, 12*(4), F9–F15. https://doi.org/10.1111/j.1467-7687.2009.00848.x

Howard, K. A. S. & Walsh, M. (2011). Children's Conceptions of Career Choice and Attainment: Model Development. *Journal of Career Development, 38*(3), 256–271. https://doi.org/10.1177/08948453103658

Huber, C. (2011). Lehrerfeedback und soziale Integration: Wie soziale Referenzierungsprozesse die soziale Integration in der Schule beeinflussen können. *Empirische Sonderpädagogik, 1*, 20–36. https://doi.org/10.25656/01:9315

Huber, C. (2021). Verhaltensverlaufsdiagnostik durch Direct Behavior Rating. In K. Seifried, S. Drewes & M. Hasselhorn (Hrsg.), *Handbuch Schulpsychologie – Psychologie für die Schule* (3. Aufl., S. 138–148). Stuttgart: Kohlhammer.

Hurrelmann, K. (2016). Bildung und Gesundheit im Jugendalter. In L. Bilz, G. Sudeck, J. Bucksch, A. Klocke, P. Kolip, W. Melzer; U. Ravens-Sieberer & M. Richter (Hrsg.), *Schule und Gesundheit: Ergebnisse des WHO-Jugendgesundheitssurveys „Health Behaviour in School-aged Children"*. Weinheim: Beltz.

Huemer, S., Moll, K. & Schulte-Körne, G. (2018). Onlinebasierte Leseförderung für Grundschüler: Das Konzept „Meister Cody – Namagi". *Lernen und Lernstörungen*, 7, 247–252. https://doi.org/10.1024/2235-0977/a000230

Ihme, J. M. & Senkbeil, M. (2019). Warum können Jugendliche ihre eigenen computerbezogenen Kompetenzen nicht realistisch einschätzen? *Zeitschrift für Entwicklungspsychologie und Pädagogische Psychologie*, 49(1), 24–37. https://doi.org/10.1026/0049-8637/a000164

Jackson, L. & Eye, A., Witt, E., Zhao, Y., Fitzgerald, H. (2011). A longitudinal study of the effects of Internet use and videogame playing on academic performance and the roles of gender, race and income in these relationships. *Computers in Human Behavior*, 27(1), 228–239. https://doi.org/10.1016/j.chb.2010.08.001

Jacobs, C. & Petermann, F. (2007a). *Rechenstörungen*. (Leitfaden Kinder- und Jugendpsychotherapie; 9). Göttingen: Hogrefe.

Jacobs, C. & Petermann, F. (2007b). Aufmerksamkeitsstörungen bei Kindern. Langzeiteffekte des neuropsychologischen Gruppentrainings ATTENTIONER. *Kindheit und Entwicklung, 16*, 40–49.

Jansen, T., Meyer, J., Wigfield, A. & Möller, J. (2022). Which student and instructional variables are most strongly related to academic motivation in K-12 education? A systematic review of meta-analyses. *Psychological Bulletin*, 148(1-2), 1–26. https://doi.org/10.1037/bul0000354

Jensen, A. R. (1969). How much can we boost IQ and scholastic achievement? In Harvard Educational Review (Hrsg.), *Environment, Heredity, and Intelligence* (2. Aufl., S. 1–123). Harvard Educational Review.

Jerusalem, M. & Schwarzer, R. (1991). Entwicklung des Selbstkonzepts in verschiedenen Lernumwelten. *Schule und Persönlichkeitsentwicklung. Ein Resümee der Längsschnittforschung, 11,* 115–130.

Jörin Fux, S., Stoll, F., Bergmann, C. & Eder, F. (2012). *Explorix – Das Werkzeug zur Berufs- und Laufbahnplanung. Deutschsprachige Adaptation und Weiterentwicklung des Self-Directed Search (SDS) nach John Holland* (4. Aufl.). Bern, Göttingen: Huber.

Judd, T. (2018). The rise and fall (?) of the digital natives. *Australasian Journal of Educational Technology,* 34(5), 99–119. https://www.doi.org/10.14742/ajet.3821

Juhaňák, L., Zounek, J., Záleská, K., Bárta, O. & Vlčková, K. (2019). The relationship between the age at first computer use and students' perceived competence and autonomy in ICT usage: A mediation analysis. *Computers & Education,* 141(103614). https://doi.org/10.1016/j.compedu.2019.103614

Kaak, S., Driesel-Lange, K., Kracke, B. & Hany, E. (2013). Diagnostik und Förderung der Berufswahlkompetenz Jugendlicher. In K. Driesel-Lange & B. Dreer (Hrsg.), *Spezial 6 – Hochschultage Berufliche Bildung 2013, Workshop 14* (S. 1–13). bwp@ Berufs- und Wirtschaftspädagogik – online. http://www.bwpat.de/ht2013/ws14/kaak_etal_ws14-ht2013.pdf

Kaman, A., Erhart, M., Devine, J., Reiß, F., Napp, A-K., Simon, A. M., Hurrelmann, K., Schlack, R., Hölling, H., Wieler, L. H. & Ravens-Sieberer, U. (2023). Zwei Jahre Pandemie: Die psychische Gesundheit und Lebensqualität von Kindern und Jugendlichen – Ergebnisse der COPSY-Längsschnittstudie. *Deutsches Ärzteblatt, 120*(15), 269. https://doi.org/10.3238/arztebl.m2023.0001

Kanning, U. P. (2020). Berufsorientierungstests. In T. Brüggemann & S. Rahn (Hrsg.), *Berufsorientierung – Ein Lehr- und Arbeitsbuch* (2. Aufl., S. 360–373). Münster: Waxmann (UTB).

Keles, B., McCrae, N. & Grealish, A. (2019). A systematic review: The influence of social media on depression, anxiety and psychological distress in adolescents. *International Journal of Adolescence and Youth,* 25(1), 79-93. https://doi.org/10.1080/02673843.2019.1590851

Kerpelman, J. L., Pittman, J. F. & Lamke, L. K. (1997). Toward a Microprocess Perspective on Adolescent Identity Development: An Identity Control Theory Approach. *Journal of Adolescent Research, 12*(3), 325–346. https://doi.org/10.1177/0743554897123002

Kindermann, T. A. (2007). Effects of naturally existing peer groups on changes in academic engagement in a cohort of sixth graders. *Child Development, 78*(4), 1186–1203. https://doi.org/10.1111/j.1467-8624.2007.01060.x

Klauer, K. J. (1978). *Handbuch der Pädagogischen Diagnostik.* Düsseldorf: Schwann.

Klemm, K. (2022). *Inklusion in Deutschlands Schulen: Eine bildungsstatistische Momentaufnahme 2020/21.* Bielefeld: Bertelsmann.

Klimstra, T. A., Luyckx, K., Hale, W. A. III, Frijns, T., van Lier, P. A. C. & Meeus, W. H. J. (2010). Short-term fluctuations in identity: Introducing a micro-level approach to identity formation. *Journal of Personality and Social Psychology, 99*(1), 191–202. https://doi.org/10.1037/a0019584

Klipker, K., Baumgarten, F., Göbel, K., Lampert, T. & Hölling, H. (2018). Psychische Auffälligkeiten bei Kindern und Jugendlichen in Deutschland – Querschnittergebnisse aus KiGGS Welle 2 und Trends. *Journal of Health Monitoring, 3*(3), 37–45. https://doi.org/10.17886/RKI-GBE-2018-077

KMK (1994). *Empfehlungen zur sonderpädagogischen Förderung in den Schulen der Bundesrepublik Deutschland* (Beschluss der Kultusministerkonferenz). Kultusministerkonferenz, Berlin, Deutschland. https://www.kmk.org/fileadmin/veroeffentlichungen_beschluesse/1994/1994_05_06-Empfehl-Sonderpaedagogische-Foerderung.pdf

KMK (2012). *Empfehlung zur Gesundheitsförderung und Prävention in der Schule* (Beschluss der Kultusministerkonferenz). Kultusministerkonferenz, Berlin, Deutschland. https://www.kmk.org/fileadmin/Dateien/veroeffentlichungen_beschluesse/2012/2012_11_15-Gesundheitsempfehlung.pdf

KMK (2016). *Bildung in der digitalen Welt. Strategie der Kultusministerkonferenz.* https://www.kmk.org/fileadmin/Dateien/pdf/PresseUndAktuelles/2018/Digitalstrategie_2017_mit_Weiterbildung.pdf

KMK (2017). *Empfehlung zur Beruflichen Orientierung an Schulen* (Beschluss der Kultusministerkonferenz). Kultusministerkonferenz, Berlin, Deutschland. https://www.kmk.org/fileadmin/Dateien/veroeffentlichungen_beschluesse/2017/2017_12_07-Empfehlung-Berufliche-Orientierung-an-Schulen.pdf

KMK (2019). *Standards für die Lehrerbildung: Bildungswissenschaften* (Beschluss der Kultusministerkonferenz). Kultusministerkonferenz, Berlin, Deutschland. https://www.kmk.org/fileadmin/veroeffentlichungen_beschluesse/2004/2004_12_16-Standards-Lehrerbildung-Bildungswissenschaften.pdf

Knafo, A. & Jaffee, S. R. (2013). Gene-environment correlation. *Development and Psychopathology, 25*(1), 1–6. https://doi.org/10.1017/S0954579412000855

Kocaj, A., Kuhl, P., Kroth, A. J., Pant, H. A. & Stanat, P. (2014). Wo lernen Kinder mit sonderpädagogischem Förderbedarf besser? Ein Vergleich schulischer Kompetenzen zwischen Regel-und Förderschulen in der Primarstufe. *Kölner Zeitschrift für Soziologie und Sozialpsychologie, 66,* 165–191. https://doi.org/10.1007/s11577-014-0253-x

Koch, B. (2015). Berufsorientierung in einer inklusiven Schule. *bwp@ Berufs- und Wirtschaftspädagogik – online, 27,* 1–18. http://www.bwpat.de/ausgabe27/koch_bwpat27.pdf

Kohlberg, L. (1995). *Die Psychologie der Moralentwicklung.* Frankfurt am Main: Suhrkamp.

Koglin, U. & Petermann, F. (2013). Kindergarten- und Grundschulalter: Entwicklungsrisiken und Entwicklungsabweichungen. In F. Petermann (Hrsg.). *Lehrbuch der Klinischen Kinderpsychologie* (S. 101–118). Göttingen: Hogrefe.

Kracke, B. (2002). The role of personality, parents, and peers for adolescents' occupational exploration. *Journal of Adolescence, 25,* 19–30. https://doi.org/10.1006/jado.2001.0446

Kracke, B. (2014). Schulische Inklusion – Herausforderungen und Chancen. *Psychologische Rundschau, 65,* 237–240. https://doi.org/10.1026/0033-3042/a000228

Kracke, B. & Driesel-Lange, K. (2016). Gendersensibilität in der Berufsorientierung durch Individualisierung. In H. Faulstich-Wieland (Hrsg.), *Berufsorientierung und Geschlecht* (S. 164–185). Weinheim: Beltz.

Kracke, B. & Schmitt-Rodermund, E. (2001). Adolescents' career exploration in the context of educational and occupational transitions. In J. Nurmi (Hrsg.), *Navigating through adolescence: European Perspectives* (S. 141–168). New York, NY: Routledge Falmer.

Kraif, U. (2007). *Duden: Das Fremdwörterbuch* (9. Aufl.). Berlin: Dudenverlag.

Krapp, A. (1998). Entwicklung und Förderung von Interesse im Unterricht. *Psychologie in Erziehung und Unterricht, 44*(3), 185–201.

Krappmann, L. (1996). Streit, Aushandlungen und Freundschaften unter Kindern. In M. S. Honig, H. R. Leu & U. Nissen (Hrsg.), *Kinder und Kindheit: Soziokulturelle Muster – sozialisationstheoretische Perspektiven* (S. 99–117). Weinheim: Juventa.

Krawinkel, S., Südkamp, A. S. & Tröster, H. (2017). Soziale Partizipation in inklusiven Grundschulklassen: Bedeutung von Klassen-und Lehrkraftmerkmalen. *Empirische Sonderpädagogik, 9*(3), 277–295.

Kray, J. (2019). Methoden der Entwicklungspsychologie. In J. Kray (Hrsg.), *Entwicklungspsychologie* (S. 31–41). Berlin: Springer.

Kroger, J., Martinussen, M. & Marcia, J. E. (2010). Identity status change during adolescence and young adulthood: a meta-analysis. *Journal of Adolescence, 33*(5), 683–698. https://doi.org/10.1016/j.adolescence.2009.11.002

Krumm, V. & Eckstein, K. (2003). „Geht es Ihnen gut oder haben sie noch Kinder in der Schule?" – Befunde aus einer Untersuchung über Lehrerverhalten, das Schüler und manche Eltern krank macht. In Noack, P., Brunner, E. J., Scholl, I. & Scholz, G. (Hrsg.), *Diagnose und Intervention in schulischen Handlungsfeldern* (S. 47–72). Münster: Waxmann.

Kuhl, J. (1983). Integration und Ausblick: Motivation, Konflikt und Handlungskontrolle. In J. Kuhl, *Motivation, Konflikt und Handlungskontrolle* (S. 302–327). Berlin: Springer.

Kuhl, P., Kocaj, A. & Stanat, P. (2022). Zusammenhänge zwischen einem gemeinsamen Unterricht und kognitiven und non-kognitiven Outcomes von Kindern ohne sonderpädagogischen Förderbedarf. *Zeitschrift für Pädagogische Psychologie, 36*(3), 181–206. https://doi.org/10.1024/1010-0652/a000283

Kutscher, N. (2014). Soziale Ungleichheit. In A. Tillmann (Hrsg.), *Handbuch Kinder und Medien* (S. 101–112). Wiesbaden: Springer.

Landerl, K. & Kaufmann, L. (2008). *Dyskalkulie. Modelle, Diagnostik, Intervention.* München: Reinhardt (UTB).

Landmann, M., Perels, F., Otto, B., Schnick-Vollmer, K. & Schmitz, B. (2020). Selbstreguliertes Lernen. In E. Wild & J. Möller (Hrsg.), *Pädagogische Psychologie* (3., überarb. Aufl., S. 45–64). Berlin, Heidelberg: Springer.

Lane, D. M. & Pearson, D. A. (1982). The development of selective attention. *Merrill-Palmer Quarterly, 28*(3) 317–337. https://www.jstor.org/stable/23086119

Langer, W. (2009). *Mehrebenenanalyse* (2. Aufl.). Wiesbaden: VS Verlag für Sozialwissenschaften.

Lawson, G. M., Hook, C. J. & Farah, M. J. (2018). A meta-analysis of the relationship between socioeconomic status and executive function performance among children. *Developmental science, 21*(2), Article e12529. https://doi.org/10.1111/desc.12529

Lepp, A., Barkley, J. E. & Karpinski, A. C. (2014). The relationship between cell phone use, academic performance, anxiety, and Satisfaction with Life in college students. *Computers in Human Behavior,* 31, 343–350. https://doi.org/10.1016/j.chb.2013.10.049

Li, S. & Wang, W. (2022). Effect of blended learning on student performance in K-12 settings: A meta-analysis. *Journal of Computer Assisted Learning,* 38(5), 1254–1272. https://doi.org/10.1111/jcal.12696

Liepmann, W., Tartler, K., Nettelnstroth, W. & Smolka, S. (2006). *Testbatterie für Berufseinsteiger – Englisch START-E.* Göttingen: Hogrefe.

Lipowsky, F. (2020). Unterricht. In E. Wild & J. Möller (Hrsg.), *Pädagogische Psychologie* (3., überarb. Aufl., S. 69–118). Berlin, Heidelberg: Springer.

Lipowski, K., Dreer, B., Kaak, S. & Kracke, B. (2020). Berufsfelderprobungen in der schulischen Berufsorientierung. Voraussetzungen einer wirksamen Praxiserfahrung. In T. Brüggemann & S. Rahn (Hrsg.), *Berufsorientierung: Ein Lehr- und Arbeitsbuch* (2., überarb. Aufl., S. 446–459). Münster: Waxmann (UTB).

Lipowski, K., Kaak, S. & Kracke, B. (2016). Individualisierung von schulischen Berufsorientierungsmaßnahmen – ein praxisorientiertes diagnostisches Verfahren zur Erfassung von Berufswahlkompetenz. In H. Faulstich-Wieland, S. Rahn & B. Scholand (Hrsg.), *Spezial 12 – Berufsorientierung im Lebenslauf – theoretische Standortbestimmung und empirische Analysen* (S. 1–16). bwp@ Berufs- und Wirtschaftspädagogik – online. http://www.bwpat.de/spezial12/lipowski_etal_bwpat_spezial12.pdf

Lipowski, K., Kaak, S. & Kracke, B. (2021). *Handbuch Schulische Berufliche Orientierung: Praxisorientierte Unterstützung für den Übergang Schule – Beruf* (2., überarb. Aufl.). Verlag das netz.

Livingstone, S., Haddon, L., Görzig, A. & Ólafsson, K. (2011). *Risks and Safety on the Internet: The Perspective of European Children. FullFindings* (EU Kids Online). London: LSE.

Loderer, K., Pekrun, R. & Frenzel, A. C. (2020). Emotionen beim technologiebasierten Lernen. In H. Niegemann & A. Weinberger (Hrsg.), *Handbuch Bildungstechnologie. Konzeption und Einsatz digitaler Lernumgebungen* (S. 417–437). Berlin, Heidelberg: Springer.

Loderer, K., Pekrun, R. & Lester, J. C. (2020). Beyond cold technology: A systematic review and meta-analysis on emotions in technology-based learning environments. *Learning and Instruction, 70*, Article e101162. https://doi.org/10.1016/j.learninstruc.2018.08.002

Loreman, T., Deppeler, J. & Harvey, D. (2010). *Inclusive Education: Supporting Diversity in the Classroom.* New York, NY: Routledge.

Lüdtke, O. & Köller, O. (2002). Individuelle Bezugsnormorientierung und soziale Vergleiche im Mathematikunterricht: Einfluss unterschiedlicher Referenzrahmen auf das fachspezifische Selbstkonzept der Begabung. *Zeitschrift für Entwicklungspsychologie und Pädagogische Psychologie, 34*(3), 156–166. https://doi.org/10.1026//0049-8637.34.3.156

Lütje-Klose, B., Neumann, P., Gorges, J. & Wild, E. (2018). Die Bielefelder Längsschnittstudie zum Lernen in inklusiven und exklusiven Förderarrangements (BiLieF) – Zentrale Befunde. *DDS – Die Deutsche Schule, 2*, 109–123. https://doi.org/10.31244/dds.2018.02.02

Luyckx, K., Schwartz, S. J., Goossens, L., Beyers, W. & Missotten, L. (2011). Processes of Personal Identity Formation and Evaluation. In S. Schwartz, K. Luyckx & V. Vignoles (Hrsg.), *Handbook of Identity Theory and Research* (S. 77–98). New York, NY: Springer. https://doi.org/10.1007/978-1-4419-7988-9_4

Luyckx, K., Goossens, L., Soenens, B. & Beyers, W. (2006). Unpacking commitment and exploration: Preliminary validation of an integrative model of late adolescent identity formation. *Journal of Adolescence, 29*(3), 361–378. https://doi.org/10.1016/j.adolescence.2005.03.008

Maaz, K., Baeriswyl, F. & Trautwein, U. (2011). *Herkunft zensiert? Leistungsdiagnostik und soziale Ungleichheiten in der Schule.* Düsseldorf: Vodafone Stiftung Deutschland.

Mähler, C. & Hasselhorn, M. (2021; Hrsg.). *Inklusion: Chancen und Herausforderungen.* Göttingen: Hogrefe.

Manuck, S. B. & McCaffery, J. M. (2014). Gene-environment interaction. *Annual Review of Psychology, 65*, 41–70. https://doi.org/10.1146/annurev-psych-010213-115100

Mares, M.-L. & Woodard, E. (2005). Positive Effects of Television on Children's Social Interactions: A Meta-Analysis. *Media Psychology*, 7(3), 301–322. https://doi.org/10.1207/S1532785XMEP0703_4

Markey, P. M., Markey, C. N. & Tinsley, B. J. (2004). Children's Behavioral Manifestations of the Five-Factor Model of Personality. *Personality and Social Psychology Bulletin, 30*(4), 423–432. https://doi.org/10.1177/0146167203261886

Marcia, J. E. (1966). Development and validation of ego-identity status. *Journal of Personality and Social Psychology, 3*(5), 551–558. https://doi.org/10.1037/h0023281

Marsh, H. W. (1986). Verbal and math self-concepts: An internal/external frame of reference model. *American Educational Research Journal, 23*(1), 129–149. https://doi.org/10.2307/1163048

Marsh, H. W. (1987). The big-fish-little-pond effect on academic self-concept. *Journal of Educational Psychology, 79*(3), 280–295. https://doi.org/10.1037/0022-0663.79.3.280

Marsh, H. W. & Shavelson, R. (1985). Self-concept: Its multifaceted, hierarchical structure. *Educational Psychologist, 20*(3), 107–123. https://doi.org/10.1207/s15326985ep2003_1

Mayer, R. E. (2014). *The Cambridge handbook of multimedia learning*. Cambridge, UK: Cambridge: University Press.

Mayhack, K. & Kracke, B. (2010). Unterstützung der beruflichen Entwicklung Jugendlicher: Der Beitrag von Lehrer/innen und Eltern. *Diskurs Kindheits-und Jugendforschung/Discourse. Journal of Childhood and Adolescence Research, 5*(4), 9–10. https://nbn-resolving.org/urn:nbn:de:0168-ssoar-354768

McNamee, P., Mendolia, S. & Yerokhin, O. (2021). Social media use and emotional and behavioural outcomes in adolescence: Evidence from British longitudinal data. *Economics and Human Biology*, 41, (100992). https://doi.org/10.1016/j.ehb.2021.100992

McClelland, M. M., John Geldhof, G., Cameron, C. E. & Wanless, S. B. (2015). Development and self-regulation. *Handbook of child psychology and developmental science,* 1–43. https://doi.org/10.1002/9781118963418.childpsy114

McCrae, R. R. & Costa, P. T., Jr. (1999). A Five-Factor theory of personality. In L. A. Pervin & O. P. John (Hrsg.), *Handbook of personality: Theory and research* (S. 139–153). Guilford Press.

Mediendienst Integration (2022). *Zahlen und Fakten: Integration: Schule.* https://mediendienst-integration.de/integration/schule.html

Meeus, W., Iedema, J., Helsen, M. & Vollebergh, W. (1999). Patterns of adolescent identity development: Review of literature and longitudinal analysis. *Developmental Review, 19*(4), 419–461. https://doi.org/10.1006/drev.1999.0483

Menzel, D. & Wiater, W. (2009). *Verhaltensauffällige Schüler: Symptome, Ursachen, Handlungsmöglichkeiten.* Bad Heilbrunn: Klinkhardt.

Metzler, C. & Seyda, S. (2016). Erwartete und tatsächliche Hemmnisse und Lösungen für und in der Ausbildung von Menschen mit Behinderung aus Unternehmersicht. *bwp@ Berufs-und Wirtschaftspädagogik – online, 30,* 1–27. http://www.bwpat.de/ausgabe30/metzler_seyda_bwpat30.pdf

Metzger, A. & Smetana, J. G. (2010). Social cognitive approaches to civic engagement. In L. R. Sherrod, J. Torney-Purta & C. A. Flanagan (Hrsg.), *Handbook of research on civic engagement in youth* (S. 221–248). Hoboken, NJ: Wiley.

Miklikowska, M., Eckstein, K. & Matera, J. (2021). All together now: Cooperative classroom climate and the development of youth attitudes toward immigrants. *New Directions for Child and Adolescent Development, 177,* 123–139. https://doi.org/10.1002/cad.20414

Möller, J., Pohlmann, B., Köller, O. & Marsh, H. W. (2009). A meta-analytic path analysis of the internal/external frame of reference model of academic achievement and academic self-concept. *Review of Educational Research, 79*(3), 1129–1167. https://doi.org/10.3102/0034654309337522

Montada, L. (2008a). Fragen, Konzepte, Perspektiven. In R. Oerter & L. Montada (Hrsg.), *Entwicklungspsychologie* (6. Aufl., S. 3–48). Weinheim: Beltz.

Montada, L. (2008b). Moralische Entwicklung und Sozialisation. In R. Oerter & L. Montada (Hrsg.), *Entwicklungspsychologie* (6., vollst. überarb. Aufl., S. 572–606). Weinheim: Beltz Psychologie Verlags Union.

Morphy, P. & Graham, S. (2012). Word processing programs and weaker writers/readers: A meta-analysis of research findings. *Reading and Writing: An Interdisciplinary Journal*, 25(3), 641–678. https://doi.org/10.1007/s11145-010-9292-5

Moser, H. (2014). Medien in der späten Kindheit. In A. Tillmann, S. Fleischer & K.-U. Hugger (Hrsg.), *Handbuch Kinder und Medien* (S. 323–334). Wiesbaden: Springer.

Naab, T. (2021). Zwischen Einschränkung und gemeinsamer Nutzung: Mediennutzung und Medienerziehung von Kindern im Alter von bis zu elf Jahren. In S. Kuger, S. Walper & T. Rauschenbach (Hrsg.), *Aufwachsen in Deutschland 2019. Alltagswelten von Kindern, Jugendlichen und Familien* (S. 57–63). Bielefeld: WBV Media.

Nakamura, J., Csikszentmihalyi, M. (2014). The Concept of Flow. In M. Csikszentmihalyi (Hrsg.), *Flow and the Foundations of Positive Psychology* (S. 239–263). Dordrecht: Springer. https://doi.org/10.1007/978-94-017-9088-8_16

Neumann, P., Lütje-Klose, B., Wild, E. & Gorges, J. (2017). Die Bielefelder Längsschnittstudie zum Lernen in inklusiven und exklusiven Förderarrangements (BiLeiF). In P.-C. Link & R. Stein (Hrsg.), *Schulische Inklusion und Übergänge* (S. 39–48). Frank & Timme.

Nicholls, J. G. (1978). The development of the concepts of effort and ability, perception of academic attainment, and the understanding that difficult tasks require more ability. *Child development*, 800–814. https://doi.org/10.2307/1128250

Niegemann, H. & Heidig, S. (2020). Interaktivität und Adaptivität in multimedialen Lernumgebungen. In H. Niegemann & A. Weinberger (Hrsg.), Handbuch Bildungstechnologie. Konzeption und Einsatz digitaler Lernumgebungen (S. 343–367). Berlin, Heidelberg: Springer. https://doi.org/10.1007/978-3-662-54368-9

Niemi, R. G. & Junn, J. (1998). *Civic education: What makes students learn*. Yale University Press.

Noack, P. (1990). *Jugendentwicklung im Kontext: Zum aktiven Umgang mit Entwicklungsaufgaben in der Freizeit*. Psychologie Verlags Union.

Noack, P. (2006). Civic knowledge and intolerant attitudes among adolescents: Findings from quasi-experimental and survey studies. In A. Sliwka, M. Diedrich & M. Hofer (Hrsg.), *Citizenship education* (S. 109–120). Münster: Waxmann.

Nunner-Winkler, G. (2018). Moral. In W. Schneider, U. Lindenberger (Hrsg.), *Entwicklungspsychologie* (S. 521–541). Weinheim: Beltz.

Oberländer, A., Kunde, G. & Dörger, D. (2005). *Unsere Klasse ist ein Team! Unterrichtsmaterialien zum Sozialen Lernen mit thematischen Übungen und Spielen für die Sek. I*. Auer.

Ochs, L. A. & Roessler, R. T. (2004). Predictors of Career Exploration Intentions: A Social Cognitive Career Theory Perspective. *Rehabilitation Counseling Bulletin, 47*(4), 224–233. https://doi.org/10.1177/00343552040470040401

OECD (2016). Sozioökonomischer Status, Schülerleistungen und Einstellungen gegenüber Naturwissenschaften. In PISA (Hrsg.), *PISA 2015 Ergebnisse: Exzellenz und Chancengerechtigkeit* (Band 1, S. 217–260). OECD Publishing. https://doi.org/10.1787/9789264267879-10-de

OECD (2019). *The Road to Integration: Education and Migration*. OECD Reviews of Migrant Education, OECD Publishing. https://doi.org/10.1787/d8ceec5d-en

Olyai, N. & Kracke, B. (2008). Berufskonzepte im Grundschulalter: welche Aspekte von Berufen kennen Kinder, und ist dieses Wissen erweiterbar? Eine explorative Studie. *Diskurs Kindheits-und Ju-*

gendforschung/Discourse. Journal of Childhood and Adolescence Research, 3(2), 141–148. https://nbn-resolving.org/urn:nbn:de:0168-ssoar-269342

Olweus, D. (2002). *Gewalt in der Schule: Was Lehrer und Eltern wissen sollten – und tun können* (3. Aufl.). Bern, Göttingen: Huber.

Oser, F., Althof, W. (1997). *Moralische Selbstbestimmung* (3. Aufl.). Stuttgart: Klett-Cotta.

Oesterlen, E., Eichner, M., Gade, M. & Seitz-Stein, K. (2018). Tablet-based working memory assessment in children and adolescents. *Zeitschrift für Entwicklungspsychologie und Pädagogische Psychologie,* 50(2), 83–96. https://doi.org/10.1026/0049-8637/a000189

Ottová-Jordan, V., Bilz, L., Finne, E. & Ravens-Sieberer, U. (2016). Psychische Gesundheit und Wohlbefinden von Schülerinnen und Schülern. In L. Bilz, G. Sudeck, J. Bucksch, A. Klocke, P. Kolip, W. Melzer; U. Ravens-Sieberer & M. Richter (Hrsg.), *Schule und Gesundheit: Ergebnisse des WHO-Jugendgesundheitssurveys „Health Behaviour in School-aged Children"* (S. 48–64). Weinheim: Beltz.

Over, H. & McCall, C. (2018). Becoming us and them: Social learning and intergroup bias. *Social and Personal Psychology Compass, 12*(4), 1–13. https://doi.org/10.1111/spc3.12384

Paas, F. & Sweller, J. (2014). Implications of Cognitive Load Theory for multimedia learning. In R. E. Mayer (Ed.), *The Cambridge handbook of multimedia learning* (2 ed., pp. 27–42). Cambridge, MA: Cambridge: University Press.

Palfrey, J. S., Tonniges, T. F., Green, M. & Richmond, J. (2005). Introduction: Addressing the Millennial Morbidity – The Context of Community Pediatrics. *Pediatrics, 115(4),* 1121–1123. https://doi.org/10.1542/peds.2004-2825B

Paulus, C. (2019). *Gewalt, Amok und Medien: Erkennen – Vorbeugen – Handeln.* Stuttgart: Kohlhammer.

Pekrun, R. (2006). The Control-Value Theory of Achievement emotions: Assumptions, corollaries, and implications for educational research and practice. *Educational Psychology Review, 18,* 315–341. https://doi.org/10.1007/s10648-006-9029-9

Pekrun, R. & Frenzel, A. (2009). Persönlichkeit und Emotion. In V. Brandstätter & J. H. Otto (Hrsg.), *Handbuch der allgemeinen Psychologie – Motivation und Emotion* (S. 686–696). Göttingen: Hogrefe.

Pekrun, R., Lichtenfeld, S., Marsh, H. W., Murayama, K. & Goetz, T. (2017). Achievement emotions and academic performance: Longitudinal models of reciprocal effects. *Child development, 88*(5), 1653–1670. https://doi.org/10.1111/cdev.12704

Pekrun, R., Marsh, H. W., Suessenbach, F., Frenzel, A. C. & Goetz, T. (2023). School grades and students' emotions: Longitudinal models of within-person reciprocal effects. *Learning and Instruction, 83,* Article e101626. https://doi.org/10.1016/j.learninstruc.2022.101626

Pekrun, R., vom Hofe, R., Blum, W., Frenzel, A. C., Goetz, T. & Wartha, S. (2007). *Development of mathematical competencies in adolescence: The PALMA longitudinal study.* Universität Konstanz.

Pepler, D. J., Craig, W., Ziegler, S. & Charach, A. (1994). An evaluation of an anti-bullying intervention in Toronto schools. *Canadian Journal of Community Mental Health, 13*(2) 95–110. https://doi.org/10.7870/cjcmh-1994-0014

Petermann, F. & Resch, F. (2013). Entwicklungspsychopathologie. In F. Petermann (Hrsg.), *Lehrbuch der Klinischen Kinderpsychologie* (S. 57–76). Göttingen: Hogrefe.

Petermann, U. & Petermann, F. (2013). Störungen des Sozialverhaltens. In F. Petermann (Hrsg.), *Lehrbuch der Klinischen Kinderpsychologie* (S. 291–317). Göttingen: Hogrefe.

Petermann, F. & W. Schneider (2007). *Enzyklopädie der angewandten Entwicklungspsychologie.* Göttingen: Hogrefe.

Pettigrew, T. F. & Tropp, L. R. (2006). A meta-analytic test of inter-group theory: Interpersonal relations and group processes. *Journal of Personality and Social Psychology, 90,* 751–783. https://doi.org/10.1037/0022-3514.90.5.751

Pevec, S. & Schachner, M. (2020). *Kulturelle Vielfalt im Klassenzimmer: Forschungsgeleitete Hinweise für die Praxis.* Potsdamer Zentrum für empirische Inklusionsforschung, ZEIF. https://www.uni-potsdam.de/fileadmin/projects/inklusion/PDFs/ZEIF-Blog/PevecSchachner_2020_Kulturelle_Vielfalt_im_Klassenzimmer.pdf

Plener, P. L., Kaess, M., Bonenberger, M., Blaumer, D. & Spröber, N. (2012). Umgang mit nicht-suizidalem selbstverletzendem Verhalten (NSSV) im schulischen Kontext. *Kindheit und Entwicklung, 21*(1), 16–22. https://doi.org/10.1026/0942-5403/a000066

Piaget, J. (1932). *The moral judgement of the child. Harmondsworth.* Penguin Books.

Pinquart, M. & Ebeling, M. (2019). Parental educational expectations and academic achievement in children and adolescent: A meta-analysis. *Educational Psychology Review, 32*(2), 463–480. https://doi.org/10.1007/s10648-019-09506-z

Plomin R. & Petrill, S. A. (1997). Genetics and intelligence: What's new? *Intelligence,* 24, 53–77.

Pössel, P. & Hautzinger, M. (2022). *Trainingsprogramm zur Prävention von Depressionen bei Jugendlichen. LARS & LISA: Lust an realistischer Sicht und Leichtigkeit im sozialen Alltag.* Göttingen: Hogrefe.

Prengel, A. (1993). *Pädagogik der Vielfalt: Verschiedenheit und Gleichberechtigung in Interkultureller, Feministischer und Integrativer Pädagogik.* Opladen: Leske & Budrich.

Quenzel, G. (2015). *Entwicklungsaufgaben und Gesundheit im Jugendalter.* Weinheim, Basel: Beltz Juventa.

Quenzel, G. & Hurrelmann, K. (2022). *Lebensphase Jugend* (14., überarb. Aufl.). Weinheim, Basel: Beltz Juventa.

Raabe, T. & Beelmann, A. (2011). Development of ethnic, racial, and national prejudice in childhood and adolescence: a multinational meta-analysis of age differences. *Child Development, 82*(6), 1715–1737. https://doi.org/10.1111/j.1467-8624.2011.01668.x

Rahn, S., Brüggemann, T. & Hartkopf, E. (2011). Von der diffusen zur konkreten Berufsorientierung: Die Ausgangslage der Jugendlichen in der Frühphase der schulischen Berufswahlvorbereitung. *DDS – Die deutsche Schule, 103*(4), 297–311. https://doi.org/10.25656/01:25710

Rathgeb, T. & Behrens, P. (2020). *KIM-Studie 2020. Kindheit, Internet, Medien. Basisuntersuchung zum Medienumgang 6- bis 13-Jähriger.* Stuttgart: Medienpädagogischer Forschungsverbund Südwest. https://www.mpfs.de/fileadmin/files/Studien/KIM/2020/KIM-Studie2020_WEB_final.pdf

Rathgeb, T. & Schmid, T. (2022). *JIM-Studie 2022. Jugend, Information, Medien. Basisuntersuchung zum Medienumgang 12- bis 19-Jähriger.* Stuttgart: Medienpädagogischer Forschungsverbund Südwest. https://www.mpfs.de/fileadmin/files/Studien/JIM/2022/JIM_2022_Web_final.pdf

Ravens-Sieberer, U., Kaman, A., Otto, C., Adedeji, A., Devine, J., Erhart, M., Napp, A. K., Becker, M., Blanck-Stellmacher, U., Löffler, C., Schlack, R. & Hurrelmann, K. (2020). Mental health and quality of life in children and adolescents during the COVID-19 pandemic – results of the COPSY study. *Deutsches Ärzteblatt International, 117*(48), 828–829. https://doi.org/10.3238/arztebl.2020.0828.

Reinders, H. (2002). Entwicklungsaufgaben – Theoretische Positionen zu einem Klassiker. In H. Merkens & J. Zinnecker (Hrsg.), *Jahrbuch Jugendforschung 2/2002* (S. 13–37). Opladen: Leske & Budrich.

Reindl, M. (2022). Peers als Bildungsinstanz im Jugendalter. In M. Kreutzmann, L. Zander & B. Hannover (Hrsg.), *Aufwachsen mit anderen: Peers als Bildungsfaktor im Jugendalter* (S. 41–53). Stuttgart: Kohlhammer.

Reiser, H., Klein, G. & Kreie, G. (1986). Integration als Prozess. Sonderpädagogik, 16, 115–122.

Renkl, A. (2020). Wissenserwerb. In E. Wild & J. Möller (Hrsg.), *Pädagogische Psychologie* (3., überarb. Aufl., S. 3–24). Berlin, Heidelberg: Springer.

Rey, G. D. (2020) (3. Aufl.). *Methoden der Entwicklungspsychologie: Datenerhebung und Datenauswertung.* Norderstedt: Books on Demand.

Rheinberg, F. (1987). Soziale versus individuelle Leistungsvergleiche und ihre motivationalen Folgen in Lehr-Lernsituationen. In R. Olechowski & E. Persy (Hrsg.), *Fördernde Leistungsbewertung. Ein Symposium* (S. 80–115). Wien, München: Jugend und Volk.

Rheinberg, F. & Fries, S. (2018). Bezugsnormorientierung. In D. Rost, J. Sparfeld & S. R. Buch (Hrsg.), Handwörterbuch pädagogische Psychologie (5., überarb. und erw. Aufl., S. 56–63). Weinheim, Basel: Beltz.

Rheinberg, F. & Krug, S. (2005). *Motivationsforderung im Schulalltag.* Göttingen: Hogrefe.

Rheinberg, F. & Vollmeyer, R. (2018). *Motivation* (9., erw. und überarb. Aufl.). Stuttgart: Kohlhammer.

Robertz, F. J. & Wickenhäuser, R. P. (2010). *Der Riss in der Tafel: Amoklauf und schwere Gewalt in der Schule.* Dordrecht: Springer.

Roelle, J., Lachner, A. & Heitmann, S. (2023). *Lernen: Theorien und Techniken.* Paderborn: Brill, Schöningh (UTB).

Rosenberg, M. (1986). Self-concept from middle childhood through adolescence. In J. Suls & A. G. Greenwald (Hrsg.), *Psychological perspective on the self* (3. Aufl., S. 107–135). Mahwah, NJ: Erlbaum.

Ruijs, N. M. & Peetsma, T. T. (2009). Effects of inclusion on students with and without special educational needs reviewed. Educational Research Review, 4, 67–79.

Ryan, R. M. & Deci, E. L. (2000). Self-determination theory and the facilitation of intrinsic motivation, social development, and well-being. *American Psychologist, 55*(1), 68–78. https://doi.org/10.1037/0003-066X.55.1.68

Sarrazin, T. (2010). *Deutschland schafft sich ab: Wie wir unser Land aufs Spiel setzen.* München: DVA.

Sasse, A. & Schulzeck, U. (Hrsg.; 2021). *Inklusiven Unterricht planen, gestalten und reflektieren: Die Differenzierungsmatrix in Theorie und Praxis.* Bad Heilbrunn: Klinkhardt.

Schachner, M. K. (2019). From equality and inclusion to cultural pluralism – Evolution and effects of cultural diversity perspectives in schools. *European Journal of Developmental Psychology, 16*(1), 1–17. https://doi.org/10.1080/17405629.2017.1326378

Scheiter, K. (2021). Lernen und Lehren mit digitalen Medien: Eine Standortbestimmung. *Zeitschrift für Erziehungswissenschaft, 24*(5), 1039–1060. https://doi.org/10.1007/s11618-021-01047-y

Scherer, R., Siddiq, F. & Sánchez Viveros, B. (2020). A meta-analysis of teaching and learning computer programming: Effective instructional approaches and conditions. *Computers in Human Behavior*, 109(106349). https://doi.org/10.1016/j.chb.2020.106349

Scherrer, V. & Preckel, F. (2019). Development of motivational variables and self-esteem during the school career: a meta-analysis of longitudinal studies. *Review of Educational Research, 89*(2), 211–258. https://doi.org/10.3102/0034654318819127

Schiefele, U. (1996). *Motivation und Lernen mit Texten.* Göttingen: Hogrefe.

Schiefele, U. (2014). Förderung von Interessen. In G. W. Lauth, M. Grünke & J. C. Brunstein (Hrsg.), *Interventionen bei Lernstörungen: Förderung, Training und Therapie in der Praxis* (S. 134–144). Göttingen: Hogrefe.

Schiefele, U. & Schaffner, E. (2020). Motivation. In E. Wild & J. Möller (Hrsg.), *Pädagogische Psychologie* (3., überarb. Aufl., S. 163–181). Berlin, Heidelberg: Springer.

Schmidt, A. & Weigelt, S. (2018). Neuronale Prozesse in der Adoleszenz. In B. Gniewosz & P. F. Titzmann (Hrsg.), *Handbuch Jugend* (S. 35–52). Stuttgart: Kohlhammer.

Schmidt-Atzert, L., Krumm, S. & Amelang, M. (Hrsg.) (2022). Psychologische Diagnostik (6. Aufl.). Berlin, Heidelberg: Springer.

Schneider, S., Beege M., Nebel, S. & Rey, G. D. (2022). Psychologische Befunde zum Lernen mit digitalen Medien – ein Überblick. In M. A. Pfannstiel & P. F.-J. Steinhoff (Hrsg.), *E-Learning im digitalen Zeitalter* (S. 581–605), Wiesbaden: Springer. https://doi.org/10.1007/978-3-658-36113-6_28

Schöne, C., Dickhäuser, O., Spinath, B., Stiensmeier-Pelster, J. (2012). *Skalen zur Erfassung des schulischen Selbstkonzepts* (SESSKO; 2., überarb. Aufl.). Göttingen: Hogrefe.

Schorb, B. (2014): Identität und Medien. In A. Tillmann, S. Fleischer & K.-U. Hugger (Hrsg.), *Handbuch Kinder und Medien* (S. 171–180). Wiesbaden: Springer.

Schulte-Körne, G. (2022). Prävention psychischer Störungen bei Kindern und Jugendlichen. *Monatsschrift Kinderheilkunde, 170*(6), 530–537. https://doi.org/10.1007/s00112-022-01508-6

Schulz, L. (2018). Digitale Medien im Bereich Inklusion. In B. Lütje-Klose, T. Riecke-Baulecke & R. Werning (Hrsg.), *Basiswissen Lehrerbildung: Inklusion in Schule und Unterricht: Grundlagen der Sonderpädagogik* (S. 344–367). Seelze: Klett-Kallmeyer.

Schulze, S. & Kuhl, J. (2018). Integration von Arbeitsgedächtnistrainings in die mathematische Lernförderung. *Lernen und Lernstörungen, 8*(1), 47–59. https://doi.org/10.1024/2235-0977/a000229

Schütze, B., Souvignier, E. & Hasselhorn, M. (2018). Stichwort – formatives Assessment. *Zeitschrift für Erziehungswissenschaft, 21*(4), 697–715. https://doi.org/10.1007/s11618-018-0838-7

Schwab, S., Hessels, M. G. P., Gebhardt, M., Krammer, M. & Gasteiger-Klicpera, B. (2015). The relationship between social and emotional integration and reading ability in students with and without special educational needs in inclusive classes. *Journal of Cognitive Education and Psychology, 14*, 180–198. https://doi.org/10.1891/1945-8959.14.2.180

Schwarzenthal, M., Schachner, M. K., van de Vijver, F. J. R. & Juang, L. P. (2018). Equal but different: Effects of equality/inclusion and cultural pluralism on intergroup outcomes in multiethnic classrooms. *Cultural Diversity and Ethnic Minority Psychology, 24*(2), 260–271. https://doi.org/10.1037/cdp0000173

Sears, D. O. & Levy, S. (2003). Childhood and adult political development. In D. O. Sears, L. Huddy & R. Jervis (Hrsg.), *Oxford handbook of political psychology* (S. 60–109). Oxford: University Press.

Seitz-Stein, K. & Berner, V.-D. (2019). Modelle und Bedingungen der Entwicklung. In D. Urhahne, M. Dresel & F. Fischer (Hrsg.), *Psychologie für den Lehrberuf* (S. 231–251). Berlin, Heidelberg: Springer.

Seligman, M. E., Petermann, F. & Rockstroh, B. (1979). *Erlernte Hilflosigkeit*. München: Urban & Schwarzenberg.

Selman, R. L. (1984). *Die Entwicklung des sozialen Verstehens*. Frankfurt am Main: Suhrkamp.

Senkbeil, M. & Ihme, J. M. (2014). Kurzskala zur Messung computer- und internetbezogener Motivationen bei jungen Erwachsenen. *Psychologie in Erziehung und Unterricht*, 61(3), 216–230.

Senkbeil, M. & Ihme, J. M. (2014). Wie valide sind Papier-und-Bleistift-Tests zur Erfassung computerbezogener Kompetenzen? *Diagnostica, 60*(1), 22–34.

Senkbeil, M., Ihme, J. M. & Schöber, C. (2019). Wie gut sind angehende und fortgeschrittene Studierende auf das Leben und Arbeiten in der digitalen Welt vorbereitet? Ergebnisse eines Standard Setting-Verfahrens zur Beschreibung von ICT-bezogenen Kompetenzniveaus. *Zeitschrift für Erziehungswissenschaft, 22*(6), 1359–1384. https://doi.org/10.1007/s11618-019-00914-z

Shuman, V. & Scherer, K. R. (2014). Concepts and structures of emotions. *International handbook of emotions in education, 13*, 23–45.

Sindermann, C., Ebner, F., Montag, C., Scholz, R. W., Ostendorf, S., Freytag, P. & Thull, B. (2021). Vulnerabilitätsraum: Soziale Medien. In R. W. Scholz, M. Beckedahl, S. Noller & O. Renn (Hrsg.), *DiDaT Weißbuch. Verantwortungsvoller Umgang mit digitalen Daten – Orientierungen eines transdisziplinären Prozesses* (S. 169–196). Baden-Baden: Nomos.

Smith, P. K. & Alsaker, F. (2007). Social factors affecting the onset of puberty. *Journal of Reproductive and Infant Psychology, 17*(2), 109–110. https://doi.org/10.1080/02646839908409090

Soto, C. J. & John, O. P. (2014). Traits in transition: the structure of parent-reported personality traits from early childhood to early adulthood. *Journal of Personality, 82*(3), 182–199. https://doi.org/10.1111/jopy.12044

Spiess, I. (2006). Berufliche Lebensverläufe und Entwicklungsperspektiven behinderter Personen. *Impulse, 39*, 22–24.

Splett, J. W., Garzona, M., Gibson, N., Wojtalewicz, D., Raborn, A. & Reinke, W. M. (2019). Teacher Recognition, Concern, and Referral of Children's Internalizing and Externalizing Behavior Problems. *School Mental Health, 11*(2), 228–239. https://doi.org/10.1007/s12310-018-09303-z

Steinberg, L., Lamborn, S. D., Darling, N., Mounts, N. S. & Dornbush, S. M. (1994). Over-time changes in adjustment and competence among adolescents from authoritative, authoritarian, indulgent, and neglectful families. *Child Development, 65*(3), 754–770. https://doi.org/10.1111/j.1467-8624.1994.tb00781.x

Steffen, A., Akmatov, M. K., Holstiege, J. & Bätzing, J. (2018). *Versorgungsatlas-Bericht Nr. 18/07: Diagnoseprävalenz psychischer Störungen bei Kindern und Jugendlichen in Deutschland: eine Analyse bundesweiter vertragsärztlicher Abrechnungsdaten der Jahre 2009 bis 2017.* Berlin: Zentralinstitut für die kassenärztliche Versorgung in Deutschland (Zi). https://doi.org/10.20364/VA-18.07

Stemmler, G. & Margraf-Stiksrud, J. (2015). *Lehrbuch Psychologische Diagnostik.* Göttingen: Hogrefe.

Stockmann, R. & Meyer, W. (2014). *Evaluation. Eine Einführung* (2. Aufl.). Opladen: Budrich (UTB).

Stoll, F., Jungo, D. & Toggweiler, S. (2012). *Foto-Interessen-Test (F-I-T).* Bern: Schweizerisches Dienstleistungszentrum Berufsbildung.

Strohmeier, D., Atria, M., Spiel, C. & Egger-Agbonlahor, I. (2007). Demokratieerziehung in der Schule: Wirksamkeit von Unterricht und Intervention. In F. Oser, C. Quesel & H. Biedermann (Hrsg.), *Jugend und Politik: Zwei getrennte Welten?* (S. 535–547). Zürich: Rügger.

Strohmeier, S. (2021). *Klassenwerte statt Klassenregeln: Praxismaterial für ein besseres Lernklima.* Berlin: Cornelsen.

Stubbe, T., Schwippert, K. & Wendt, H. (2016). Soziale Disparitäten der Schülerleistungen in Mathematik und Naturwissenschaften. In H. Wendt, W. Bos, C. Selter, O. Köller, K. Schwippert & D. Kasper (Hrsg.), *TIMSS 2015. Mathematische und naturwissenschaftliche Kompetenzen von Grundschulkindern in Deutschland im internationalen Vergleich* (S. 299–316). Münster: Waxmann.

Sturm, T. (2016). *Lehrbuch Heterogenität in der Schule.* München: Reinhardt.

Super, D. E. (1990). A life-span, life-space approach to career development. In D. Brown & L. Brooks (Hrsg.), *Career choice and development* (S. 197–262). Hoboken, NJ: Wiley.

Sweller, J., van Merrienboer, J. J. G. & Paas, F. G. (1998). Cognitive architecture and instructional design. *Educational Psychology Review,* 251–296. https://doi.org/10.1023/A:1022193728205

[SWK] Ständige Wissenschaftliche Kommission der Kultusministerkonferenz (2022). *Digitalisierung im Bildungssystem: Handlungsempfehlungen von der Kita bis zur Hochschule.* https://www.kmk.org/fileadmin/Dateien/pdf/KMK/SWK/2022/SWK-2022-Gutachten_Digitalisierung.pdf

Sun, L., Hu, L. & Zhou, D. (2021). Which way of design programming activities is more effective to promote K-12 students' computational thinking skills? A meta-analysis. *Journal of Computer Assisted Learning,* 37(4), 1048–1062. https://doi.org/10.1111/jcal.12545

Süß, D., Lampert, C. & Trültzsch-Wijnen, C. (2018). *Medienpädagogik. Ein Studienbuch zur Einführung.* Wiesbaden: Springer.

Taddicken, M. & Schmidt, J.-H. (2017). Entwicklung und Verbreitung sozialer Medien. In: J.-H. Schmidt & M. Taddicken (Hrsg.) *Handbuch Soziale Medien* (S. 3–22). Wiesbaden: Springer.

Textor, A. (2015). Die Inklusion von Schülerinnen und Schülern mit dem Förderschwerpunkt emotionale und soziale Entwicklung aus Sicht von Mitschülern. In C. Siedenbiedel & C. Theurer (Hrsg.), *Grundlagen inklusiver Bildung: Teil 1: Inklusive Unterrichtspraxis und –entwicklung* (Theorie und Praxis der Schulpädagogik; 28, S. 230–247). Opladen: Budrich.

Thijs, J. & Verkuyten, M. (2014). School ethnic diversity and students' interethnic relations. *British Journal of Educational Psychology, 84*(1), 1–21. https://doi.org/10.1111/bjep.12032

Thomas, J. & Weißmann, R. (2020). Fähigkeits- und Interessenstests in der Studien- und Berufsorientierung. In T. Brüggemann & S. Rahn (Hrsg.), *Berufsorientierung – Ein Lehr- und Arbeitsbuch* (2. Aufl., S. 349–359). Münster: Waxmann (UTB).

[ThürSchulG] Thüringer Ministerium für Bildung, Jugend und Spor (2021). *Thüringer Schulgesetz.* https://bildung.thueringen.de/fileadmin/ministerium/publikationen/thueringer_schulgesetz.pdf

Tolks, D. & Sailer, M. (2021). Gamification als didaktisches Mittel in der Hochschulbildung. In: D. Tolks & M. Sailer: *Digitalisierung in Studium und Lehre gemeinsam gestalten.* Wiesbaden: Springer. https://doi.org/10.1007/978-3-658-32849-8_29

Valkenburg, P. M. & Peter, J. (2011). Online communication among adolescents: an integrated model of its attraction, opportunities, and risks. *Journal of Adolescent Health,* 48(2), 121–127. https://doi.org/10.1016/j.jadohealth.2010.08.020

Valkenburg, P. M., Koutamanis, M. & Vossen, H. G. M. (2017). The concurrent and longitudinal relationships between adolescents' use of social network sites and their social self-esteem. *Computers in Human Behavior, 76,* 35–41. https://doi.org/10.1016/j.chb.2017.07.008

Vero, G. (2020). *Das andere Kind in der Schule: Autismus im Klassenzimmer.* Stuttgart: Kohlhammer.

Vierhaus, M., Lohaus, A. & Wild, E. (2016). The development of achievement emotions and coping/emotion regulation from primary to secondary school. *Learning and Instruction, 42,* 12–21. https://doi.org/10.1016/j.learninstruc.2015.11.002

Vock, M. & Gronastaj, A. (2017). *Umgang mit Heterogenität in Schule und Unterricht.* Berlin: Friedrich-Ebert-Stiftung.

Vukasović, T. & Bratko, D. (2015). Heritability of personality: A meta-analysis of behavior genetic studies. *Psychological Bulletin, 141*(4), 769–785. https://doi.org/10.1037/bul0000017

Wagener, D. (2008). *Testbatterie für Berufseinsteiger – Computer START-C.* Göttingen: Hogrefe.

Wängqvist, M., Lamb, M. E., Frisén, A. & Hwang, C. P. (2015). Child and adolescent predictors of personality in early adulthood. *Child Development, 86*, 1253–1261. https://doi.org/10.1111/cdev.12362

Ward, A. F., Duke, K., Gneezy, A. & Bos, M. W. (2017). Brain Drain: The Mere Presence of One's Own Smartphone Reduces Available Cognitive Capacity. *Journal of the Association for Consumer Research,* 2(2), 140–154. https://doi.org/10.1086/691462

Wartberg, L., Kriston, L. & Thomasius, R. (2020). Internet gaming disorder and problematic social media use in a representative sample of German adolescents: Prevalence estimates, comorbid depressive symptoms and related psychosocial aspects. *Computers in Human Behavior*, 103, 31–36. https://doi.org/10.1016/j.chb.2019.09.014

Watermann, R., Klingebiel, F. & Kurtz, T. (2010). Die motivationale Bewältigung des Grundschulübergangs aus Schüler- und Elternsicht. In K. Maaz, J. Baumert, C. Gresch & N. McElvany (Hrsg.), *Der Übergang von der Grundschule in die weiterführende Schule – Leistungsgerechtigkeit und regionale, soziale und ethnisch-kulturelle Disparitäten* (S. 355–384). BMBF.

Weichold, K. & Blumenthal, A. (2018). Problemverhalten. In A. Lohaus (Hrsg.), *Entwicklungspsychologie des Jugendalters* (S. 169–196). Berlin: Springer.

Weichold, K. & Silbereisen, R. K. (2018). Jugend. In W. Schneider & U. Lindenberger (Hrsg.), *Entwicklungspsychologie* (8., überarb. Aufl., S. 239–264). Weinheim, Basel: Beltz.

Weinert, F. E. (2012). Begabung und Lernen. Zur Entwicklung geistiger Leistungsunterschiede. In A. Hackl, C. Pauly, O. Steenbuck & G. Weigand (Hrsg.), *Werte schulischer Begabtenförderung. Begabung und Leistung* (S. 23–34). Karg-Hefte.

Weinert, F. E. & Helmke, A. (1997). *Entwicklung im Grundschulalter.* Weinheim: Beltz.

Weinstein, C., Curran, M. & Tomlinson-Clarke, S. (2003). Culturally Responsive Classroom Management: Awareness into Action. *Theory Into Practice, 42*(4), 269–276. http://www.jstor.org/stable/1477388

Weißmann, R. & Thomas, J. (2020). Inklusion in der Berufsorientierung. In T. Brüggemann & S. Rahn (Hrsg.), *Berufsorientierung – Ein Lehr- und Arbeitsbuch* (2. Aufl., S. 312–318). Münster: Waxmann (UTB).

Weißmann, R., Thomas, J. & Bartosch, U. (2018). Entgrenzung der Möglichkeiten in der Berufswahl – Selbstbestimmung und Selbstverantwortung fördern. In U. Bartosch, W. Schreiber & J. Thomas (Hrsg.), *Inklusives Leben und Lernen in der Schule: Berichte aus dem Forschungsverbund zu Inklusion an der Katholischen Universität Eichstätt-Ingolstadt* (S. 321–348). Bad Heilbrunn: Klinkhardt.

Wentzel, K. R., Jablansky, S. & Scalise, N. R. (2021). Peer social acceptance and academic achievement: A meta-analytic study. *Journal of Educational Psychology, 113*(1), 157–180. https://doi.org/10.1037/edu0000468

Wild, E. & Möller, J. (2022). *Pädagogische Psychologie* (3. Aufl.). Berlin, Heidelberg: Springer.

Wild, K.P. & Schiefele, U. (1994). Lernstrategien im Studium: Ergebnisse zur Faktorenstruktur und Reliabilität eines neuen Fragebogens. *Zeitschrift für differentielle und diagnostische Psychologie, 15*(4), 185–200.

Woods, H. C. & Scott, H. (2016). Sleepyteens: Social media use in adolescence is associated with poor sleep quality, anxiety, depression and low self-esteem. *Journal of Adolescence.* 2016, 51(1), 41–49. https://doi.org/10.1016/j.adolescence.2016.05.008

World Health Organisation. (1986). *Ottawa Charter for Health Promotion: First International Conference on Health Promotion Ottawa, 21 November 1986.* https://www.healthpromotion.org.au/images/ottawa_charter_hp.pdf

Wottawa, H. & Thierau, H. (1990). *Lehrbuch Evaluation*. Bern, Göttingen: Huber.

Wray-Lake, L. & Sloper, M. A. (2016). Investigating general and specific links from adolescents' perceptions of ecological assets to their civic actions. *Applied Developmental Science, 20*(4), 250–266. https://doi.org/10.1080/10888691.2015.1114888

Youniss, J. & Smollar, J. (1985). *Adolescent relations with mothers, fathers, and friends*. Chicago: University of Chicago Press.

Yu, Y., Zhao, Y., Li, D., Zhang, J. & Li, J. (2021). The relationship between big five personality and social well-being of Chinese residents: The mediating effect of social support. *Frontiers in Psychology, 11.* https://doi.org/10.3389/fpsyg.2020.613659

Zander, L. (2022). Fachlicher Austausch und Freundschaften in sprachlich und ethnisch heterogenen Peergruppen. In N. Kreutzmann, L. Zander & B. Hannover (Hrsg.), *Aufwachsen mit Anderen: Peerbeziehungen als Bildungsfaktor.* Stuttgart: Kohlhammer.

Zelazo, P. D. (2015). Executive function: Reflection, iterative reprocessing, complexity, and the developing brain. *Developmental Review, 38,* 55–68. https://doi.org/10.1016/j.dr.2015.07.001

Zylka, J., Christoph, G., Kroehne, U., Hartig, J. & Goldhammer, F. (2015). Moving beyond cognitive elements of ICT literacy: First evidence on the structure of ICT engagement. *Computers in Human Behavior,* 53, 149–160. https://doi.org/10.1016/j.chb.2015.07.008